古典文獻研究輯刊

二四編

潘美月・杜潔祥 主編

第 10 冊

先唐雜傳地記輯校
——雜傳輯校乙編
（第五冊）

王琳主編　劉銀清、王琳輯校

國家圖書館出版品預行編目資料

先唐雜傳地記輯校——雜傳輯校乙編（第五冊）／王琳主編
劉銀清、王琳輯校 -- 初版 -- 新北市：花木蘭文化出版社，
2017〔民 106〕
目 8+222 面；19×26 公分
（古典文獻研究輯刊 二四編；第 10 冊）
ISBN 978-986-404-996-7（精裝）
1. 藝文志 2. 唐代
011.08   106001864

ISBN-978-986-404-996-7

古典文獻研究輯刊
二四編　第　十　冊   ISBN：978-986-404-996-7

先唐雜傳地記輯校——雜傳輯校乙編（第五冊）

編 校 者　王琳主編　　劉銀清、王琳輯校
主　　編　潘美月　杜潔祥
總 編 輯　杜潔祥
副總編輯　楊嘉樂
編　　輯　許郁翎、王筑　美術編輯　陳逸婷
企劃出版　北京大學文化資源研究中心
出　　版　花木蘭文化出版社
社　　長　高小娟
聯絡地址　235 新北市中和區中安街七二號十三樓
　　　　　電話：02-2923-1455 ／傳真：02-2923-1452
網　　址　http://www.huamulan.tw 信箱 hml 810518@gmail.com
印　　刷　普羅文化出版廣告事業
初　　版　2017 年 3 月
全書字數　526646 字
定　　價　二四編 32 冊（精裝）新台幣 62,000 元　　版權所有‧請勿翻印

先唐雜傳地記輯校

——雜傳輯校乙編

（第五冊）

王琳主編　劉銀清、王琳輯校

目次

《郭林宗傳》

　　《郭林宗傳》，不題撰人，卷數不詳。郭泰的別傳，現在能夠看到的有《郭林宗傳》《郭泰別傳》（《郭太別傳》）《郭林宗別傳》《郭子別傳》《有道別傳》五種，《隋書・經籍志》、兩《唐志》不見著錄，《太平御覽經史圖書綱目》錄有《郭林宗別傳》。這五種是否為一種，又是否出自一人之手，眾說紛紜。范曄《後漢書》說：「其（郭太）獎拔士人，皆如所鑒。後之好事，或附益增張，故多華辭不經，又類卜相之書。」既道出了關於郭泰故事來源的複雜性，也昭示著郭泰的別傳似不止出於一時一人之手。侯康《補後漢書藝文志》、顧櫰三《補後漢書藝文志》將各種郭泰的別傳看作是同一種本子，然未作出說明。曾樸《補後漢書藝文志並考》說：「疑《郭泰別傳》、《林宗別傳》係二人作，非引書者隨意標題也。」並用小字說明「以無確據，不敢分標」。無獨有偶，姚振宗《後漢藝文志》在考察了章宗源、侯康的著錄後說：「《御覽經世圖書綱目》載《郭泰別傳》《郭林宗別傳》，書中又引《郭子別傳》，似相傳不止一本。」我們認為，曾樸和姚振宗的做法是比較慎重的，在文獻資料不足，沒有確證的情況下，將郭泰的各種別傳分別列出應是審慎的態度。另外，《有道別傳》，藝文經籍志中不見著錄，見於《天中記》與《錢通》，且內容與《太平御覽》徵引完全相同，當是移錄自《郭林宗別傳》而以別名標題之。郭泰，范曄避其父諱作郭太。東漢末人，其事跡主要見於《後漢書》卷六十八《郭太傳》。

　　茲弱冠與同郡圈文生〔一〕俱稱盛德。林宗與二人共至市，子許買物，隨價讎直，文生訾呵，減價乃取。林宗曰：「子許少欲，文生多情，此二人非徒兄弟，乃父子也。」後文生以穢貨見損，茲以烈節垂名。（《三國志・魏志・衛臻傳》注　又見於《續後漢書》卷三十九）

〔校記〕

〔一〕圈文生，《元和姓纂》卷六載「《郭林宗傳》：有陳人圈文」，而《通志》卷二十九作「陳留人圈文宣」。洪亮吉《曉讀書齋雜錄》初錄卷下云：「《元和姓纂》櫒採頗廣，然鹵莽處亦不少。如圈姓云：《郭林宗傳》有圈文。今考《郭傳》見裴松之《魏志・衛臻傳》注中云：茲弱冠與同郡圈文生；下又云：文生訾呵減買。是文生實二名，《姓纂》減去下一字，非也。」據此可知，《元和姓纂》「圈文」下奪一「生」字。然圈文生是否為圈文宣，不見諸史料，故存疑。

叔優、季道幼少之時，聞林宗有知人之鑒，共往候之，請問才行所宜，以自處業。林宗笑曰：「卿二人皆二千石才也，雖然，叔優當以仕宦顯，季道宜以經術進，若違才易務，亦不至也。」叔優等從其言。叔優至北中郎將，季道代郡太守。（《三國志‧魏志‧王昶傳》注）

林宗嘗行遇雨，巾沾角折。（《隋書‧禮儀志》）

家有書五千餘卷。（《北堂書鈔》卷一百一）

貞不絕俗，隱不違親賢。（《全唐文》卷四百八　又見於《文苑英華》卷七十七王太眞《鍾期聽琴賦並序》）

林宗嘗止陳國文學，見童子魏德公，知其有異。德公求近其房止，供給灑掃。林宗嘗不佳，夜中命作粥，德公爲之進焉。林宗一啜，怒而呵之曰：「高明爲長者作粥，不如意，使沙不可食！」以杯擲地。德公更爲粥，三進三呵。德公姿無變容，顏色殊悅。林宗乃曰：「始見子之面，今乃知卿心。」遂友善之，卒爲妙士。（《太平御覽》卷八百五十九）

林宗名益顯，士爭歸之，載刺常盈車。（《事文類聚》別集卷二十七）

孟敏客太原，荷甑墮地，不顧而去。（《東雅堂昌黎集注》卷三古詩）

茅容殺雞爲饌，林宗謂爲己設，既而以供母，自以草蔬與客同飯。（《山谷外集詩註》卷二　案：事又見於《後漢書‧茅容傳》。）

林宗既葬，同志者立碑，蔡邕爲其文，謂盧植曰：「吾爲碑銘多矣，唯郭有道無愧色。」（《隸釋》卷六）

《郭泰別傳》

泰早孤，就學屈伯彥，三年業畢，博通墳素。（《北堂書鈔》卷九十七）

時林宗過薛恭祖，恭祖問曰：「聞足下見袁奉高，車不停軌，鑾不輟軏〔一〕，從叔度乃彌信宿也。」（《後漢書‧黃憲傳》注《續後漢書》卷六十九　又別見於《駢志》卷四　案：此條《淵鑒類函》卷二百五十三亦有，似爲節引，引錄於後：林宗至汝南造袁奉高，車不停軌，鑾不輟軏，詣黃叔度乃彌日信宿。）

〔校記〕

〔一〕軏，《續後漢書》作「泥」。

　　泰名顯，士爭歸之，載刺常盈車。（《後漢書·郭太傳》注　又別見於《冊府元龜》卷七百九十二）

　　泰字林宗，少游汝南，先過袁閬，不宿而退，遂〔一〕往從黃憲，累日方還，或〔二〕問林宗，林宗曰：奉高之器，譬諸汎濫，雖清而〔三〕易挹〔四〕，叔度汪汪君子，若千萬頃陂，〔五〕澄之不清，混〔六〕之不濁，不可量也。（《藝文類聚》卷二十二　又見於《世說新語·德行篇》注《太平御覽》卷四百四十七）

　　〔校記〕

〔一〕遂，《太平御覽》無。
〔二〕或，《世說新語》作「薛恭祖」。
〔三〕而，《世說新語》無。
〔四〕挹，《世說新語》後有一「也」字。
〔五〕若千萬頃陂，《太平御覽》作「若千畝頃陂」。案：此句後世文獻徵引亦有不同，明人箋注《四六標準》卷二十作「若千萬頃陂」，《淵鑒類函》卷二百九十二作「若萬頃陂」。
〔六〕混，《太平御覽》作「撓」。

　　泰字林宗，有人倫鑒識。題品海內之士，或在幼童，或在里肆，後皆成英彥六十餘人。自著書一卷，論取士之本，未行，遭亂亡失。（《世說新語·政事篇》注）

　　王叔優問才之所宜，泰曰：「當以武官顯。」叔優後至北中郎將。（《太平御覽》二百四十一　又見於《職官分紀》卷三十六）

　　鄉人見太，皆於沭下拜。（《太平御覽》卷五百四十二）

　　賈淑字子厚，林亭鄉人。雖世有冠冕，而性險害，邑里患之。林宗遭母憂，淑來弔之，而鉅鹿孫咸直亦至。咸直以林宗賢而受惡人弔，心怪之，不進而去。林宗遽追而謝曰：「賈子厚誠凶德，然洗心同善。仲尼不逆互鄉，故許其進也。」淑聞之，改過自厲，終成善士。又林宗有母喪，徐稚往弔，置生芻一束於廬前而去。林宗曰：「此必南州徐孺子也。《詩》不云乎：『生芻一束，其人如玉。』吾無德以堪之。」（《太平御覽》卷五百六十一　案：《淵鑒類函》卷一百八十二「賈淑」作「賈叔」，誤。）

　　郭泰性知人，好獎訓士類，泰之所名，人品乃定，先言後驗，眾皆服之。故適陳留則友符偉明，遊太學則師仇季知，之東國則親魏德公，入汝南則交黃叔度。（《焦氏類林》卷二）

林宗豐儀秀偉，嘗遇雨，巾一角墊。時爭效之，故折巾一角，其見慕如此。（《陳檢討四六》卷十五）

《郭林宗別傳》

鉅鹿孟敏，字叔達，敦樸質直。客居太原，雜處凡俗，未有所名。嘗至市買甑，荷儋墮地壞之，徑去不顧。適遇林宗，見而異之，因問曰：「壞甑可惜，何以不顧？」客曰：「甑既已破，視之何益？」林宗賞其介決，因以知其德性，謂必爲美士，勸令讀書。遊學十年，遂知名，三府並辟，不就。東夏以爲美賢。（《世說新語·黜免篇》注《太平御覽》卷七百五十七　又別見於《淵鑒類函》卷三百八十五《佩文韻府》卷四十一　案：《太平御覽》《淵鑒類函》《佩文韻府》所徵引當是節錄而成，敘述文字差異較大，並附於後。）

附：

鉅鹿孟敏容居太原，林宗見而問之，對曰：「甑已破矣，視之無益！」林宗以其分決，勸使學，果爲美士。（《太平御覽》卷七百五十七）

茅容，字季偉，陳留人。年四十餘，〔一〕耕於野，時與等輩〔二〕避雨樹下，眾皆夷倨〔三〕，容獨危坐。〔四〕惟林宗見而奇異，〔五〕與共〔六〕言，因請寓宿。旦日，〔七〕容煞〔八〕雞爲饌，林宗爲己設，〔九〕既而以供其母，自以菜蔬與容〔一〇〕同飯。林宗起拜之〔一一〕曰：「卿賢乎哉！〔一二〕」因勸令學，卒以成德。（《太平御覽》卷四百一十四　又見於《藝文類聚》卷二十）

〔校記〕

〔一〕「字季偉」以下四句，《藝文類聚》不見徵引。

〔二〕時與等輩，《藝文類聚》無。

〔三〕眾皆夷倨，《藝文類聚》作「眾皆夷踞相對」，倨與踞爲通假字。

〔四〕容獨危坐，《藝文類聚》作「獨容危坐愈恭」。

〔五〕惟林宗見而奇異，《藝文類聚》作「林宗行，見而奇之」。

〔六〕共，《藝文類聚》無。

〔七〕旦日，《藝文類聚》作「既而日夕」。

〔八〕煞，《藝文類聚》作「殺」，煞爲殺的通假字。

〔九〕林宗爲己設，《藝文類聚》作「林宗謂爲己設」，以《藝文類聚》爲上。

〔一〇〕與容，《藝文類聚》作「供客」。「與容」，前後文意矛盾，應爲「與客」，當是形近而訛。

〔一一〕之，《藝文類聚》無。

〔一二〕卿賢乎哉，《藝文類聚》作「卿賢乎我哉」。

　　林宗常〔一〕行陳梁之〔二〕間，遇雨，故〔三〕其巾一角霑〔四〕而折〔五〕，二國學士著巾，莫不折其角，云作林宗巾，其見儀則如此。(《藝文類聚》卷六十七　又見於《北堂書鈔》卷一百二十七　《太平御覽》卷六百八十七)

〔校記〕

〔一〕常，《北堂書鈔》《太平御覽》皆作「嘗」。案：作「嘗」是。

〔二〕之，《北堂書鈔》《太平御覽》無。

〔三〕故，《北堂書鈔》無。

〔四〕霑，《北堂書鈔》作「沾」，《太平御覽》作「玷」，「玷」字誤。

〔五〕《北堂書鈔》「折」下有「也」字。

　　林宗遊洛陽，始〔一〕見河南尹李膺，膺大奇之，遂相友善，於是名震京師。後〔二〕歸鄉曲，衣冠諸儒，送至河上，車數千兩，林宗唯與李膺同舟而濟，眾賓望之，以爲神仙焉。(《藝文類聚》卷七十一　又見於《太平御覽》卷三百八十)

〔校記〕

〔一〕始，《太平御覽》無。

〔二〕後，《太平御覽》作「復」。《後漢書》本傳作「後歸鄉曲」，「復」當是形近而訛。

　　林宗嘗止陳國文學，見童子魏德公求近其房，供給灑掃。林宗嘗不佳，中〔一〕夜命作粥。一啜〔二〕，怒而訶之曰〔三〕：「爲長者作粥，使沙不可食？」〔四〕以杯擲〔五〕地。德公更爲進之，三訶，〔六〕德公終無變容。(《初學記》卷二十六　又見於《北堂書鈔》卷一百四十四〔兩引〕　案：此條又別見於《佩文韻府》、《駢字類編》，文字出入較大。)

〔校記〕

〔一〕中，《北堂書鈔》無。

〔二〕一啜，《北堂書鈔》作「林宗一歠」。

〔三〕怒而訶之曰，《北堂書鈔》一作「怒而呵之曰」，一作「怒曰」。

〔四〕爲長者作粥，使沙不可食？」《北堂書鈔》一作「使沙不可食」。

〔五〕擲，《北堂書鈔》一作「摘」。摘與擿通，意爲擲也。

〔六〕「德公更爲進之」二句，《北堂書鈔》一作「如此三進三呵」。

　　林宗名〔一〕顯，士爭歸之，載刺常盈車。(《北堂書鈔》卷一百四　又見於《太平御覽》卷六百六)

〔校記〕

〔一〕《太平御覽》「名」下有「益」字。

林宗每行宿逆旅，輒躬灑掃。及明去，後人至，見之曰：「此必郭有道昨宿處也。」（《太平御覽》卷一百九十五）

林宗儀兒魁梧，身長八尺，音聲如鐘，當時以爲準的。（《太平御覽》卷三百八十八）

郭泰，字林宗。入潁川則友李玄禮，至陳留則結苻偉明，之外黃則親韓子助，過蒲亭則師仇季知〔一〕，止學舍則收魏德公，觀耕者則拔茅季偉，皆爲名士。至汝南見袁閬，不宿而去，從黃憲三日乃去。過新蔡，薛勤問之曰：「足下見袁奉高，不宿而去，從黃叔度乃彌日，何也？」泰曰：「奉高之流雖清而易挹，叔度汪汪若千畝之陂，澄之不清，撓之不濁，難測量也。」（《太平御覽》卷四百九　又見於四百四十四）

〔校記〕

〔一〕仇季知，《太平御覽》卷四百九下有「也」字。東漢仇覽，字季智，作「仇季知」誤，《淵鑒類函》卷二百五十二徵引此句作「仇季智」。

林宗家貧，初欲遊學，無資，就姊夫貸五千錢。乃遠至成皋從師受業，並日而食，衣不蔽形。常以蓋幅自障出入，入則護前，出則掩後。（《太平御覽》卷四百八十五）

泰以有道君子徵，同邑宋子俊勸使往。泰遂辭以疾，闔門教授。（《太平御覽》卷六百一十三）

昔仲琰爲部從事，嘗柴車駕牛，編荊爲當。（《太平御覽》卷七百七十六）

林宗遊洛陽，始見河南尹李膺，膺大奇之，遂相友善，於是名震京師。（《翰苑新書》前集卷六十九）

《郭子別傳》

林宗秀立高跱，詹然淵渟。蔡伯喈告盧子幹、馬日磾曰：「爲〔一〕天下作碑銘多矣，未嘗不有慙色，唯郭先生碑頌〔二〕，無愧色〔三〕耳。」（《太平御覽》卷三百八十八　又見於《記纂淵海》卷七十四）

〔校記〕

〔一〕《記纂淵海》「爲」上有「蔡伯喈」三字。

〔二〕頌，《記纂淵海》無。

〔三〕色，《記纂淵海》無。

《郭有道別傳》

　　郭林宗家貧，初欲遊學，無資，就姊夫貸五千錢，乃遠至成皋，從師授業。並日而食，衣不蔽形，常以蓋幅自障出入，入則護前，出則掩後。（《天中記》卷三十九　又見於《錢通》卷十五）

《陳寔別傳》

　　《陳寔別傳》，不題撰人，卷數亦不詳。《隋書·經籍志》、兩《唐志》不見著錄，《太平御覽經史圖書綱目》列之。陳寔（104-187），東漢末人，其事跡主要見於《後漢書》卷六十二《陳寔傳》，《別傳》所記之事，均見於《後漢書》本傳。

　　寔字仲躬，潁川人。自爲兒童不爲戲弄等類所歸。寔在鄉閭，平心率物，其有諍訟，輒求判正，曉譬曲直，返無怨者。至乃歎曰：「寧爲刑罰所加，不爲陳君所斷。」時歲荒民儉，有盜夜入其室，止於梁上。寔陰見之，乃起自整拂〔一〕，呼命子孫，正色訓之曰：「夫人不可不自〔二〕勉，不善之人未必本惡，習與性成，遂至於此，如梁上君子〔三〕矣。」盜大驚，自投於〔四〕地，稽首〔五〕歸罪。寔徐譬之曰：「視君狀兒，不似〔六〕惡人，宜深克己反善。然此〔七〕當由困貧。」令〔八〕遺絹二疋。自是，縣〔九〕無復盜竊。（《太平御覽》卷四百三　又見於卷四百九十九　案：《後漢書》本傳謂「陳寔，字仲弓」。）

〔校記〕
〔一〕自整拂，《太平御覽》卷四百九十九無。
〔二〕自，《太平御覽》卷四百九十九無。
〔三〕君子，《太平御覽》卷四百九十九下有「是」字。
〔四〕於，《太平御覽》卷四百九十九作「于」。
〔五〕稽首，《太平御覽》卷四百九十九作「稽顙」。
〔六〕似，《太平御覽》卷四百九十九作「是」，審其文意，以「似」爲上。
〔七〕然此，《太平御覽》卷四百九十九無。
〔八〕令，《太平御覽》卷四百九十九作「今」。
〔九〕縣，《太平御覽》卷四百九十九上有「一」字。

　　寔，字仲弓，潁川許人也。爲郡功曹。時中常侍侯覽託太守高倫用吏，倫教署文學掾。寔知非其人，乃懷檄請見，乞從外署，倫從之。於是鄉論怪其非舉。倫後被徵爲尚書，郡中士大夫送至傳舍，倫語眾人曰：「吾前爲侯常侍用吏，此咎由故人畏憚強禦，陳君可謂「善則稱君、惡則稱己」者也。聞者方歎息。（《北堂書鈔》卷七十七　又見於《太平御覽》卷二百六十四）

　　寔卒，海內赴者三萬人。〔一〕蔡邕建碑刻銘〔二〕，諡云文範先生。（《北堂書鈔》卷一百二　又見於《文選》任彥升《爲范始興作求立太宰碑表》李善注）

　　〔校記〕

　　〔一〕海內赴者三萬人，《文選》無。

　　〔二〕建碑刻銘，《文選》作「爲立碑刻銘」，且引文止此。

《何顒別傳》

　　《何顒別傳》，不題撰人，卷數亦不詳。有關何顒之雜傳，今所能見者有三種——《何使君家傳》《何顒傳》《何顒別傳》。《何顒傳》《何顒別傳》均不見於《隋書·經籍志》、兩《唐志》，從章宗源《隋書經籍志考證》可見二者本是一書異名耳。姚振宗《隋書經籍志考證》「《何使君家傳》」條引章宗源之考證後小字標注「章氏謂是傳《隋志》不著錄，非也」，可見是將《何使君家傳》與《何顒傳》看作一書，姚氏的觀點應該是可信的。另，侯康《補後漢藝文志》作《何永別傳》，所注內容皆出自於《太平御覽》，與《何顒別傳》同，疑爲避諱而改，然未見確鑿之證據，不敢妄斷。何顒，東漢時人，其事跡主要見於《後漢書》卷六十七《何顒傳》。

　　同郡張仲景〔一〕，總角造顒，謂〔二〕曰：「君用思精〔三〕而韻不高，後〔四〕將爲良醫。」卒如其言。〔五〕顒先識獨覺，言無虛發。〔六〕王仲宣年十七，嘗遇仲景，仲景曰：「君有病，宜服五石湯，不治且成閟，後年三十，當眉落。」仲宣以其貿長也，遠不治也。後至三十，疾果成，竟眉落，其精如此。仲景之方術今傳於世。（《太平御覽》卷七百二十二　又見於《太平御覽》卷四百四十四《橘山四六》卷十五《歷代名醫蒙求》卷下　案：仲宣眉落之事，《御覽》卷七百三十九亦載之，文字差異較大，別條出之。）

〔校記〕

〔一〕同郡張仲景，《太平御覽》卷四百四十四上有「顒字伯求，有人倫鑒」二句，《歷代
　　　名醫蒙求》上有「何顒有知人之鑒」，《橘山四六》則作「南陽張機字仲景」。

〔二〕謂，《太平御覽》卷四百四十四上有「顒」字。

〔三〕精，《歷代名醫蒙求》作「精密」。

〔四〕後，《太平御覽》卷四百四十四無。

〔五〕卒如其言，《太平御覽》卷四百四十四、《橘山四六》引文止此。

〔六〕《歷代名醫蒙求》引文止此。

　　張仲景過山陽王仲宣，謂曰：「君體有病，後年三十當眉落。」仲宣時年
十七，以其言貫遠，不治。後至三十，疾，果眉落。（《太平御覽》卷七百三十九）

　　後漢張機字仲景，南陽人也，受術於同郡張伯祖，善於治療，尤精經方。
舉以孝廉，官至長沙太守。後在京師爲名醫，於當時爲上手，時人以爲扁鵲、
倉公無以加之也。（《醫說》卷一　案：此條《醫說》所引標註「出《何顒別傳》及
《甲乙經仲景方論・序》」，可見爲兩文節選重組，難以釐清。《天中記》卷四十徵引
《何顒別傳》有「名醫」以下諸句，孫一奎《醫旨緒餘》卷下徵引有「仲景受業於同
郡張伯祖，善於治療，尤精經方。時人謂扁鵲、倉公無以加焉」，雖文字稍有差異，
然可見此種內容皆出自於《何顒別傳》，餘皆未詳矣。）

《董卓別傳》

　　《董卓別傳》，卷數不詳，《隋書・經籍志》、兩《唐志》皆不著錄，《太
平御覽經史圖書綱目》列之。至於作者是否爲楊孚，則存有疑問，侯康
《補後漢書藝文志》謂：「據黃佐《廣州先賢傳》、歐大任《百越先賢志》，
則孚在章和時，無由撰《董卓傳》。然未知所本，今仍題楊孚名，而不敢
必爲即撰《異物志》之人，或異人同姓名也。」其說頗可信從。董卓，
東漢末人，其事跡主要見於《後漢書》卷七十二《董卓傳》、《三國志》
卷六《董卓傳》。

　　卓父君雅爲潁川輪氏尉，生卓及弟旻，故卓字仲穎，旻字叔穎。（《後漢書・
董卓傳》注）

悉埋青城門外，東都門內，而加書焉。又恐有盜取者，復以屍送郿藏之。（《後漢書‧袁紹傳》注　又見於《冊府元龜》卷九百四十一）

發成帝陵，解金縷，探含璣焉。（《後漢書‧禮儀志》注）

卓改爲董安。（《後漢書‧五行志》注）

卓孫年十七，卓爲作小鎧冑，以玉爲甲，駬騎出入，殺人如蚤虱。（杜公瞻《編珠》卷二）

卓冶鑄候望璿機儀。（《太平御覽》卷二）

卓知所爲不得遠近，意欲以力服之，遣兵於雒陽城〔一〕。時遇〔二〕二月社，民在社下飲食，〔三〕悉就斷頭，駕其車馬，〔四〕載其婦女財物，以斷頭繫車轅軸〔五〕，還雒，云攻敗大獲。〔六〕稱萬歲。入關雒陽城門，焚燒其頭。（《太平御覽》卷三百六十四　又見於卷四百九十二）

〔校記〕

〔一〕遣兵於雒陽城，《太平御覽》卷四百九十二作「遣兵到陽城」。

〔二〕遇，《太平御覽》卷四百九十二作「適」，以「適」意爲上，當爲形近傳寫訛誤。

〔三〕民在社下飲食，《太平御覽》卷四百九十二作「民皆各在其社下祈祠」。

〔四〕駕其車馬，《太平御覽》卷四百九十二作「駕其家車牛」。

〔五〕軸，《太平御覽》卷四百九十二無。

〔六〕還雒，云攻敗大獲，《太平御覽》卷四百九十二作「云大獲賊」，且引文止此。

卓會公卿，召諸降賊飫，行責降者曰：「何不鑿眼！」應聲，眼皆落地。（《太平御覽》卷三百六十六）

太常張奐將師北征，表卓爲軍司馬。從軍行，卓手斬購募羌酋，拜五官中郎，賜縑九十匹。卓歎曰：「爲者則己，有者則士。」悉以縑分與兵吏。（《太平御覽》卷四百七十七）

卓諷朝廷，使光祿宣璠持節拜卓爲太師，位諸侯上。引還長安，百官迎路拜揖。卓遂〔一〕僭擬車服，乘金華青蓋〔二〕，畫兩輪，〔三〕時人號爲「竿摩車」。〔四〕（《太平御覽》卷七百七十六　又見於《北堂書鈔》卷一百四十一《太平御覽》卷四百九十《事類賦》注十六）

〔校記〕

〔一〕遂，《事類賦》無。

〔二〕乘，《太平御覽》卷四百九十作「椉」，椉爲乘之異體字；蓋，《太平御覽》卷四百九十下有「車」字。

〔三〕畫兩輪，《北堂書鈔》作「瑤畫兩轓」。

〔四〕時人號爲「竿摩車」，《北堂書鈔》作「時人號爲『竿麾車』」，《太平御覽》卷四百九
　　十作「時號『竿摩車』」。

呂布殺卓，百姓相對欣喜抃舞，皆賣家中珠環、衣服、床榻，以買酒食，
自相慶賀。長安酒肉爲之踊貴。(《太平御覽》卷八百二十八)

呂布殺卓，百姓欣慶相賀，長安酒肉爲暴貴。(《太平御覽》卷八百六十
三)

《盧植別傳》

《盧植別傳》，不題撰人，《隋書・經籍志》、兩《唐志》不見著錄，《太
平御覽經史圖書綱目》列之，原文久佚，今所存佚文見於《太平御覽》與
《北堂書鈔》，所引內容與《後漢書》基本相同，敘其薄葬耳。盧植，東漢
末人，其事跡主要見於《後漢書》卷六十四《盧植傳》。

植，初平三年卒。〔一〕臨困，〔二〕勑其子儉葬於山足，〔三〕不用棺〔四〕，
附體單帛〔五〕而已。(《太平御覽》卷五百五十五　又見於《北堂書鈔》卷九十二)
　〔校記〕
　〔一〕植，初平三年卒，《北堂書鈔》無。
　〔二〕臨困，《北堂書鈔》上有「病」字。
　〔三〕勑，《北堂書鈔》作「勅」，勑與勅，皆爲敕之異體字。
　〔四〕棺，《北堂書鈔》作「棺槨」。
　〔五〕單帛，《北堂書鈔》作「單布」。

《王允別傳》

《王允別傳》，不題撰人，卷數不詳。《隋書・經籍志》、兩《唐志》不
見著錄，原文久佚，今所存文字僅見於《太平御覽》與《北堂書鈔》各一
條，且所引內容大致相同。王允，東漢末人，其事跡主要見於《後漢書》
卷六十六《王允傳》。

允仕郡，〔一〕民〔二〕有路拂者，少無行，〔三〕而太守王珠召以補吏。〔四〕
允犯顏固爭〔五〕，珠怒收允，欲殺之。刺史鄧盛聞而馳傳，辟爲別駕從事。〔六〕
允由是知名，路拂以之廢棄。（《太平御覽》卷二百六十三　又見於《北堂書鈔》卷
七十三）

〔校記〕
〔一〕允仕郡，《北堂書鈔》無。
〔二〕民，《北堂書鈔》上有「本郡」二字。
〔三〕少無行，《北堂書鈔》作「少無名行」。
〔四〕而、以，《北堂書鈔》皆無；王珠，《北堂書鈔》作「王殊」。案：此條《後漢書》卷
　　六十三亦有記載，涉事者爲路佛、王球，與《書鈔》《御覽》皆異，當是後世傳寫中
　　形近而訛。
〔五〕爭，《北堂書鈔》作「諫」。
〔六〕《北堂書鈔》引文止此。

《王威別傳》

《王威別傳》，不題撰人，卷數不詳，《隋書·經籍志》、兩《唐志》不
見著錄。王威，東漢末人，荊州刺史劉表部下，其事跡略見於《三國志》
卷六《劉表傳》。

時有白燕來翔，被令爲賦。（《藝文類聚》卷九十九　又見於《太平御覽》卷
九百二十二《事類賦》卷十九）
威少爲郡吏。刺史劉表題門上，有能陳便宜益于時，不限廝役賤長以聞。
威因陳事，得署州吏，大蠟分休。（《初學記》卷二十）

《趙岐別傳》

《趙岐別傳》，不題撰人，《隋書·經籍志》、兩《唐志》均不見著錄，
《太平御覽經史圖書綱目》列之，則是書北宋之時尚見存，後散佚，佚文
見於《太平御覽》所引一條。趙岐，一作趙歧，字邠卿，初名嘉，字臺卿，

京兆長陵縣（今陝西咸陽）人。著有《孟子注疏》，主要事跡見於《後漢書》卷六十四《趙岐傳》，《別傳》所記之事皆見於本傳。

歧字臺卿，年九十餘，建安六年卒。先自爲壽藏，圖季札、子產、晏嬰、叔向四像居賓位，又自像其像居主位，皆爲讚頌。勅其子曰：「我死之日，墓中聚沙爲牀，布簟白衣，散髮其上，覆以單被。即日便下，下訖便掩。」（《太平御覽》卷五百五十八　案：「像其像」，《後漢書·趙岐傳》作「畫其像」。）

《漢皇德傳》　漢侯瑾撰

《漢皇德傳》，又名《皇德傳》《皇德紀》，侯瑾撰，《後漢書·侯瑾傳》著錄爲三十篇，《宋書·張掖臨松盧水胡傳》著錄爲二十五卷。《隋書·經籍志》、兩《唐志》皆題爲《漢皇德紀》三十卷。《太平御覽經史圖書綱目》列之，則此書北宋之時尚見存。佚文見於《太平御覽》等書。侯瑾，字子瑜，漢末敦煌人，州郡累召，公車有道徵，皆稱疾不到。主要事跡見於《後漢書》卷八十《侯瑾傳》。

章帝詔使者，奉太牢，致祠唐堯於成陽靈〔一〕臺。（《北堂書鈔》卷八十八　又見於《太平御覽》卷五百二十六）

〔校記〕

〔一〕靈，《太平御覽》作「雲」。

盖晉，燉煌人，天性皎潔，自小不嘗過人飯，貧爲官書，得錢足供而已，不取其餘。（《太平御覽》卷四百二十六）

世祖遣鄧禹西征，送之於道，既返，因於野王獵，路見二老翁即禽，世祖問曰：「禽何向？」並舉首西指，言：「此中多虎，臣每即禽，虎亦即臣，大王勿往也。」（《太平御覽》卷八百九十一）

安帝崩，北鄉侯即尊位。十月，北鄉侯薨，以王禮葬。未即帝位不成君，故以王禮葬。（《太平御覽》卷九十一　案：此條原云出《皇德傳》。）

《邊讓別傳》

《邊讓別傳》，不題撰人，《隋書・經籍志》、兩《唐志》均不見著錄，《太平御覽經史圖書綱目》列之，則是書北宋之時尚見存，後散佚，佚文見於《北堂書鈔》《太平御覽》。邊讓，字文禮，東漢末年名士，兗州陳留郡浚儀縣（今屬河南開封）人，官至九江郡太守，事跡見於《後漢書》卷八十《邊讓傳》。

　　讓字元禮〔一〕，才辨俊逸〔二〕。孔融薦於武帝〔三〕曰：「邊讓為九州之〔四〕被則不足，為單衣襜褕〔五〕則有餘。」（《北堂書鈔》卷一百三十四卷　又見於《太平御覽》卷六百九十一、卷六百九十三、卷七百七）

〔校記〕

〔一〕元禮，《太平御覽》卷六百九十三作「文禮」，卷六百九十一無「字元禮」三字。《後漢書・邊讓傳》作「文禮」，當從本傳。

〔二〕辨，《太平御覽》卷六百九十一、七百七作「辯」，後者義長，卷六百九十三無「才辨俊逸」四字。

〔三〕薦於武帝，《太平御覽》卷六百九十一、六百九十三作「薦讓於武帝」，卷七百七作「薦於魏武」。

〔四〕之，《太平御覽》卷六百九十三作「衣」。

〔五〕褕，《太平御覽》卷七百七無。

《魯女生別傳》

《魯女生別傳》，不題撰人，《隋書・經籍志》、兩《唐志》均不見著錄，《太平御覽經史圖書綱目》列之，則是書北宋之時尚見存，後散佚，今主要見於《太平御覽》等書。魯女生，史書無傳，事跡散見於《後漢書・方術列傳》、葛洪《神仙傳》、《三輔黃圖》等。

　　魯〔一〕女生，長樂人也。少好學〔二〕道，初服餌胡麻，乃求〔三〕絕穀八十餘年，日〔四〕更少壯，面如桃花〔五〕，日行〔六〕三百里，走及麞鹿。（《太平御覽》卷三百九十四　又見於卷九百八十九）

〔校記〕
〔一〕魯，《太平御覽》卷九百八十九無。
〔二〕學，《太平御覽》卷九百八十九無。
〔三〕乃求，《太平御覽》卷九百八十九作「及术」，後者義長。
〔四〕日，《太平御覽》卷九百八十九無。
〔五〕此句，《太平御覽》卷九百八十九作「色如桃華」。
〔六〕日行，《太平御覽》卷九百八十九作「一日能行」。

李少君死後百餘日，後人有見少君在河東蒲阪，乘青騾。帝聞之，發棺，無所有。（《太平御覽》卷九百一）

李少君曰：「冥海之棗大如瓜，鍾山之李大如瓶，臣已食之，遂有奇光。」（《太平御覽》卷九百六十五）

李少君曰，鍾山之李大如瓶。（《藝文類聚》卷八十六　案：原云出《魯安生別傳》，疑「女」誤爲「安」，即《魯女生別傳》。）

李少君，字雲翼，齊國臨淄人也。少好道，入山採藥，修全身之術。道未成而病，困於山林中。遇安期先生經過，見少君，少君叩頭求乞生活。安期愍其有志，乃以神樓散方與服之，即起。少君求隨安期，奉給奴役。（《太平御覽》卷九百八十五）

封君達，隴西人也。少好道，初，服黃連丸五十餘年，乃入鳥鼠山。又於山中服水銀百餘年，還鄉里，年如二十者。常乘青牛，故號爲青牛道士。（《太平御覽》卷九百八十四）

《賈逵別傳》

《賈逵別傳》不題撰人，《隋書・經籍志》、兩《唐志》均不見著錄，《太平御覽經史圖書綱目》列之，則是書北宋之時尚見存，後散佚，佚文見於《太平御覽》。賈逵，字梁道，河東襄陵（今山西臨汾東南）人，曹魏名臣，諡曰肅侯，事跡見於《三國志》卷十五《賈逵傳》。

逵廟一柏樹，有人竊來斫伐。始投斧數下，斧刃仍〔一〕折於樹中。（《太平御覽》卷七百六十三　案：「仍」，當爲「乃」。）

《楊彪別傳》

《楊彪別傳》，不題撰人，《隋書·經籍志》、兩《唐志》均不見著錄，《太平御覽經史圖書綱目》列之，則是書北宋之時尚見存，後散佚，佚文見於《太平御覽》《事類賦》。楊彪，字文先，弘農郡華陰縣（今陝西華陰東）人，漢魏間大臣，其事跡主要見於《後漢書》卷五十四《楊彪傳》。

魏文帝令彪著布單衣，待以賓客之禮。（《太平御覽》卷六百九十一　又見於《事類賦》卷十二）

《司空荀爽述贊》　　漢楊修撰

《司空荀爽述贊》，楊修撰，《隋書·經籍志》、兩《唐志》均不見著錄，佚文見於《藝文類聚》所引一條。楊修，字德祖，今陝西華陽人，曾任曹操主簿，事跡見於《後漢書》卷五十四《楊修傳》。

生應正性，體含中和，篤誠宣於初言，明允朗於始察。是以在童齔而顯奇，漸一紀則布名。頃幼之可師，甘羅之少者，何以踰公之性量乎？砥心六經，探索道奧，瞻乾坤而知陰陽之極，載而集之，獨說十萬餘言，士林景附，群英式慕，由毛羽之宗鵬鸞，眾山之仰五嶽也。昔楚思叔敖而作歌，鄭謳子產而興歎，瞻望弗及，作詞告思。

詞曰：

爰在大漢，挺荀作貞。其德允明，誕發幼齡。行蠲體潔，如玉之瑩。確乎其志，乃勵乃清。遂陟司空，天子是毗。惟君之德，朋僚所咨。清水平土，茂哉是力。將混六合，繩以正直。散以禮樂，風以道德。（《藝文類聚》四十七）

《禰衡別傳》

《禰衡別傳》，諸家史志書目未見著錄。《北堂書鈔》卷一百○二、《太平御覽》卷五百九十六引倚柱作書之事，《太平御覽》卷八百五十引投劉表文於地之事，不見他書，則可補史志闕也。又有《平原禰衡傳》，侯康云：「《魏志・荀彧傳》注引《平原禰衡傳》，當即《別傳》也。」（見《補後漢書藝文志》卷三）今審《太平御覽》卷五百八十七、卷八百三十三引《禰衡傳》，皆見《禰衡別傳》；《御覽》卷四百八十九引《禰衡傳》，見《平原禰衡傳》，若《御覽》所徵引《禰衡傳》爲一書，則侯氏所云似可通。然《御覽》又本有《禰衡別傳》，亦不敢妄定其是也。今仍析爲三書，俾後之賢睿者定之。《太平御覽經史圖書綱目》有《禰衡別傳》，則其書北宋之事或尚見存也。

衡初遊許下，乃陰懷一刺。既到，而無所之適，至於刺字謾滅。（《北堂書鈔》卷一百○四　又見於《太平御覽》卷六百○六。事又見《後漢書・文苑列傳・禰衡傳》、《三國志・魏志・荀彧傳》注引《平原禰衡傳》。）

〔校記〕

〔一〕陰，《太平御覽》無。

衡爲鼓吏，裸身辱曹操。孔融復見操，說衡狂疾，令求得自謝。（《太平御覽》卷七百三十九。事又見《後漢書・文苑列傳・禰衡傳》。）

衡着官布單衣，以杖捶地，數罵責操及其先祖，無所不至。操乃勑外具上廄驃馬三疋，并騎二人。須臾外給啓馬辨，曹公謂孔文舉曰：「禰衡小人，無狀乃尔。孤今殺之無異鼠雀耳！顧此子有異才，遠近聞之。孤今殺之，將謂孤不能容。劉景昇天性險急，不能容受此子，必當殺之。」乃以衡置馬上，兩騎挾送至南陽也。（《太平御覽》卷三百　又見於《太平御覽》卷四百六十六。事又見《後漢書・文苑列傳・禰衡傳》。《御覽》兩引雖同處之文，然節選不同，差異較大，爲便於省覽，仍析爲兩條。）

禰衡著寬布單衣、練巾，坐曹操大營門下，以杖捶地，數罵責操及其先祖，無所不至。營令史入，啓言外有狂生禰衡，言語悖逆，請案科治。操聞之，嘿然良久，乃勑外具上廄馬三疋，并騎二人，挾將送置荆州，黃祖遂令殺之。（《太平御覽》卷四百六十六）

南陽寇柏松記劉景升〔一〕，當暨小出〔二〕，屬守長胡政令給視之〔三〕。柏松父子宿與政不佳〔四〕。景升不在，柏松子在後羅人盜迹胡政無狀，便爾殺之。〔五〕景升還，憨悼無已，即治殺胡政，爲作三牲，釀焉。〔六〕正平爲作板書弔之。時當行在焉上〔七〕，駐馬授筆〔八〕，倚柱而作之〔九〕。（《太平御覽》卷五百九十六　又見於《北堂書鈔》卷一百〇二）

〔校記〕

〔一〕記，《北堂書鈔》作「託」，是也。

〔二〕此句，《北堂書鈔》作「景升出」，本文「當」前疑脫「景升」二字。

〔三〕此句，《北堂書鈔》無。

〔四〕此句，《北堂書鈔》作「松與故政宿不佳」。

〔五〕以上三句，《北堂書鈔》節作「煞之」，「殺」、「煞」通。

〔六〕「景升還」以下至此十八字，《北堂書鈔》無。

〔七〕「時」下，《北堂書鈔》有「正平」二字。焉，《北堂書鈔》作「馬」，是。

〔八〕此句，《北堂書鈔》作「停馬」。

〔九〕此句，《北堂書鈔》作「仍倚柱作焉」，「仍」當作「乃」。

劉表嘗作上事，極以爲快。衡見之，便滅投地，曰：「作此筆者，爲食飯不？」（《太平御覽》卷八百五十）

黃祖太子射作章陵太守〔一〕，與衡有所之〔二〕，見蔡伯喈所作石碑〔三〕。正平一過視之，歎之言好。後日各歸章陵〔四〕，自恨不令吏寫之〔五〕，正平曰：「吾雖一遇〔六〕，皆識，其中央第四行中〔七〕，石書磨滅兩字不分明〔八〕，當是某字，恐不諦耳。〔九〕」因援筆書之，初無所遺，唯兩字不着耳。章陵雖知其才明，猶嫌有所脫失，故遣往寫之。還，以校正平所書，尺寸皆得，初無脫誤，所疑兩字，故如正平所遺字也，於是章陵敬服。（《太平御覽》卷五百八十九　又見於《太平御覽》卷四百三十二　案：事又見《後漢書・文苑列傳・禰衡傳》。）

〔校記〕

〔一〕此句，《太平御覽》卷四百三十二上有「衡字正平」四字。黃祖太子射，《太平御覽》卷四百三十二作「黃射」。

〔二〕與，《太平御覽》卷四百三十二無。「有」上，《太平御覽》卷四百三十二有「俱」字。案：此以本文爲上，《後漢書・禰衡傳》作「嘗與衡俱遊」，「與」字不可無。

〔三〕作，《太平御覽》卷四百三十二作「爲」。石，《太平御覽》卷四百三十二無。

〔四〕日，《太平御覽》卷四百三十二無。

〔五〕吏，《太平御覽》卷四百三十二作「使」，皆可通。

〔六〕遇，《太平御覽》卷四百三十二作「過」，義上。

〔七〕此句，《太平御覽》卷四百三十二作「其所言唯第四行中」。

〔八〕書，《太平御覽》卷四百三十二作「盡」，義上。

〔九〕以上兩句，《太平御覽》卷四百三十二無。

〔一○〕所遺，《太平御覽》卷四百三十二作「遺失」。

〔一一〕耳，《太平御覽》卷四百三十二無。又《太平御覽》卷四百三十二引至此止。

　　黃射大會賓客，人有獻鸚鵡者，射舉卮酒於衡曰：「願先生賦之，以娛嘉賓。」衡攬筆而作，文不加點，辭采甚麗。（《藝文類聚》卷五十六。　事又見《後漢書·文苑列傳·禰衡傳》。）

　　十月，朝黃祖，在艨衝舟上，〔一〕會設黍臛〔二〕。衡年少在坐，黍臛至，先自飽食。〔三〕畢〔四〕，摶以弄戲〔五〕。其輕慢如此。（《太平御覽》卷八百四十二　又見於《荊楚歲時記》《北堂書鈔》卷一百四十四〔三引〕《太平御覽》卷二十六、卷八百五十。事又見《後漢書·文苑列傳·禰衡傳》。）

　　〔校記〕

〔一〕以上三句，《荊楚歲時記》作「十月，朝黃祖，在艨艟上」，《北堂書鈔》首引作「衡，字正平，黃祖在蒙衝舟」，《北堂書鈔》次引、三引、《太平御覽》卷八百五十作「黃祖在蒙衝舟」，《太平御覽》卷二十六作「十月，朝黃祖於艨衝舟上」。

〔二〕此句，《北堂書鈔》三引皆作「爲賓客作黍臛」，《太平御覽》卷八百五十作「賓客作黍臛」，《御覽》所引蓋脫「爲」字。又《荊楚歲時記》、《北堂書鈔》首引至此止。

〔三〕以上三句，《北堂書鈔》次引作「至衡，得便自飽食不顧」，三引作「衡得便飽食」，《太平御覽》卷八百五十作「衡得便自飽食，不顧左右」。又《北堂書鈔》次引至此止。

〔四〕畢，《北堂書鈔》三引、《太平御覽》卷八百五十作「復」，屬下讀。

〔五〕此句，《北堂書鈔》三引、《太平御覽》卷八百五十作「摶弄以戲」，《太平御覽》卷二十六作「摶弄戲擲」。又《北堂書鈔》三引、《太平御覽》卷八百五十引至此止。

《平原禰衡傳》

　　《平原禰衡傳》，諸家書目皆未著錄。佚文見《三國志·魏志·荀彧傳》注徵引一條，其事與《後漢書·文苑列傳·禰衡傳》相類，似三國人手筆。《太平御覽》卷四百八十九所引《禰衡傳》，見於此文，若即《平原禰衡傳》，則其書北宋之時或尚存也。

衡，字正平，建安初，自荊州北遊許都，恃才傲逸，臧否過差，見不如己者不與語，人皆以是憎之。唯少府孔融高貴其才，上書薦之曰：「淑質貞亮，英才卓犖。初涉藝文，升堂覩奧。目所一見，輒誦於口；耳所暫聞，不忘於心。性與道合，思若有神。弘羊心計，安世默識，以衡準之，誠不足怪。」衡時年二十四。是時，許都雖新建，尚饒人士。衡嘗書一刺懷之，字漫滅而無所適。或問之曰：「何不從陳長文、司馬伯達乎？」衡曰：「卿欲使我從屠沽兒輩也！」又問曰：「當今許中誰最可者？」衡曰：「大兒有孔文舉，小兒有楊德祖。」又問：「曹公、荀令君、趙盪寇皆足蓋世乎？」衡稱曹公不甚多，又見荀有儀容，趙有腹尺，因答曰：「文若可借面弔喪，稚長可使監廚請客。」其意以爲荀但有貌，趙健啖肉也。於是眾人皆切齒。衡知眾不悅，將南還荊州。裝束臨發，眾人爲祖道，先設供帳於城南，自共相誡曰：「衡數不遜，今因其後到，以不起報之。」及衡至，眾人皆坐不起，衡乃號咷大哭。眾人問其故，衡曰：「行屍柩之間，能不悲乎？」衡南見劉表，表甚禮之。將軍黃祖屯夏口，祖子射與衡善，隨到夏口。祖嘉其才，每在坐，席有異賓，介使與衡談。後衡驕蹇，答祖言俳優饒言，祖以爲罵己也，大怒，顧伍伯捉頭出。左右遂扶以去，拉而殺之。（《三國志·魏志·荀彧傳》注。事多見《後漢書·文苑列傳·禰衡傳》、《太平御覽》卷四百四十五引《典略》。）

《禰衡傳》

諸書徵引《禰衡別傳》《平原禰衡傳》外，又別有稱《禰衡傳》者，見《北堂書鈔》《太平御覽》。今審其文，《北堂書鈔》卷一百二十八所引，復見於《後漢書·禰衡傳》《禰衡別傳》；《太平御覽》卷四百八十九所引，復見於《平原禰衡傳》；《太平御覽》卷五百八十七所引，復見於《禰衡別傳》；《太平御覽》卷八百三十三所引，前文見於《禰衡別傳》，後文則諸書皆不見。以此論之，《書鈔》所稱《禰衡傳》者，或尚可以之爲《後漢書·禰衡傳》之文；然《御覽》所引《禰衡傳》，當爲《平原禰衡傳》或《禰衡別傳》之文也，今不敢妄定其實，乃別爲一書。

衡，字正平，建安初自荆州北遊許都，恃才傲逸，臧否過差，見不如己者，不肯與言語，人皆以是憎之。（《太平御覽》卷四百九十八）

著布單衣、練巾，手持三尺杖，坐大營門。（《北堂書鈔》卷一百二十八）

黃祖時大會賓客，人有獻鸚鵡者，祖舉卮酒於衡曰：「願先生賦之，以娛佳賓。」衡攬筆而作，文無加點，辭采甚麗。（《太平御覽》卷五百八十七）

衡，字正平，十月，朝黃祖，在艨衝舟上，賓客皆會，作黍臛。既至，先在衡前，衡得便飽食，初不顧左右。既畢，復搏弄以戲。時江夏有張伯雲亦在座，調之曰：「禮教云何而食此？」正平不答，弄黍如故。祖曰：「處士不當答之也。」衡謂祖曰：「君子寧聞車前馬犢。」祖呵之，衡熟視祖，罵曰：「死鍛錫公！」祖大怒，令五伯將出，欲杖之，而罵不止，遂令絞殺。黃射來救，無所復及，悽愴流涕曰：「此有異才。曹操及劉荆州不殺，大人奈何殺之？」祖曰：「人罵汝父作鍛錫公，奈何不殺？」（《太平御覽》卷八百三十三）

《孔融別傳》

《孔融別傳》，不題撰人，卷數不詳，《隋書·經籍志》、兩《唐志》均不見著錄，《太平御覽經史圖書綱目》列之。又有《孔融家傳》，所記皆融事，唯《後漢書》注與《橘山四六》所引之條不見於《孔融別傳》，餘則大體不差。疑《孔融家傳》即《孔融別傳》，後世徵引者因其敘及融兄弟，故改題爲《孔融家傳》。《隋書·經籍志》載有《孔氏家傳》五卷，兩《唐志》不見著錄，《通志·藝文略》著錄爲五卷。姚振宗《隋書經籍志考證》卷二十曰：「《晉書》載孔愉、孔汪、孔安國、孔祗、孔坦、孔嚴、孔群、孔沈諸列傳云：會稽山陰人，其先世居梁國，曾祖潛太子少傅，漢末避地會稽，因家焉。祖竺，吳豫章太守，父恬，湘東太守，從兄侃，大司農，俱有名江左。又《南史》有孔靖、孔琇之、孔奐、孔琳之、孔覬諸列傳，亦會稽山陰人。疑此五卷是會稽孔氏，《晉書》、《南史》之所取資者。」則《孔氏家傳》所記，非是孔融家事，明矣。孔融，東漢末時人，「建安七子」之一，其事跡主要見於《後漢書》卷七十《孔融傳》。

融四歲，與兄食梨，輒引小者。人問其故，答曰：「小兒，法當取小者。」年十歲，隨父詣京師。河南尹李膺有重名，融欲觀其爲人，遂造之。膺問：「高明父祖，嘗與僕周旋乎？」融曰：「然。先君孔子與君先人李老君，同德比義，而相師友。則融與君累世通家也。」眾坐莫不歎息，僉曰：「異童子也！」太中大夫陳韙後至，同坐以告。韙曰：「人小時了了者，長大未必能奇。」融應聲曰：「即如所言，君之幼時，豈實慧乎？」膺大笑，顧謂融曰：「長大必爲偉器。」（《世說新語・言語篇》注　案：此條《太平御覽》亦有徵引，文字頗有差異，別條列之。）

　　附：

　　孔文舉年四歲時，每與諸兄共食梨，引小者。人問其故，答曰：「我小兒，法當取小。」由此宗族奇之。（《太平御覽》卷三百八十五）

　　融十歲，隨父詣京師。〔一〕聞漢中李公〔二〕清節直亮，慕之，欲往觀其爲〔三〕人。遂造公門，謂門者曰：「我是公通家子孫也〔四〕。」門者白之，公曰：「高明父祖常與孤遊乎？」跪而應曰：「先君孔子與明公先李老君，同德比義而相師友，則融與公累世通家。」坐眾數十人莫不歎息，咸曰異童子也。太中大夫陳煒後至，曰：「人小了了，大或未能佳。」少府尋聲答曰：「君子之幼時，豈當惠乎！」李公撫抃大笑，顧少府曰：「高明長大必爲偉器。」（《太平御覽》卷三百八十五　又見於《記纂淵海》卷一百一十一）

〔校記〕

〔一〕隨父詣京師，《記纂淵海》無。
〔二〕李公，《記纂淵海》下有「膺」字。
〔三〕爲，《記纂淵海》無。
〔四〕也，《記纂淵海》無，引文止此。

　　融爲太中大夫虎賁士，貌似蔡邕。每酒酣，輒引與同坐。曰：「雖無老成人，尚有典刑。」（《太平御覽》卷三百九十六）

　　袁術僭亂，曹操託楊彪與術婚姻，誣以欲圖廢置，奏收下獄，劾以大逆。融聞之，不及朝服往見操曰：「楊公四世清德，海內所瞻，周書父子兄弟，罪不相及，況以袁氏歸罪！易稱積善餘慶，徒欺人耳？」操曰：「此國家之意。」融曰：「假使成王殺邵公，周公可得言不知耶？纓綏縉紳所以瞻仰明公者，以公聰明仁智，輔相漢朝，舉直措枉，致之雍熙。今橫殺無辜，則海內觀聽莫不解體。孔融魯國男子便當拂衣而去。」操不得已，遂理出彪。（《太平御覽》卷四百二十八）

漢末天下荒亂，融每食，奉饌一盛，魚一首以祭。(《北堂書鈔》卷一百四十四)

融頗推平生狎侮太祖。太祖制酒禁，而融書嘲之曰：「夫天有酒旗之星，地有酒泉之郡，人有旨酒之德。故堯不飲千鍾。」(《北堂書鈔》卷一百四十八)

融常歎曰：「坐上客恒滿，樽中酒不空，吾無憂矣。」(《藝文類聚》卷七十三)

宙有七子，融之次第六。載於譜錄者，惟有謙、襃、融三人。襃〔一〕之名，見《史晨碑》。(《寶刻叢編》卷二　又見於《隸釋》卷六)

〔校記〕

〔一〕《寶刻叢編》可見版本有二，一爲《歷代碑誌叢書》本，二爲四庫全書本。四庫本無「惟有謙」以下「襃融三人襃」五字，疑爲謄抄時遺漏。

《孔融家傳》

見《孔融別傳》條。

兄弟七人，融第六，幼有自然之性。年四歲時，每與諸兄共食梨〔一〕，融輒引小者。大人問其故，答曰：「我小兒，法當取小者。」由是宗族奇之。(《後漢書‧孔融傳》注　又見於《蒙求集注》卷下)

〔校記〕

〔一〕梨，《蒙求集注》下有「棗」字。

聞漢中李公清節直亮，意慕之，遂造公門。(《後漢書‧孔融傳》注)

襃字文禮。(《後漢書‧孔融傳》注)

客言於進曰：「孔文舉於時英雄特傑，譬諸物類，猶眾星之有北辰，〔一〕百穀之有黍稷，天下莫不屬目也。」(《後漢書‧孔融傳》注　又見於《橘山四六》卷二)

〔校記〕

〔一〕此四句，《橘山四六》作「孔文舉英雄特傑，如眾星之有北辰」，且引文僅此二句。

《邴原別傳》

《邴原別傳》，不題撰人，卷數不詳，《隋書·經籍志》、兩《唐志》不見著錄，《太平御覽經史圖書綱目》列之。邴原，三國時魏國人，其事跡主要見於《三國志》卷十一《邴原傳》。

原字根矩，東管朱虛人。〔一〕原十一而喪父〔二〕，家貧，早孤〔三〕。鄰有書舍，原過其旁而泣〔四〕。師問〔五〕曰：「童子何悲〔六〕？」原曰：「孤者易傷，貧者易感。〔七〕夫書者，必皆具有父兄者〔八〕，一則羨其不孤〔九〕，二則羨其得學，心中惻然而爲涕零也〔一〇〕。」師亦哀原之言而爲之泣〔一一〕曰：「欲書可耳〔一二〕！」答曰：「無錢資。」師曰：「童子苟有志，我徒〔一三〕相教，不求資也〔一四〕。」〔一五〕於是遂就書〔一六〕。一多之間〔一七〕，誦《孝經》《論語》。自在童亂之中，嶷然有異。及長〔一八〕，金玉其行。欲遠遊學，詣安丘孫崧。〔十九〕崧辭曰：「君鄉里鄭君〔二〇〕，君知之乎〔二一〕？」原答曰：「然。」崧曰：「鄭君學覽古今，博聞彊識，鉤深致遠，誠學者之師模也〔二二〕。君乃舍之〔二三〕，躡屣千里，所謂以鄭爲東家丘者也〔二四〕。君似不知而曰然者〔二五〕，何？」原曰：「先生之說，誠可謂苦藥良鍼矣；然猶未達僕之微趣也。人各有志，所規不同，故乃〔二六〕有登山而採玉者，有入海而採珠者，豈可謂登山者不知海之深，入海者不知山之高哉〔二七〕！君謂僕以鄭爲東家丘〔二八〕，君以僕爲西家愚夫邪？〔二九〕」崧辭謝焉〔三〇〕。又曰：「兗、豫之士，吾多所識，未有若君者；當以書相分。」原重其意，難辭之，持書而別。原心以爲求師啓學，志高者通，非若交游待分而成也。書何爲哉？乃藏書於家而行。原舊能飲酒，自行之〔三一〕後，八九年間，酒不向口。單步〔三二〕負笈，苦身持力，至陳留則師韓子助，潁川則〔三三〕宗陳仲弓，汝南則交范孟博，涿郡則親〔三四〕盧子幹。臨別〔三五〕，師友以原不飲酒，會米肉送原。原曰：「本能飲酒，但以荒思廢業，故斷之耳。今當遠別，因見既餞，可一飲讌〔三六〕。」於是共坐飲酒〔三七〕，終日不醉。歸以書還孫崧，解不致書之意。後爲郡所召，署功曹主簿。〔三八〕時〔三九〕魯國孔融在郡，教選計當任〔四〇〕公卿之才，乃以鄭玄爲計掾，彭璆爲計吏〔四一〕，原爲計佐〔四二〕。融有所愛一人，常盛嗟歎之。後恚望，欲殺之，朝吏皆請。時其人亦在坐，叩頭流血，而融意不解。原獨不爲請。融謂原曰：「眾皆請而君何獨不？」

原對曰：「明府於某，本不薄也，常言歲終當舉之，此所謂『吾一子』也。如是，朝史受恩未有在某前者矣，而今乃欲殺之。明府愛之，則引而方之於子，憎之，則推之欲危其身。原愚，不知明府以何愛之？以何惡之？」融曰：「某生於微門，吾成就其兄弟，拔擢而用之；某今孤負恩施。夫善則進之，惡則誅之，固君道也。往者應仲遠爲泰山太守〔四三〕，舉一孝廉，旬月之閒而〔四四〕殺之。夫君人者，厚薄何常之有！」原對曰：「仲遠舉孝廉，殺之〔四五〕，其義焉在？夫孝廉，國之俊選也。舉之若〔四六〕是，則殺之非也；若〔四七〕殺之是，則舉之非也。詩云：『彼己之子，不遂其媾。』蓋譏之也。語云：『愛之欲其生。惡之欲其死。既欲其生，又欲其死，是惑也。』仲遠之惑甚矣。明府奚取焉？」融乃大笑曰：「吾直戲耳！」原又曰：「君子於其言，出乎身，加乎民；言行，君子之樞機也。安有欲殺人而可以爲戲者哉？」融無以答。是時，漢朝陵遲，政以賄成，原乃將家人入鬱洲山中。郡舉有道，融書喻原曰：「修性保貞，清虛守高，危邦不入，久潛樂土。王室多難，西遷鎬京。聖朝勞謙，疇咨雋乂。我徂求定，策命懇惻。國之將隕，嫠不恤緯，家之將亡，緹縈跋涉，彼匹婦也，猶執此義。實望根矩，仁爲己任，授手援溺，振民於難。乃或晏晏居息，莫我肯顧，謂之君子，固如此乎！根矩，根矩，可以來矣！」原遂到遼東〔四八〕。遼東多虎〔四九〕，原之邑落〔五○〕獨無虎患。原〔五一〕嘗行而得遺錢〔五二〕，拾以繫樹枝，此錢既不見取〔五三〕，而繫錢者愈多〔五四〕。問其故〔五五〕，答者謂之神樹〔五六〕。原惡其由己而成淫祀〔五七〕，乃辨之〔五八〕，於是〔五九〕里中遂斂其錢以爲社供。〔六○〕後原欲歸鄉里，止於三山。孔融書曰：「隨會在秦，賈季在翟，諮仰靡所，歎息增懷。頃知來至，近在三山。詩不云乎，『來歸自鎬，我行永久』。今遣五官掾，奉問榜人舟楫之勞，禍福動靜告慰。亂階未已，阻兵之雄，若某奕爭梟。」原於是遂復反還。積十餘年，後乃遁還。南行已數日，而度甫覺。度知原之不可復追也，因曰：「邴君所謂雲中白鶴，非鶉鷃之網所能羅矣。〔六一〕又吾自遣之，勿復求也。」遂免危難。〔六二〕自反國土，原於是講述禮樂，吟詠詩書，門徒數百，服道數十。時鄭玄博學洽聞，注解典籍，故儒雅之士集焉。原亦自以高遠清白，頤志澹泊，口無擇言，身無擇行，故英偉之士向焉。是時海內清議，云青州有邴、鄭之學。魏太祖爲司空，辟原署東閣祭酒。〔六三〕太祖北伐三郡單于〔六四〕，還住昌國〔六五〕，燕士大夫。酒酣，太祖曰：「孤反〔六六〕，鄴守諸君必將來迎，今日明旦，度皆至矣。其不來者，獨有〔六七〕邴祭酒耳！」言訖未久，而原先至〔六八〕。門下通謁，太祖大驚喜，〔六九〕躧〔七○〕履而起，遠出迎原曰：「賢者

誠難測〔七一〕度！孤謂君將不能來，而遠自屈，誠副饑虛之心。」謁訖而出，軍中士大夫詣原者數百人。太祖怪而問之，時荀文若在坐，對曰：「獨可省問邴原耳！」太祖曰：「此君名重，乃亦傾士大夫心？」文若曰：「此一世異人，士之精藻，公宜盡禮以待之。」太祖曰：「固孤之宿心也。」自是之後，見敬益重。原雖在軍歷署，常以病疾，高枕里巷，終不當事，又希會見。河內張範，名公之子也，其志行有與原符，甚相親敬。令曰：「邴原名高德大，清規邈世，魁然而峙，不爲孤用。聞張子頗欲學之，吾恐造之者富，隨之者貧也。」魏太子爲五官中郎將，天下向慕，賓客如雲，而原獨守道持常〔七二〕，自非公事不妄舉動。太祖微使人從容問之，原曰：「吾聞國危不事冢宰，君去〔七三〕不奉世子，此典制也。魏太子爲五官中郎將〔七二〕，天下向慕，賓客如雲，而原獨守道持常〔七三〕，自非公事不妄舉動。太祖微使人從容問之，原曰：「吾聞國危不事冢宰，君去〔七四〕不奉世子，此典制也。」於是乃轉五官長史〔七五〕，令曰：「子弱不才，懼其難正，貪欲相屈，以匡勵之。雖云利賢，能不惡惡！」太子燕〔七六〕會，眾賓百數十人〔七七〕，太子建議曰〔七八〕：「君、父各有篤疾，有藥一丸，可救一人，當救君邪，父邪？」〔七九〕眾人紛紜〔八〇〕，或父或君。時原在坐，不與此論。太子諮之于原，原悖然〔八一〕對曰：「父也〔八二〕。」太子亦不復難之〔八三〕。（《三國志‧魏志‧邴原傳》注　又見於《世說新語‧輕詆篇》注《藝文類聚》卷三十五《北堂書鈔》卷十一、卷六十九、卷七十九、卷八十七、卷九十八《太平御覽》卷三百八十五、卷四百四、卷四百六十七　、卷四百八十五、卷五百三十二　卷六百一十一、卷七百四十七、卷八百三、卷八百三十六、九百一十六《群書治要》卷二十五《遊仙窟》《酒譜》）

〔校記〕

〔一〕「原字根矩」二句，《三國志》無，據《世說新語》補入。

〔二〕《太平御覽》卷三百八十五作「十一喪父」，卷四百八十五作「年十一喪父」。

〔三〕早孤，《世說新語》作「少孤」。

〔四〕二句者，《世說新語》作「數歲時過書舍而泣」也；《太平御覽》卷七百四十七作「原年五六歲，過書舍而泣」。旁，《太平御覽》作「傍」，二字通。

〔五〕問，《太平御覽》卷七百四十七無。

〔六〕何悲，《世說新語》作「何泣也」，《太平御覽》卷七百四十七作「何泣」；《太平御覽》卷三百八十五作「何罪」。審「何罪」，語意未安，似是傳抄之誤。

〔七〕「孤者」二句，《太平御覽》卷七百四十七作「孤子易傷感」。

〔八〕「夫書者」二句，《世說新語》作「凡得學者，有親也」；《太平御覽》卷四百八十五作「夫書者必有其父兄」。

〔九〕羨，《世說新語》、《太平御覽》卷四百八十五皆作「願」。

〔一〇〕心中惻然而爲涕零也，《世說新語》作「中心感傷，故泣耳」，《太平御覽》卷七百
　　　　四十七作「今顧其書，故惻然涕零也」。

〔一一〕「原」後《太平御覽》卷七百四十七無「之」字，審其文意，以有之字爲上。爲之
　　　　泣，《太平御覽》卷三百八十五無「泣」字，卷四百八十五無「之」字。

〔一二〕《太平御覽》卷四百八十五「可」下有「書」字，卷七百四十七作「欲書不須費也」。

〔一三〕徒，《太平御覽》卷六百一十一作「從」，審其文意，當爲形近而訛，以「徒」爲
　　　　上。

〔一四〕《太平御覽》卷三百八十五「資」作「費」，以「資」爲上。不求資，《御覽》卷六
　　　　百一十一作「不之求費」，文意未安，以「不求資也」爲上。

〔一五〕「師亦哀原之言」以下七句，《世說新語》並無而作「師惻然曰：『苟欲學，不須資
　　　　也。』」

〔一六〕於是，《太平御覽》卷七百四十七無。遂就書，《世說新語》作「就業」。

〔一七〕《北堂書鈔》「一多之間」上有「原少從師學」一句；一多，《太平御覽》卷三百八
　　　　十五作「一歲」。

〔一八〕及長，《世說新語》作「長則博覽洽聞」。

〔一九〕《太平御覽》卷八百三「遠」上無「欲」字而有「原」字，「崧」皆作「嵩」。清周
　　　　廣業《經史避名彙考》卷九「太皇帝（明帝曾祖追尊）諱嵩字巨高，葬譙郡」條
　　　　謂：《三國志·魏志·邴厚傳》注引《原別傳》作「孫崧」亦因諱變體。可知「孫
　　　　崧」原作「孫嵩」。「丘」，《廣事類賦》卷十八作「邱」。二句，李善注《文選》
　　　　卷四十二作「原游學詣孫崧」，「孫崧」前無「安丘」二字。

〔二〇〕鄭君，《廣事類賦》卷十八作「鄭康成」。

〔二一〕君，《太平御覽》卷八百三無，疑爲上句「君」字後重文符號「＝」傳抄遺漏所致。

〔二二〕「誠」、「也」，《太平御覽》卷八百三皆無。

〔二三〕《文選》卷四十二李善注作「崧曰：君以鄭君而舍之」。

〔二四〕《文選》卷四十二李善注「以」前無「所謂」二字。

〔二五〕《太平御覽》卷八百三「君」、「者」，皆無，「不知」下有「也」字。

〔二六〕乃，《太平御覽》卷八百三無。

〔二七〕「豈可謂」二句，《太平御覽》卷八百三作「不知山之高、海之深哉」。

〔二八〕丘，《施注蘇詩》卷四十一《追和陶淵明詩六十二首》作「邱」。

〔二九〕邪，《駢字類編》、《佩文韻府》均作「耶」，「邪」與「耶」爲異體字。《文選》李
　　　　善注卷四十二作「原曰：『君以鄭君爲東家丘，以僕爲西家愚夫邪？』」文字略有
　　　　出入。

〔三〇〕辭，《駢字類編》卷一百十四無；謝，《駢字類編》卷一百十六無。

〔三一〕之，《太平御覽》卷四百四無。

〔三二〕步，《太平御覽》卷四百四作「行」。

〔三三〕則，《太平御覽》卷四百四無。

〔三四〕親《太平御覽》卷四百四無。

〔三五〕臨別，《太平御覽》卷四百四作「臨歸」。

〔三六〕讌，《太平御覽》卷四百四作「宴」，讌與宴爲異體字。

〔三七〕共坐飲酒，《太平御覽》卷四百四作「每坐飲」。審其前後文意，以「共坐飲酒」
　　　　爲上。

〔三八〕「後爲郡」二句，《北堂書鈔》作「原爲郡功曹主簿」。

〔三九〕時，《北堂書鈔》卷七十九無。

〔四〇〕任，《北堂書鈔》作「養」，語意不通，非是。

〔四一〕計吏，諸本皆如是，強汝詢《漢州郡縣吏制考》謂「案此計吏亦當從劉說作計史
　　　　也」，可備一說。

〔四二〕乃以，《北堂書鈔》作「時」。案：若爲「時」，則不能體現孔融「教選」之職能，
　　　　似當以「乃以」爲是，《佩文韻府》作「乃以」，強汝詢《漢州郡縣吏制考》作「乃
　　　　即以」。若如是，則「原」前之「以」字恐爲衍文矣。

〔四三〕應仲遠」，《北堂書鈔》上無「往者」二字，有「孔融謂原曰」。案：「孔融謂原曰」
　　　　當爲《書鈔》節選文句時補入。

〔四四〕月，《北堂書鈔》作「日」，無「之閒而」。

〔四五〕《淵鑒類函》「殺」上有「而」字。

〔四六〕若，《北堂書鈔》無。

〔四七〕若，《北堂書鈔》亦無。

〔四八〕原遂到遼東，《世說新語》作「知世將亂，避地遼東」，《北堂書鈔》、《太平御覽》
　　　　亦作「避地遼東」。《三國志》本傳載「時孔融爲北海相，舉原有道。原以黃巾方
　　　　盛，遂至遼東」，則邴原就孔融之舉薦，故《世說》等語焉不詳，未若《三國志》
　　　　注引之敘述爲勝。

〔四九〕遼東多虎，《太平御覽》卷五百三十二作「以虎爲患」。

〔五〇〕原之邑落，《太平御覽》卷五百三十二作「自原之落」。

〔五一〕原，《太平御覽》無。

〔五二〕而，《太平御覽》卷八百三十六無。「嘗行」句，《事類賦》卷十作「原常行遼東得
　　　　遺錢」，「常」，循其語意，當爲「嘗」之同音而訛。

〔五三〕此，《太平御覽》卷五百三十二作「比」，誤。既，《御覽》卷五百三十二無。

〔五四〕而，《太平御覽》卷五百三十二無；「愈」，《太平御覽》卷八百三十六、《事類賦》
　　　　卷十皆無，《太平御覽》卷五百三十二作「逾」。

〔五五〕問其故，《太平御覽》《事類賦》上皆有「原」字。

〔五六〕神樹，《太平御覽》卷五百三十二作「社樹」。

〔五七〕淫祀，《太平御覽》卷八百三十六、《事類賦》卷十皆同，《太平御覽》卷五百三十
　　　　二作「妄祀」。

〔五八〕辨，《太平御覽》作「辯」。

〔五九〕於是，《北堂書鈔》《事類賦》皆無，《太平御覽》卷八百三十六作「由是」。

〔六〇〕遺錢繫樹之事，《北堂書鈔》卷八十七所載文字稍異，且有「誦曰」諸句，爲《三國志》注所無，錄之如下：「拾以繫樹，人繫者尤多，原怪問之，答者是神樹。原乃辨之，里中遂斂其錢爲社供，里人爲之誦曰：『邴君行仁，邑无虎；邴君行路，樹成社。』」里人，《太平御覽》卷五百三十二作「里老」，「邑」、「樹」上各有「落」、「路」一字。

〔六一〕所能羅矣，《世說新語》作「所能羅也」，唐張鷟《遊仙窟》卷三作「所能羅」，《事類賦》注卷十八作「能羅也」，《太平御覽》卷九百一十六作「能虜轄」。

〔六二〕邴原欲還鄉里之事，《三國志》注較爲簡略，《世說新語·賞譽篇》記錄較詳，載之如下：「公孫度厚禮之。中國既寧，欲還鄉里，爲度禁絕。原密自治嚴，謂部落曰：『移比近郡，以觀其意。』皆曰：『樂移。』原舊有捕魚大船，請村落，皆令熟醉，因夜去之。數日，度乃覺，吏欲追之。度曰：『邴君所謂雲中白鶴，非鶉鷃之網所能羅也。』」

〔六三〕「魏太祖」以下二句，《世說新語》作「魏王辟祭酒」。

〔六四〕太祖，《太平御覽》卷四百七十四作「上」，後文同，誤。三郡，《太平御覽》卷四百七十四無。單于，《北堂書鈔》卷六十九無，《太平御覽》卷四百六十七作「克單于」。

〔六五〕住昌國，《北堂書鈔》作「往昌國」，《太平御覽》卷四百六十七無此三字。

〔六六〕反，《太平御覽》卷四百六十七作「返」，二字通假。

〔六七〕有，《太平御覽》卷四百六十七無。

〔六八〕而，《北堂書鈔》無；而原先至，《太平御覽》四百七十四作「原至」。

〔六九〕《北堂書鈔》無「門下通謁」一句，「大驚喜」作「驚起」；太祖大驚喜，《太平御覽》卷四百七十四作「上甚喜」。

〔七〇〕擥，《北堂書鈔》、《太平御覽》卷四百六十七均作「攬」，《太平御覽》卷四百七十四作「覽」，誤。

〔七一〕測，《太平御覽》卷四百六十七作「則」。

〔七二〕太子，《世說新語》無；五官中郎將，《藝文類聚》作「五官郎將」。

〔七三〕常，《群書治要》作「順」。

〔七四〕去，《群書治要》作「老」。

〔七五〕「於是乃轉五官長史」句，《世說新語·賞譽篇》作「魏王辟祭酒，累遷五官中郎長史」，《藝文類聚》《太平御覽》皆作「原爲長史」。

〔七六〕燕，《藝文類聚》《太平御覽》皆作「宴」，燕與宴古通。

〔七七〕眾賓百數十人，《藝文類聚》作「眾賓客數十人」。

〔七八〕太子建議曰，《世說新語》作「嘗與群賢共論曰」。

〔七九〕「君父」以下諸句，《世說新語·輕詆篇》作「今有一丸藥，得濟一人疾，而君、父俱病，與君邪？與父邪？」邪，《藝文類聚》《太平御覽》皆作「耶」，邪與耶通。

〔八〇〕眾，《世說新語》作「諸」；紛紜，《世說新語》《藝文類聚》皆作「紛葩」，《太平御覽》作「紛然」。

〔八一〕悖然，《世說新語》《藝文類聚》皆作「勃然」，兩者文意皆通。

〔八二〕父也，《世說新語》作「父子，一本也」，《太平御覽》無「也」字。

〔八三〕太子亦不復難之，《藝文類聚》無「之」字，《世說新語》作「亦不復難」，句首無「太子」，句末亦無「之」字。

原以喪亂方熾〔一〕，遂到遼東，時同郡劉攀〔二〕，亦俱在焉〔三〕。遼東人圖奪太守公孫度，度覺之，捕其家，而攀得免，度曰：「有藏劉攀，同誅。」攀窘逼歸原，〔四〕曰：「窮鳥入懷。」原曰：「焉知斯懷之可入？」遂匿之月餘，東萊太守太史子義，素有義節〔五〕，原欲〔六〕以攀付之，攀臨去，以其手所杖劍、金三餅與原，原受金辭劍，還謂度曰：「將軍平日與攀無郤〔七〕，而欲殺之者，但恐其為蜂蠆耳。今攀以去，而尚〔八〕拘閉其家，以情推之，其念為〔九〕毒螫，必滋甚矣。」度從之，即出攀家，原以金還之。（《藝文類聚》卷八十三 又見於《太平御覽》卷八百一十一《事類賦》卷九）

〔校記〕

〔一〕原，《太平御覽》卷八百一十一無；「以喪亂方熾」上有「邴原，字根矩」，當是類書編撰者為完整文意所加。

〔二〕劉攀，《太平御覽》《事類賦》皆作「劉舉」，下皆同。亦或為劉政，俟考。

〔三〕亦俱在焉，《太平御覽》作「亦在遼東」，《事類賦》作「亦在遼」。

〔四〕「遼東人」以下諸句，《太平御覽》作「遼東太守公孫度掩其家，而舉得免，窘逼歸原」，《事類賦》作「圖奪太守公孫度，度掩捕其家，而舉得免，窘迫歸原」。

〔五〕節，《太平御覽》《事類賦》皆無。

〔六〕欲，《太平御覽》《事類賦》皆無。

〔七〕郤，《太平御覽》《事類賦》皆作「隙」，郤與隙通假。

〔八〕而尚，《太平御覽》作「若以」，《事類賦》作「若必」。

〔九〕其念為，《太平御覽》《事類賦》皆無。

邴原字根矩。〔一〕魏武皇〔二〕帝初，為司空辟，署〔三〕議曹掾。請見，禮畢，上送至〔四〕門中，原辭，直去不顧。上還，語左右〔五〕：「孤甚敬此人。與〔六〕其辭，遠送之，謂其尚〔七〕顧而終〔八〕不顧，此人誠高士也。」人謂曰：「君宜謝公，〔九〕公望君一日〔一〇〕，辭不〔一一〕顧揖。」原勃然曰：「夫〔一二〕何謝哉？夫揖讓者，謂其敵耳〔一三〕。吾，人臣也；公，人君也。君尊臣卑，揖讓何施？且孔子反命曰：賓不顧矣。吾何謝哉！」人以〔十四〕語上，上曰：「快乎斯言也！夫有斯名而豈徒哉！」（《太平御覽》卷二百九 又見於《職官分紀》卷五）

〔校記〕

〔一〕《太平御覽》原云出《邴吉別傳》，梁章鉅《三國志旁證》卷十一謂「邴吉當作原」，
　　　是。「邴原」句，《職官分紀》無。

〔二〕皇，《職官分紀》無。

〔三〕署，《職官分紀》作「爲」。

〔四〕送至，《職官分紀》作「從之」。

〔五〕語左右，《職官分紀》下有「曰」字。

〔六〕與，《職官分紀》作「爲」。

〔七〕當，《職官分紀》作「尙」，以「當」爲上，且《職官分紀》後述亦曰「辭當顧」。

〔八〕終，《職官分紀》無。

〔九〕君宜謝公，《職官分紀》作「公宜謝主公」。

〔一〇〕一曰，《職官分紀》作「辭」。

〔一一〕不，《職官分紀》作「當」。

〔一二〕夫，《職官分紀》作「吾」。

〔一三〕耳，《職官分紀》作「爾」，耳與爾皆爲助語辭，意同。

〔一四〕以，《職官分紀》無。

《管寧別傳》

　　《管寧別傳》，不題撰人，《隋書·經籍志》、兩《唐志》均不見著錄，《太平御覽經史圖書綱目》列之，則是書北宋之時尙見存，後散佚，佚文見於《太平御覽》《北堂書鈔》。管寧，字幼安。北海郡朱盧縣（今山東省安丘、臨朐東南）人，漢末天下大亂時，與邴原及王烈等人至遼東避亂。後曹魏多次徵召，管寧皆不應命。事跡主要見於《三國志》卷十一《管寧傳》。

　　寧身長八尺，龍顏秀目。〔一〕每祭，未嘗不伏地流涕。（《太平御覽》卷三百八十七　又見於《太平御覽》卷三百六十三）

〔校記〕

〔一〕《太平御覽》卷三百六十三引文止此。

　　寧字幼安，至〔一〕孝。每祭祀，未嘗不伏地流涕，恒〔二〕着布裳貂裘。（《太平御覽》卷六百九十四　又見於《北堂書鈔》卷一百二十九）

〔校記〕

〔一〕至，《北堂書鈔》上有「孝」字。

〔二〕恒，《北堂書鈔》作「常」。

管寧性至孝，恒布裳貉裘，唯祠着單衣絮巾也。（《太平御覽》卷八百一十九）

《司馬徽別傳》

《司馬徽別傳》，不題撰人，卷數不詳，《隋書·經籍志》、兩《唐志》不見著錄，《太平御覽經史圖書綱目》則列之。司馬徽，字德操，東漢末人，《後漢書》《三國志》未為司馬徽立傳，其事跡主要見於《襄陽記》，而《世說新語·言語篇》注引《司馬徽別傳》，記載徽事頗詳，可補史料之缺。

徽字德操，潁川陽翟人。有人倫鑒識，居荊州。知劉表性暗，必害善人，乃括囊不談議時人。有以人物問徽者，初不辨其高下，每輒言佳。其婦諫曰：「人質所疑，君宜辨論，而一皆言佳，豈人所以咨君之意乎？」徽曰：「如君所言，亦復佳。」其婉約遜遁如此。嘗有妄認徽豬者，便推與之。後得其豬，叩頭來還，徽又厚辭謝之。劉表子琮往候徽，遣問在不，會徽自鋤園，琮左右問：「司馬君在邪？」徽曰：「我是也。」琮左右見其醜陋，罵曰：「死傭，將軍諸郎欲求見司馬君，汝何等田奴，而自稱是邪！」徽歸，刈頭著幘出見。琮左右見徽故是向老翁，恐，向琮道之。琮起，叩頭辭謝。徽乃謂曰：「卿真不可，然吾甚羞之。此自鋤園，唯卿知之耳。」有人臨蠶求簇箔者，徽自棄其蠶而與之。或曰：「凡人損己以贍人者，謂彼急我緩也。今彼此正等，何為與人？」徽曰：「人未嘗求己，求之不與將慚。何有以財物令人慚者！」人謂劉表曰：「司馬德操，奇士也，但未遇耳。」表後見之，曰：「世閒人為妄語，此直小書生耳。」其智而能愚皆此類。荊州破，為曹操所得，操欲大用，會其病死。（《世說新語·言語篇》注　又見於《太平御覽》卷三百八十二、八百二十五，）

劉綜〔一〕欲候徽，先使左右問之。徽鋤園，左右問馬君〔二〕所在。徽曰：「我是。」徽頭面醜陋，問者罵之曰：「即欲求司馬公，何等田奴而稱？」徽更刷頭飾服而出，左右叩頭而謝之。（《太平御覽》卷三百八十二）

〔校記〕

〔一〕劉綜，當爲「劉琮」，形近而訛。

〔二〕馬君，當作「司馬君」。

人有臨蠶求徽簇者，徽便以與之，自棄其蠶。(《太平御覽》卷八百二十五)

《董正別傳》

《董正別傳》，不題撰人，卷數不詳。《隋書·經籍志》、兩《唐志》不見著錄。其所載內容均與董正無關，何以致此，因現存文字有限，已無法知曉。董正，正史無載，佚文見於《太平御覽》卷四百九引《廣州先賢傳》謂其「字伯和，番禺人」。

司馬徽，字德操，時人呼爲水鏡。嘗有人妄認徽豬，徽便推豬以〔一〕與之，後數日，亡豬者得其豬，既〔二〕以豬還徽，乃叩頭自責，徽又厚謝之。〔三〕(《藝文類聚》卷九十四　又見於《太平御覽》卷九百三)

〔校記〕

〔一〕豬以，《太平御覽》無。

〔二〕「得其豬既」四字，《太平御覽》無。

〔三〕頭，《太平御覽》下有「謝」字，「謝」下無「之」字。

劉恭嗣少有異才，聞司馬操博物多通，故往見焉。遇其方耕，執耒耜於壠畝之上，於是釋耒下袵，相就而言。(《太平御覽》卷八百二十二　案：此條《御覽》作「董正則傳」，「則」當爲「別」字之訛。)

《劉道士傳》

《劉道士傳》，不題撰人，《隋書·經籍志》、《唐志》均不見著錄，佚文見於學記。劉根，字君安，《後漢書》卷八十二有《劉根傳》，題爲潁川人，《搜神記》《神仙傳》亦有傳，題爲京兆長安人，三書所記之事相同。《古今同姓名錄》言劉根爲仙人。《劉道士傳》所記之事，《後漢書》本傳敘述

頗詳，然不見於《劉根別傳》，《別傳》所敘之事亦不見於《劉道士傳》，則兩書不必是一書異名。

　　劉根，字君安，能召鬼。張府君語曰：「聞君能使人見鬼，可使形見，不者加戮。」根曰：「借府君前筆硯。」因書奏以扣几。須臾，五百鬼縛府君死父母至。（《初學記》卷二十一）

《劉根別傳》

　　《劉根別傳》，亦名《劉君內記》《劉眞人內傳》，據傳爲王珍所作，卷數不詳，《隋書・經籍志》、兩《唐志》不見著錄，《太平御覽經史圖書綱目》列之。王珍，史無記載，葛洪《神仙傳》曾載王珍向劉根問學仙時本末，乃神仙家言。

　　思形狀可以長生。〔一〕以九寸明鏡照面，熟視之，令自識己身形，令不忘，久則〔二〕身〔三〕神不散，疾患不入。（《太平御覽》卷七百一十七　又見於《白氏六帖事類集》卷四　案：《初學記》卷二十五徵引與此條，內容大致相同，題爲《劉振別傳》，誤。）
　　〔校記〕
　　〔一〕思形狀可以長生，《白氏六帖事類集》無。
　　〔二〕久則，《白氏六帖事類集》作「如此」。
　　〔三〕身，《白氏六帖事類集》作「其」。
　　孝武皇帝〔一〕登少室，見一女子〔二〕以九節杖仰指日，閉左目，開右目，絕久乃蘇息。〔三〕武帝使高宰〔四〕問之所行何等乎，女子不答，東方朔乃〔五〕曰：「婦人〔六〕食日精者。豕人，絳宮不能至，故致至耳。」（《北堂書鈔》卷一百三十三　又見於《太平御覽》卷七百一十《杜工部草堂詩箋》卷十三《望嶽》詩注）
　　〔校記〕
　　〔一〕孝武皇帝，《杜工部草堂詩箋》作「孝武帝」。
　　〔二〕女子，《杜工部草堂詩箋》作「女」。

〔三〕絕久乃蘇息，《太平御覽》作「氣且絕，久乃蘇息」，《杜工部草堂詩箋》作「氣且絕，
又蘇息」。

〔四〕高宰，《太平御覽》《杜工部草堂詩箋》皆無。

〔五〕乃，《太平御覽》《杜工部草堂詩箋》皆無。

〔六〕婦人，《杜工部草堂詩箋》作「婦」。

潁川太守〔一〕到官，民大疫，〔二〕掾吏〔三〕死者過半，夫人、郎君悉病，府君〔四〕從根求消除疫氣之術。根曰：「寅戌歲〔五〕洩氣在亥。今年太歲在寅，於聽事之亥地，穿地深三尺，方與深同，〔六〕取沙三斛着中，以淳酒三升沃在其上。」府君即〔七〕從之，病者即愈，〔八〕疫疾遂〔九〕絕。（《太平御覽》卷七百四十二　又見於《太平御覽》卷七十四《傷寒總病論》卷五　案：《三因極一病證方論》卷六亦載有相關之事，然文字差距頗大，附列於後。）

〔校記〕

〔一〕潁川太守，《太平御覽》卷七十四下有「高府君」三字。

〔二〕民大疫，《太平御覽》卷七十四作「民人疫」。

〔三〕掾吏，《太平御覽》卷七十四上有「郡中」二字。

〔四〕府君，《太平御覽》卷七十四無，以有「府君」為上。

〔五〕寅戌歲，《傷寒總病論》作「寅歲」，誤。

〔六〕「於聽事之亥地」以下三句，《太平御覽》卷七十四作「於廳事之亥上穿地」，《傷寒總病論》作「於聽事之亥地，穿地深三尺，與深同」。「聽」與「廳」同。

〔七〕即，《太平御覽》卷七十四、《傷寒總病論》無。

〔八〕病者即愈，《太平御覽》卷七十四作「病者悉得愈」。

〔九〕遂，《太平御覽》卷七十四無。

附：

令於州治太歲六合處，穿地闊三尺，深亦如之，取淨沙三斛寔之，以醇酒三升沃其上，俾使君祝之。（《三因極一病證方論》卷六）

有道之士不可識。往者有陳孜如癡人，江夏袁仲陽知事之。孜謂仲陽曰：「今年春，當有疾，服棗核中仁二十七枚。」後果大病。（《太平御覽》卷九百六十五　案：常服棗核之事，《藝文類聚》《太平御覽》記載頗異，當是節引所致，一並附列於後，不再出校。）

附：

今年春，當有病，可服棗核中仁二七枚，能常服之，百邪不復干也。（《藝文類聚》卷八十七）

能常服棗核中仁，百邪病不復干也〔一〕。仲陽服之有效。(《太平御覽》卷九百六十五 又見於《事類賦》卷二十六)

〔校記〕

〔一〕干也，《事類賦》作「干」。

取七歲男齒女髮，與己〔一〕頸垢合燒，服之一歲，則不知老；常為之，使老有少容也。(《太平御覽》卷七百二十 又見於《養生類纂》卷上)

〔校記〕

〔一〕己，《養生類纂》作「自己」。

根棄世學道，入中嶽嵩山石室中，崢嶸上，東南下五十丈，北人多夏不衣，身毛皆長一二尺，顏狀如年十五時。(《藝文類聚》卷七)

《蔡琰別傳》

《蔡琰別傳》，不題撰人，卷數不詳，《隋書·經籍志》、兩《唐志》不見著錄，《太平御覽經史圖書綱目》列之，主要敘述其藝術天賦和悲慘的生活境遇。蔡琰，東漢末女詩人，蔡邕之女，其事跡主要見於《後漢書》卷八十四《蔡琰傳》。

琰字文姬，〔一〕陳留人，〔二〕漢左中郎將蔡邕之女。〔三〕少聰惠秀異，〔四〕年六歲，邕夜鼓琴，〔五〕弦絕，〔六〕琰曰：「第二〔七〕弦。」邕故斷一弦而問之。〔八〕琰曰：「第四弦。」〔九〕邕曰：「偶得之耳。〔一〇〕」琰曰：「吳札觀化，〔一一〕知興亡之國；〔一二〕師曠吹律，識南風之〔一三〕不競。由此言〔一四〕之，何不足知也。〔一五〕」(《太平御覽》卷五百七十七 又見於《藝文類聚》卷四十四《太平御覽》卷四百三十二、卷五百一十九《事類賦》卷十一)

〔校記〕

〔一〕字文姬，《太平御覽》卷五百一十九無。

〔二〕陳留人，《藝文類聚》、《太平御覽》卷四百三十二、卷五百一十九皆無。

〔三〕漢左中郎將，《藝文類聚》無，《太平御覽》卷四百三十二、卷五百一十九則作「邕之女」。

〔四〕少聰惠秀異，《藝文類聚》、《太平御覽》卷四百三十二、卷五百一十九皆無。

〔五〕邕夜鼓琴，《藝文類聚》無「邕」字，《太平御覽》卷四百三十二作」邕鼓琴弦「，《太平御覽》卷五百一十九「鼓琴」上有「中」字。

〔六〕弦絕，《藝文類聚》作「弦斷」，《太平御覽》卷四百三十二無。

〔七〕二，《太平御覽》卷四百三十二作「一」。

〔八〕邕故斷一弦而問之，《事類賦》無「而」字，《太平御覽》卷四百三十二作「邕故斷其一問之」，卷五百一十九則作「邕乃故絕一弦」。

〔九〕琰曰，《太平御覽》卷四百三十二上有「琰曰：『第二弦。』邕故斷一弦」三句，且引文止此。

〔一○〕偶得之耳，《太平御覽》卷五百一十九作「汝偶得中之」，「耳」，《藝文類聚》作「矣」。

〔一一〕吳札觀化，《太平御覽》卷五百一十九作「昔吳季札觀樂」。

〔一二〕興亡之國，《太平御覽》卷五百一十九作「國之興亡」。

〔一三〕之，《事類賦》無。

〔一四〕言之，《藝文類聚》作「觀之」。

〔一五〕何不足知也，《藝文類聚》無「也」字，《太平御覽》卷五百一十九作「何得不知」，且下有「邕奇之」三字，《事類賦》作「何云不知也」。

　　琰字文姬，〔一〕先適河東衛仲道，〔二〕夫亡無子，〔三〕歸寧于家，〔四〕漢末大亂，〔五〕為〔六〕胡騎所獲，在左賢王部伍中，〔七〕春月〔八〕登胡殿，感笳之音，〔九〕作詩言志〔一○〕曰：「胡笳動兮邊馬鳴，〔一一〕孤雁歸兮聲嚶嚶。」（《藝文類聚》卷四十四　又見於《北堂書鈔》卷一百一十一《太平御覽》卷四百八十八《樂府詩集》卷五十九《記纂淵海》卷一百九十一《事類備要》前集卷二十八）

　　〔校記〕

〔一〕琰字文姬，《樂府詩集》、《記纂淵海》、《事類備要》前集皆無。

〔二〕先適河東衛仲道，《北堂書鈔》、《樂府詩集》、《記纂淵海》、《事類備要》前集皆無。

〔三〕夫亡無子，《北堂書鈔》、《樂府詩集》皆無，《記纂淵海》、《事類備要》前集上皆有「蔡琰」二字。

〔四〕歸寧于家，《北堂書鈔》《樂府詩集》皆無，《記纂淵海》、《事類備要》前集無「于家」二字。

〔五〕漢末大亂，《北堂書鈔》上有「後」字，「大亂」，《記纂淵海》、《事類備要》前集皆無。

〔六〕為，《樂府詩集》上有「琰」字。

〔七〕在左賢王部伍中，《北堂書鈔》無，《記纂淵海》、《事類備要》前集皆無「部伍」二字，《樂府詩集》作「右賢王」。

〔八〕春月，《北堂書鈔》無。

〔九〕笳，《北堂書鈔》作「胡篋」；之，《記纂淵海》、《事類備要》前集皆無；《太平御覽》引文止此。

〔一〇〕作詩言志，《北堂書鈔》上有「懷凱風之思」一句，《記纂淵海》、《事類備要》前
　　　　集皆無「言志」二字。
〔一一〕胡笳，《北堂書鈔》作「胡篴」；《記纂淵海》、《事類備要》前集引文止此。

　　琰在胡中十三年，有二男捨之而歸，作詩云：「家既迎兮當歸寧，兒呼母
兮啼失聲，我掩耳兮不忍聽。」（《太平御覽》卷四百八十八）
　　琰謂曹操曰：「亡父賜書四千許卷。」（《北堂書鈔》卷一百一）
　　琰字文姬，曹操問曰：「聞夫人家先多書籍，猶能憶之不？」令十吏就夫
人寫之，文姬曰〔一〕：「妾聞男女不親授，乞給紙筆，眞草惟命〔二〕。」（《北堂
書鈔》卷一百四　又略見於《太平御覽》卷七百四十七）

〔校記〕
〔一〕文姬曰，《太平御覽》作「琰對曹操曰」。
〔二〕惟命，《太平御覽》下有「也」字。

《荀采傳》

　　《荀采傳》，不題撰人，《隋書·經籍志》、兩《唐志》均不見著錄，佚
文見於《太平御覽》《藝文類聚》。荀采，南陽陰瑜妻，潁川荀爽之女，字
女荀，其事跡見於《後漢書》卷八十四《荀采傳》。

　　荀采，爽女〔一〕，爲陰瑜妻，而夫早亡，爽逼嫁與太原郭弈，采入郭氏室，
暮乃去其帷帳，建四燈，斂色〔二〕正坐，郭氏不敢逼。（《藝文類聚》卷八十　又
見於《太平御覽》卷八百七十）

〔校記〕
〔一〕本句《太平御覽》作「采，荀爽女」。
〔二〕斂色，《太平御覽》作「歛袿」，斂、歛二字同。

《華佗別傳》

　　《華佗別傳》，諸家史志書目皆未著錄。《後漢書·方術列傳·華佗傳》
注引《佗別傳》吳普事云「普今年將九十」，引樊阿事云「近者人見阿之壽

而氣力彊盛」，則是書之撰，當在吳普、樊阿年老之時。二人生卒年不可知，年老之時約在魏末，則此書當成於魏末之時。是書《御覽》尚有新條目，《經史圖書綱目》亦著錄，則其書北宋之時或尚見存也。其後則不復見，亡佚或在南宋之時。

　　人有在青龍中見山陽太守廣陵劉景宗〔一〕，景宗說中平日數見華佗，〔二〕其治病手脈之候〔三〕，其驗若神。

　　琅邪劉勳爲河內太守〔四〕，有女年幾二十，左腳膝裏上有瘡，癢而不痛。〔五〕瘡愈數十日復發〔六〕，如此七八年〔七〕，迎佗使視〔八〕，佗曰：「是易治之〔九〕。當得稻穅黃色犬一頭〔一〇〕，好馬二疋〔一一〕。」以繩繫犬頸〔一二〕，使走馬牽犬〔一三〕，馬極輒易，計馬走三十餘里，〔一四〕犬不能行〔一五〕，復令步人拖曳，計向五十里〔一六〕。乃以藥飲女，女即安臥不知人。〔一七〕因取大刀斷犬腹近後腳之前〔一八〕，以所斷之處向瘡口〔一九〕，令去二三寸〔二〇〕。停之須臾〔二一〕，有若蛇者從瘡中而出〔二二〕，便以鐵椎橫貫蛇頭〔二三〕。蛇在皮中動搖良久〔二四〕，須臾不動，乃牽出〔二五〕，長三尺所〔二六〕，純是蛇，但有眼處而無童子，又逆鱗耳。以膏散著瘡中，〔二七〕七日愈〔二八〕。

　　又有人苦頭眩，頭不得舉，目不得視，積年。〔二九〕佗使悉解衣倒懸〔三〇〕，令頭去地一二寸，濡布拭身體〔三一〕，令周帀〔三二〕，候視諸脈，盡出五色。佗令弟子數人以鈹刀決脈，五色血盡〔三三〕，視赤血〔三四〕，乃下〔三五〕，以膏摩被覆〔三六〕，汗自出周帀〔三七〕，飲以亭歷犬血散，立愈。

　　又有婦人長病經年，世謂寒熱注病者〔三八〕。冬十一月中，佗令坐石槽中，平旦用寒水汲灌〔三九〕，云當滿百。始七八灌，會戰欲死〔四〇〕，灌者懼，欲止，佗令滿數。將至八十灌〔四一〕，熱氣乃蒸出，嚻嚻高二三尺。滿百灌，佗乃使然火溫牀，厚覆，良久汗洽出，著粉，汗燥便愈〔四二〕。

　　又有人病腹中半切痛〔四三〕，十餘日中〔四四〕，鬢眉墮落〔四五〕。佗曰：「是脾半腐，可刳腹養治也〔四六〕。」使飲藥〔四七〕令臥〔四八〕，破腹就視〔四九〕，脾果半腐壞〔五〇〕。以刀斷之〔五一〕，刮去惡肉〔五二〕，以膏傅瘡〔五三〕，飲之以藥〔五四〕，百日平復〔五五〕。（《三國志‧魏志‧華佗傳》注。又見於《後漢書‧方術列傳‧華佗傳》注　案：兩書並云出《佗別傳》。此文凡五事，他書引此文者，皆單引一事。愈劉勳女事，見《初學記》卷二十、《太平御覽》卷七百四十二、《醫說》卷七、《錦繡萬花谷》後集卷三十四、《事類備要》前集卷五十五、《類林雜說》卷六；

－873－

事又見《搜神記》《獨異志》。醫頭眩事，見《太平御覽》卷七百四十二；事又見《三國志·華佗傳》。醫腹中痛事，見《太平御覽》卷七百四十一。今分別校之。）

〔校記〕

〔一〕「在青龍中」四字，《後漢書》注無。

〔二〕此句，《後漢書》「說數見華佗」。案：《後漢書》義爲上，此乃人向景宗進言，不當云「景宗說」。且若作景宗語，前後文義不接也。

〔三〕此句，《後漢書》注作「見其療病平脈之候」。案：作「平」、作「手」皆通，二字均作動詞用。

〔四〕瑯邪，《後漢書》注作「瑯琊」。「邪」、「琊」通。

〔五〕「琅邪劉勳」以下至此，《初學記》作「河內太守劉勳女苦左膝裏瘡痒」，《太平御覽》作「瑯琊有女子右股上有瘡，癢而不痛」，《醫說》作「瑯琊有女子右股上有瘡，癢而不痛」，《錦繡萬花谷》《事類備要》作「河內太守劉勳女苦左膝裏瘡痒」，《類林雜說》作「河內太守劉勳女左脈裏瘡癢」。「邪」、「琊」通。

〔六〕此句，《後漢書》注作「創發數十日愈，愈已復發」，《太平御覽》作「愈已復發」，《醫說》作「愈而復作」，《初學記》《錦繡萬花谷》《事類備要》《類林雜說》無。

〔七〕此句，《初學記》《太平御覽》《錦繡萬花谷》《事類備要》《類林雜說》無。

〔八〕此句，《錦繡萬花谷》作「出迎華他」，《事類備要》作「迎華佗使視」，《類林雜說》作「迎佗使治」，《太平御覽》《醫說》無。

〔九〕此句，《後漢書》作「易療之」，《太平御覽》、《醫說》無。

〔一〇〕此句，黃，《太平御覽》《醫說》無。一頭，《太平御覽》無。

〔一一〕疋，《後漢書》注作「匹」，「疋」爲「匹」之異體字。此句，《太平御覽》《醫說》無。

〔一二〕此句，《太平御覽》作「繫馬頓」，《醫說》作「繫馬頸」。又自「佗曰」以下至此，《初學記》節作「陀以繩繫一犬於馬後」，《錦繡萬花谷》《事類備要》《類林雜說》節作「佗以繩繫一犬於馬後」，「陀」乃「佗」之誤。

〔一三〕使，《初學記》《錦繡萬花谷》《事類備要》《類林雜說》無。走，《類林雜說》誤作「足」。

〔一四〕以上兩句，《初學記》《錦繡萬花谷》《事類備要》《類林雜說》無。

〔一五〕「犬」下，《初學記》《錦繡萬花谷》《事類備要》《類林雜說》有「困」字。

〔一六〕「里」上，《後漢書》注有「餘」字。自「使走馬牽犬」以下至此，《太平御覽》《醫說》節作「走出五十里」。

〔一七〕以上兩句，《初學記》《太平御覽》《醫說》《錦繡萬花谷》《事類備要》《類林雜說》無。

〔一八〕此句，《後漢書》注作「因取犬斷腹近後脚之前」。

〔一九〕此句，《後漢書》注作「所斷之處向創口」。以上兩句，《初學記》《錦繡萬花谷》、《事類備要》作「因取斷腸以向瘡口」，《太平御覽》《醫說》作「斷頭向癢」，《類林雜說》作「因取斷腸向瘡口」。

〔二〇〕二三，《後漢書》注作「三二」。《太平御覽》《醫說》作「乃從之」。案：《太平御
覽》、《醫說》以以上文字皆爲華佗語，故以「乃從之」結語。

〔二一〕停之，《初學記》《太平御覽》《醫說》《錦繡萬花谷》《事類備要》、《類林雜說》無。

〔二二〕瘡，《後漢書》注作「創」，下同，不出校。中，《類林雜說》作「口」。而，《後漢
書》注《初學記》《錦繡萬花谷》《事類備要》《類林雜說》無。此句，《太平御覽》、
《醫說》作「有蛇在皮中動」，乃合下「蛇在皮中動搖良久」成文。

〔二三〕此句，《太平御覽》作「以鐵橫貫引出」，《醫說》作「以鐵錐橫貫引出」，《御覽》
脫「錐」字。《太平御覽》《醫說》乃合下「乃牽出」成文。

〔二四〕動搖，《後漢書》注作「搖動」。

〔二五〕乃，《後漢書》注無。又自「蛇在皮中」以下至此，《初學記》《太平御覽》《醫說》
《錦繡萬花谷》《事類備要》《類林雜說》無。

〔二六〕所，《太平御覽》《醫說》作「許」，《初學記》《錦繡萬花谷》《事類備要》無。「所」
字古書有作副詞，取約數之義者，二字皆可通。此句，《類林雜說》無。又《初
學記》《錦繡萬花谷》《事類備要》引至此止。

〔二七〕以上四句，《太平御覽》《醫說》《類林雜說》無。

〔二八〕此句，《太平御覽》《醫說》作「七日便愈」，《類林雜說》作「而遂愈」。

〔二九〕以上諸句，《太平御覽》作「佗見嚴昕語之曰：「君有急風見於面，勿多飲酒。」
座寵歸，昕於道中，卒得頭眩墜車。輿着車上歸家，一宿死」，與本傳相似。

〔三〇〕使，《太平御覽》作「便」。此作「使」字爲上，「倒懸」之事，恐非華佗一人所能
爲之；且下「令」字，明遣人爲之也。「便」蓋「使」之形訛。悉，《太平御覽》
無。

〔三一〕此句，《太平御覽》作「濡巾拭體」。

〔三二〕帀，《太平御覽》作「匝」，「帀」爲「匝」之異體字。

〔三三〕血，《太平御覽》無。

〔三四〕「血」下，《後漢書》注、《太平御覽》有「出」字，爲上。

〔三五〕下，《太平御覽》無，「乃」字屬下讀。

〔三六〕此句，《太平御覽》作「以膏摩之，覆被」。

〔三七〕周帀，《太平御覽》無。

〔三八〕「者」下，《後漢書》注有「也」字。

〔三九〕平，《後漢書》注無。

〔四〇〕會，《後漢書》注無。

〔四一〕將至，《後漢書》注作「至將」。

〔四二〕燥，《後漢書》注作「㜺」，二字同，古從「喿」、從「參」之字多互用，或以爲音
通，或以爲形訛，迄無定論。

〔四三〕「又」、「半」二字，《太平御覽》無。案：「半」字不當無，此啓下「脾半腐」也。

〔四四〕中，《太平御覽》無。

〔四五〕鬢，《後漢書》注作「鬚」。墮，《太平御覽》無。

〔四六〕治，《後漢書》注作「療」。

〔四七〕此句，《後漢書》注作「佗便飲藥」，誤，此乃病者飲藥，非華佗也。「便」乃「使」
　　　　之形訛。又自「佗曰」以下至此，《太平御覽》無。

〔四八〕臥，《太平御覽》無，「令」字屬下讀。案：此「臥」不當無，「令臥」者，華佗也；
　　　　「破腹」者，亦華佗也。若作「令破腹」，則華佗命他人爲之也。

〔四九〕就，《後漢書》注、《太平御覽》無。

〔五〇〕果，《後漢書》注無。

〔五一〕此句，《後漢書》注、《太平御覽》無。

〔五二〕肉，《太平御覽》脫。

〔五三〕瘡，《後漢書》注作「創」，「瘡」、「創」通。

〔五四〕以，《後漢書》注無。

〔五五〕「復」下，《後漢書》注有「也」字。

　　有人病兩脚躄不能行〔一〕，輦詣佗〔二〕。佗望見云：「已飽針灸服藥矣，
不復須看脈〔三〕。」便使解衣，點背數十處〔四〕，相去或一寸〔五〕，或五寸，
縱邪不相當〔六〕。言灸此各十壯〔七〕，灸創愈即行〔八〕。後灸處夾脊一寸，上
下〔九〕行端直均調，如引繩也。（《三國志・魏志・華佗傳》注　又見於《後漢書・
方術列傳・華佗傳》注《冊府元龜》卷八百五十九）

　　〔校記〕

〔一〕兩，《後漢書》注無。

〔二〕輦，《冊府元龜》作誤「舉」。此句，《後漢書》注無。

〔三〕復須，《冊府元龜》無。「佗望見」以下至此，《後漢書》注作「佗切脈」。案：《後漢
　　　書》蓋有脫誤也，一者切脈，一者不切脈，義相反。《醫說》卷六引此，與《三國志》
　　　注同，云出《漢書・華佗傳》，當脫「後」字，需補之也。

〔四〕「點」下，《冊府元龜》有「其」字。

〔五〕或，《後漢書》注脫之。

〔六〕縱，《後漢書》注作「從」，「縱」、「從」通。

〔七〕十，《後漢書》注作「七」。《冊府元龜》《醫說》並作「十」，疑「七」乃「十」之形
　　　訛。

〔八〕「行」下，《後漢書》注有「也」字。

〔九〕「後」上，《冊府元龜》有「行」字。「炙」下，《後漢書》注有「愈灸」二字。

〔一〇〕「均」下，《冊府元龜》有「謂」字，當即「調」之形訛而重出者。也，《冊府元龜》
　　　　作「矣」。

　　吳普從佗學，微得其方。魏明帝呼之，使爲禽戲，普以年老，手足不能
相及，粗以其法語諸醫。普今年將九十，耳不聾，目不冥，牙齒完堅，飲食
無損。（《後漢書・方術列傳・華佗傳》注）

佗嘗語吳普：「人體欲得勞動，但不當自使極爾。體常動搖，穀氣得消，血脈流通，疾則不生。卿見戶樞，雖用易腐之木，朝暮開閉動搖，遂最晚朽。是以古之仙者，赤松、彭祖之爲導引，蓋取於此也。」（《藝文類聚》卷七十五）

青黏者，一名地節，一名黃芝，主理五藏，益精氣。本出於迷入山者，見仙人服之，以告佗。佗以爲佳，輒語阿〔一〕，阿又祕之。近者人見阿之壽而氣力彊盛，怪之，遂責阿所服，因醉亂誤道之。法一施，人多服者，皆有大驗。（《三國志・魏志・華佗傳》注。又見《後漢書・方術列傳・華佗傳》注。俱云出《佗別傳》。又《醫說》卷一云：「樊阿，彭城人，受術於華佗，遂爲名醫。」注云：「出張湛《養生論》、《華佗別論》。」此《華佗別論》或即《華佗別傳》也。）

〔校記〕

〔一〕輒，《後漢書》注無。

佗以緣縑爲書裒，裒中有祕要之方。（《北堂書鈔》卷一百〇四　案：《後漢書・華佗傳》云：「佗臨死，出一卷書與獄吏。」即此。）

佗嘗見病咽者，語之曰：「行道遇有賣餅人，萍齏甚酸，可飲之。」立吐一蛇。（《北堂書鈔》卷一百四十六，事又見《後漢書・華佗傳》。）

〔校記〕

〔一〕「咽」下，《後漢書》有「塞」字，是也，此謂噎不能咽者。

甘陵相夫人有胎六月，腹痛十餘日，大極，請佗視脈，佗曰：「有兩胎，一已死。」便手摹其胎，在左男也，在右女也，右死。即爲湯，下之便愈。（《太平御覽》卷三百六十）

《曹瞞傳》

《曹瞞傳》，《三國志・魏志・武帝紀》裴注云吳人作。《舊唐書・經籍志》云：「《曹瞞傳》一卷，吳人作。」《新唐書・藝文志》亦著錄一卷。又有《曹瞞別傳》，今審諸書所引，當即《曹瞞傳》也。《太平御覽》卷三百六十七引詐欺其叔事，又見《三國志・魏志・武帝紀》注引《曹瞞傳》；《北堂書鈔》卷一百二十四引造五色棒事，又見《三國志・魏志・武帝紀》注、《太平御覽》卷九十三、卷三百五十七引《曹瞞傳》；《太平御覽》卷三百九十一引挑易無威事，又見《三

國志・魏志・武帝紀》注、《太平御覽》卷九十三引《曹瞞傳》;《太平御覽》卷五百四十二引睚眥必報事,又見《三國志・魏志・武帝紀》注引《曹瞞傳》;《太平御覽》卷六百四十九引敗麥割髮事,又見《三國志・魏志・武帝紀》注、《北堂書鈔》卷九、《藝文類聚》卷八十五。又見《藝文類聚》卷十七、《太平御覽》卷三百七十三、卷六百四十九、卷八百三十八、《事文類聚》後集卷二十二引《曹瞞傳》;《太平御覽》卷九百六十九引徙梨血出事,又見《三國志・魏志・武帝紀》注、《藝文類聚》卷八十六引《曹瞞傳》:則《曹瞞別傳》當即《曹瞞傳》也。**此書吳人所作,故直以小字名之,《世說新語》注、《北堂書鈔》等書徵引,多稱「操」名,蓋其原貌;若稱「太祖」、稱「公」者,當皆係後人所改。文中亦不爲操避諱,如稱其「少好飛鷹走狗,游蕩無度」,「爲人佻易無威重」,「諸將有計畫勝出己者,隨以法誅之」,「酷虐變詐」;又其詐叔父事,斬桓邵事,殺主簿者事,收后事,屠縣事,發梁孝王冢事,皆彰其殘虐,雖屬記實,然亦詆毀過甚也。《太平御覽經史圖書綱目》著錄有《曹瞞別傳》,《新唐書》亦著錄,則此書兩宋之時當尙見存。**

嵩,夏侯氏之子,夏侯惇之叔父。太祖於惇爲從父兄弟。(《三國志・魏志・武帝紀》注。其前云「吳人作《曹瞞傳》及郭頌《世語》並云」,則此爲裴氏概括之語,非原文如此也。此又見《太平御覽》卷九十三,文小異,其前曰「《曹瞞傳》及郭頌《世語》並云」,則當轉自《三國志》注也。)

操少好飛鷹走狗,遊蕩無度。其叔父數言之於嵩,操患之,後逢叔父於路,乃陽敗面喎口。叔父怪,問其故。太祖曰:「卒中惡風。」叔父以告嵩。嵩驚愕,呼操,而口皃如故。嵩問曰:「叔父言汝中風,已差乎?」操曰:「初不中風,但失愛於叔父,故見罔耳。」嵩乃疑焉。自後叔父有所告,嵩終不復信,操於是益得肆意。及爲洛陽北部尉,初入尉廨,繕治四門,造五色棒,懸門左右,各十餘枚,有犯禁者,不問豪強皆棒殺。後數月,靈帝愛幸小黃門蹇碩叔父夜行,即殺之。京師歛迹,莫敢犯者。近習寵臣咸疾之,然不能傷,於是共稱薦操,故遷爲頓丘令。操爲人輕易無威重,好音樂,倡優在側,但以日達夕,被服輕綃,身自佩小盤囊,以盛手巾細物。時或冠袷帽以見賓客,每與人談論,戲弄言辭,盡無所隱。及悅,大笑,至以頭投杯案中,餚膳皆沾污巾幘。其輕易如此。然持法峻刻,諸將計畫勝出己者,隨以法誅之。

及故人舊惡，亦皆無餘。其所刑殺，輒對之垂涕嗟痛之，終無所活。嘗出軍行經麥中，令士卒無敗麥，犯者死。騎士皆下馬，指麥以相付。時操馬騰入麥中，勅主簿議罪，主簿對以《春秋》之義，罰不加尊。操曰：「制法而自犯之，何以帥下？然孤爲軍帥，不可殺，請自刑。」因拔刀割髮以置地。（《太平御覽》卷九十三）

太祖爲人佻易無威重，好音樂，倡優在側，常以日達夕。被服輕綃，身自佩小鞶囊，以盛手巾細物，時或冠帢帽以見賓客，每與人談論，戲弄言誦，盡無所隱。及歡悅，大笑，至以頭沒杯案中，肴膳皆沾汙巾幘。其輕易如此。然持法峻刻，諸將有計畫勝出己者，隨以法誅之。及故人舊怨，亦皆無餘。其所刑殺，輒對之垂涕嗟痛之，終無所活。初，袁忠爲沛相，嘗欲以法治太祖。沛國桓邵亦輕之，及在兗州，陳留邊讓言議頗侵太祖，太祖殺讓，族其家。忠、邵俱避難交州，太祖遣使就太守士燮盡族之。桓邵得出首，拜謝於庭中，太祖謂曰：「跪可解死邪！」遂殺之。常出軍，行經麥中，令「士卒無敗麥，犯者死」。騎士皆下馬，付麥以相持，於是太祖馬騰入麥中，勅主簿議罪，主簿對以《春秋》之義，罰不加於尊。太祖曰：「制法而自犯之，何以帥下？然孤爲軍帥，不可自殺，請自刑。」因援劍割髮以置地。又有幸姬常從晝寢，枕之臥，告之曰：「須臾覺我。」姬見太祖臥安，未即寤，及自覺，棒殺之。常討賊，廩穀不足，私謂主者曰：「如何？」主者曰：「可以小斛以足之。」太祖曰：「善！」後軍中言太祖欺眾，太祖謂主者曰：「特當借君死以厭眾，不然事不解。」乃斬之，取首題徇曰：「行小斛，盜官穀，斬之軍門。」其酷虐變詐，皆此類也。（《三國志·魏志·武帝紀》注　案：以上兩處之文，皆載錄數事，其它書中徵引，乃節其文，今析爲數條，以便出校。）

太祖少好飛鷹走狗〔一〕，游蕩無度，其叔父數言之於嵩。太祖患之〔二〕，後逢叔父於路，乃陽敗面喎口〔三〕；叔父怪而問其故〔四〕。太祖曰：「卒中惡風〔五〕。」叔父以告嵩〔六〕。嵩驚愕〔七〕，呼太祖〔八〕，太祖口貌如故〔九〕。嵩問曰〔一〇〕：「叔父言汝中風，已差乎〔一一〕？」太祖曰〔一二〕：「初不中風，但失愛於叔父〔一三〕，故見罔耳〔一四〕。」嵩乃疑焉〔一五〕。自後叔父有所告〔一六〕，嵩終不復信〔一七〕，太祖於是益得肆意矣〔一八〕。（《三國志·魏志·武帝紀》注　又見於《太平御覽》卷五百一十二、卷七百四十三。案：《太平御覽》卷三百六十七引《曹瞞別傳》義載錄此事，然節引過甚，不便出校，今附於下。）

〔校記〕

〔一〕此句，《太平御覽》卷五百一十二作「太祖一名吉利，字阿瞞，少飛鷹走狗」，卷七百四十三作「太祖少飛膺走狗」，「少」下皆脫「好」字；《御覽》卷四百四十三之「膺」乃「鷹」之誤。又此文之前當有「太祖一名吉利，字阿瞞」一類語，《世說新語‧假譎》注引《曹瞞傳》「操小字阿瞞，少好譎詐，遊放無度」十三字，《太平御覽》卷九十三引《曹瞞傳》「太祖一名吉利，字阿瞞也」十字，皆出此，不別爲一條。又《小名錄》卷上：「魏武帝曹操字孟德，一小名阿瞞，故有《曹瞞傳》。」則《太平御覽》卷九十三引《曹瞞傳》「字」上當脫「小」字。

〔二〕太祖，《太平御覽》卷五百一十二作「操」。

〔三〕陽，《太平御覽》卷七百四十三作「佯」，二字通。

〔四〕而，《太平御覽》卷五百一十二、卷七百四十三無。

〔五〕惡，《太平御覽》卷七百四十三無。

〔六〕以，《太平御覽》卷七百四十三無。

〔七〕此句，《太平御覽》卷五百一十二無「驚」字，卷七百四十三無「愕」字。

〔八〕太祖，《太平御覽》卷五百一十二作「操」。

〔九〕太祖，《太平御覽》卷五百一十二作「操」。口，《太平御覽》卷七百四十三無。

〔一〇〕問，《太平御覽》卷五百一十二無。

〔一一〕「已」上，《太平御覽》卷五百一十二有「爲」字。

〔一二〕太祖，《太平御覽》卷五百一十二作「操」。

〔一三〕於，《太平御覽》卷五百一十二無。此句，《太平御覽》卷七百四十三作「但失叔父愛」。

〔一四〕耳，《太平御覽》卷七百四十三作「尔」。

〔一五〕焉，《太平御覽》卷七百四十三無。

〔一六〕自，《太平御覽》卷五百一十二無。有，《太平御覽》卷七百四十三無。言，《太平御覽》卷七百四十三作「言」。

〔一七〕終，《太平御覽》卷七百四十三無。又《太平御覽》卷七百四十三引至此止。

〔一八〕太祖，《太平御覽》卷五百一十二作「操」。矣，《太平御覽》卷五百一十二無。又《太平御覽》卷五百一十二引至此止。

附：

《太平御覽》卷三百六十七引《曹瞞別傳》：操遨遊無度，其叔數語其父。操後行，逢叔於道，陽敗面爲口，云中暴風。叔告其父，父呼見之，操面如故。從此叔言不復入信，操益得縱恣爲王也。

太祖初入尉廨〔一〕，繕治四門〔二〕。造五色棒〔三〕，縣門左右〔四〕各十餘枚〔五〕，有犯禁者〔六〕，不避豪彊〔七〕，皆棒殺之〔八〕。後數月，靈帝愛幸小黃門蹇碩叔父夜行，即殺之。京師斂迹，莫敢犯者。近習寵臣咸疾之，然不

能傷，於是共稱薦之，故遷爲頓丘令。（《三國志・魏志・武帝紀》注　又見於《北堂書鈔》卷一百二十四《白氏六帖》卷十三、卷十四《太平御覽》卷三百五十七。案：《北堂書鈔》云出《曹瞞別傳》。《北堂書鈔》卷七十七引《漢書儀》亦載錄此事，《漢書儀》疑亦當作《曹瞞傳》。）

〔校記〕

〔一〕此句，《北堂書鈔》《太平御覽》作「操爲洛陽北部尉」，《白氏六帖》卷十三作「太祖爲洛陽北都尉」，卷十四作「太祖爲洛陽北部尉」，「都」當作「部」。

〔二〕繕，《白氏六帖》卷十三無。此句，《白氏六帖》卷十四無。

〔三〕造，《白氏六帖》卷十三作「作」。棒，《白氏六帖》卷十四誤作「捧」。

〔四〕縣，《北堂書鈔》、《白氏六帖》卷十三、卷十四、《太平御覽》作「懸」，「縣」讀作「懸」。又《白氏六帖》卷十三引至此止。

〔五〕十餘，《北堂書鈔》《太平御覽》作「數十」。

〔六〕有，《白氏六帖》卷十四無。

〔七〕彊，《北堂書鈔》《太平御覽》作「強」，「彊」爲「強」之異體字。

〔八〕皆，《北堂書鈔》《太平御覽》作「輒」，《白氏六帖》卷十四無。殺，《北堂書鈔》作「煞」，「煞」讀作「殺」。又《北堂書鈔》、《太平御覽》引至此止。

〔九〕此三字，《白氏六帖》卷十四無。

〔一○〕「靈帝」、「小」三字，《白氏六帖》卷十四無。碩，《白氏六帖》卷十四誤作「石」。

〔一一〕即，《白氏六帖》卷十四作「太祖」。又《白氏六帖》卷十四引至此止。

太祖爲人佻易無威重，好音樂，倡優在側，恒以日達夕。（《北堂書鈔》卷一百一十二）

操性佻易〔一〕，自佩小鞶囊〔二〕，以盛手巾細物〔三〕。（《北堂書鈔》卷一百三十六　又見於《太平御覽》卷六百九十一、卷七百○四）

〔校記〕

〔一〕此句，《太平御覽》卷六百九十一作「太祖爲人坦易無威重」，節引不同也。

〔二〕自，《太平御覽》卷六百九十一作「身」。

〔三〕以，《太平御覽》卷七百○四無。

太祖爲人佻易無威儀，每與人談論，戲弄言确，盡無所隱。及歡悅，大笑，至以頭投諸案中，肴膳皆沾，污巾幘。（《太平御覽》卷三百九十一。原云出《曹瞞別傳》。事又見《事文類聚》後集卷二十一引《曹操別傳》。）

有勝己者，以法誅之。（《北堂書鈔》卷二十）

沛國桓邵亦輕太祖，邵避難交州，得出，首拜謝於庭中。太祖曰：「跪可解死耶？」遂殺之。（《太平御覽》卷五百四十二。原云出《曹瞞別傳》。事又見《太平御覽》卷六百四十七引《曹操別傳》。）

太祖嘗行經麥中〔一〕，令士卒無敗麥，犯者死。〔二〕騎士皆下馬，持麥以相付〔三〕。時太祖馬騰入麥中〔四〕，勅主簿議罪，主簿對以春秋之義，〔五〕罰不加於尊。〔六〕太祖曰：「制法而自犯之，何以率下〔七〕？然孤爲軍帥〔八〕，不可殺，請自刑。」因援劍割髮以置地〔九〕。（《藝文類聚》卷八十五　又見於《藝文類聚》卷十七《太平御覽》卷三百七十三、卷六百四十九、卷八百三十八《事文類聚》後集卷二十二。案：《北堂書鈔》卷九引此，僅節作「操馬入麥，犯，援劍截髮」九字。《太平御覽》卷六百四十九云出《曹瞞別傳》。）

〔校記〕

〔一〕「太祖」上，《事文類聚》有「魏」字。嘗，《太平御覽》卷六百四十九作「常」，卷八百三十八作「曾」。經，《太平御覽》卷八百三十八無。

〔二〕以上兩句，《太平御覽》卷六百四十九作「令士卒犯麦者死」。

〔三〕麥，《太平御覽》卷六百四十九誤作「麦」，下「麥」字同，不俱校。

〔四〕時，《太平御覽》卷八百三十八無。

〔五〕以上兩句，《太平御覽》卷六百四十九爲空格，蓋脫之。

〔六〕以上四句，《藝文類聚》卷十七、《太平御覽》卷三百七十三、卷八百三十八、《事文類聚》無。

〔七〕帥，《太平御覽》卷六百四十九作「率」，《事文類聚》作「化」，「帥」、「率」通。又以上兩句，《太平御覽》卷八百三十八無。

〔八〕然，《太平御覽》卷八百三十八無。帥，《太平御覽》卷六百四十九誤作「師」。

〔九〕以，《太平御覽》卷三百七十三無。

太祖常賦廩穀不足〔一〕，私謂主者曰〔二〕：「如何？」主者曰〔三〕：「以小斛量之〔四〕。」太祖曰〔五〕：「善！」〔六〕後軍中言太祖欺眾〔七〕，太祖謂主者曰〔八〕：「當特借汝死以厭眾〔九〕。不然，事不解。〔一〇〕乃取徇曰〔一一〕：「行小斛，盜官穀。」斬之軍門。（《太平御覽》卷八百三十　又見於《世說新語・假譎篇》注《藝文類聚》卷八十五《太平御覽》卷八百三十七）

〔校記〕

〔一〕太祖嘗賦，《世說新語》注作「操在軍」。

〔二〕謂，《世說新語》注作「語」。曰，《太平御覽》卷八百三十七無。

〔三〕曰，《世說新語》注作「云」。

〔四〕「以」上，《世說新語》注、《太平御覽》卷八百三十七有「可」字。量，《世說新語》作「足」，《太平御覽》卷八百三十七作「以足」。

〔五〕太祖，《世說新語》作「操」。

〔六〕「太祖曰善」四字，《太平御覽》卷八百三十七無。

〔七〕太祖，《世說新語》注作「操」。

〔八〕曰，《藝文類聚》無。

〔九〕此句，《太平御覽》卷八百三十七作「借汝一死厭眾」。

〔一○〕「不然」下五字，《太平御覽》卷八百三十七無。

〔一一〕取，《太平御覽》卷八百三十七無。徇，《藝文類聚》作「問」，當爲音訛。自「太
　　　　祖謂主者」以下至此，《世說新語》注節作「操題其主者背以徇曰」。

〔一二〕行，《太平御覽》卷八百三十七脫。

〔一三〕官，《世說新語》注作「軍」。

〔一四〕此句，《世說新語》注作「遂斬之」，《太平御覽》卷八百三十七作「即斬之」。此
　　　　句下，《世說新語》注有「仍云特當借汝死以厭眾心，其變詐皆此類也」十八字。

公聞攸來〔一〕，跣出迎之〔二〕，撫掌笑曰：「子遠卿來，吾事濟矣！」既
入坐，謂公曰：「袁氏軍盛，何以待之？今有幾糧乎？」公曰：「尚可支一歲。」
攸曰：「無是，更言之。」又曰：「可支半歲。」攸曰：「足下不欲破袁氏邪，
何言之不實也！」公曰：「向言戲之耳，其實可一月，爲之奈何？」攸曰：「公
孤軍獨守，外無救援而糧穀已盡，此危急之日也。今袁氏輜重有萬餘乘，在
故市、烏巢，屯軍無嚴備；今以輕兵襲之，不意而至，燔其積聚，不過三日，
袁氏自敗也。」〔三〕公大喜，乃舉精銳步騎〔四〕，皆用袁軍旗幟〔五〕，銜枚縛
馬口，夜從間道出，人抱束薪〔六〕，所歷道有問者〔七〕，語之曰：「袁公恐曹
操鈔略後軍〔八〕，遣兵以益備〔九〕。」聞者信以爲然，皆自若〔一○〕。既至，
圍屯，大放火，營中驚亂。大破之，盡燔其糧穀寶貨，斬督將眭元進、騎督
韓莒子、呂威璜、趙叡等首〔一一〕，割得將軍淳于仲簡鼻，未死〔一二〕，殺士
卒千餘人，皆取鼻，牛馬割脣舌，以示紹軍，將士皆怛懼〔一三〕。時有夜得仲
簡，將以詣麾下，公謂曰：「何爲如是？」仲簡曰：「勝負自天，何用爲問乎！」
公意欲不殺。許攸曰：「明旦鑒于鏡，此益不忘人。」乃殺之。（《三國志·魏志·
武帝紀》注。此又見《後漢書·袁紹傳》注、《太平御覽》卷三百一十五、卷三百五
十七。《太平御覽》卷三百五十節引甚眾，今附於下。）

〔校記〕

〔一〕「攸」上，《後漢書》注、《太平御覽》有「許」字。

〔二〕之，《太平御覽》無。

〔三〕自「撫掌笑曰」以下至此，《後漢書》注節作「攸勸公襲瓊等」，《太平御覽》作「攸
　　　勸公襲紹將」。

〔四〕舉，《後漢書》注、《太平御覽》作「選」。

〔五〕用，《後漢書》注、《太平御覽》作「執」。

〔六〕抱，《後漢書》注、《太平御覽》作「把」，此作「抱」字爲上。

〔七〕有，《後漢書》注、《太平御覽》無。

〔八〕略，《後漢書》注、《太平御覽》作「掠」。

〔九〕遣，《後漢書》注、《太平御覽》作「還」，此作「遣」字爲上。

〔一〇〕此三字，《後漢書》注、《太平御覽》無。

〔一一〕進，《太平御覽》作「晉」。「騎督韓莒子、呂威璜、趙叡」、「首」十一字，《後漢書》注、《太平御覽》五。

〔一二〕此二字，《後漢書》注、《太平御覽》無。

〔一三〕怛，《後漢書》注、《太平御覽》作「惶」。又《後漢書》注、《太平御覽》引至此止。

附：

《太平御覽》卷三百五十七：公將襲袁紹軍，乃選精銳步騎，皆銜枚縛馬口，夜從間道出，人抱束薪至紹圍屯，大放火，營中驚亂，大破之。

遣候者數部前後參之，皆曰「定從西道，已在邯鄲」。公大喜，會諸將曰：「孤已得冀州，諸君知之乎？」皆曰：「不知。」公曰：「諸君方見不久也。」（《三國志・魏志・武帝紀》注）

時寒且旱，二百里無復水，軍又乏食，殺馬數千匹以爲糧，鑿地入三十餘丈乃得水。既還，科問前諫者，眾莫知其故，人人皆懼。公皆厚賞之，曰：「孤前行，乘危以徼倖，雖得之，天所佐也，故不可以爲常。諸君之諫，萬安之計，是以相賞，後勿難言之。」（《三國志・魏志・武帝紀》注。觀文中「科問前諫者」、「諸君之諫」之語，則《曹瞞傳》中必有諸君諫辭也。諸君諫辭見《武帝紀》，今不錄。）

公將過河〔一〕，前隊適渡，超等奄至〔二〕，公猶坐胡牀不起〔三〕。張郃等見事急，共引公入船。河水急，比渡，流四五里，超等騎追射之，矢下如雨。諸將見軍敗，不知公所在，皆惶懼，至見，乃悲喜，或流涕。公大笑曰：「今日幾爲小賊所困乎？」（《三國志・魏志・武帝紀》注　又見於《北堂書鈔》卷一百三十五《藝文類聚》卷七十）

〔校記〕

〔一〕此句，《北堂書鈔》《藝文類聚》作「操與馬超戰，將過河」。

〔二〕奄，《北堂書鈔》、《藝文類聚》作「掩」。

〔三〕公，《北堂書鈔》、《藝文類聚》作「操」。「公」下，《北堂書鈔》、《藝文類聚》有「恚」字，此疑脫之。又《北堂書鈔》引至此止。

〔四〕此句，《藝文類聚》作「引操入船」，下僅有「得渡」二字。

時公軍每渡渭〔一〕，輒爲超騎所衝突〔二〕，營不得立〔三〕，地又多沙〔四〕，不可築壘〔五〕。婁子伯說公曰〔六〕：「今天寒〔七〕，可起沙爲城，以水灌之，〔八〕可一夜而成〔九〕。」公從之〔一〇〕，乃多作縑囊以運水〔一一〕，夜渡兵作城〔一二〕，比明，城立〔一三〕，由是公軍盡得渡渭〔一四〕。（《三國志・魏志・武帝紀》注　又見於《水經注・渭水注》《後漢書・孝獻帝紀》注《北堂書鈔》卷一百一十六《太平御覽》卷七十四）

〔校記〕

〔一〕此句，《水經注》作「操與馬超隔渭水，每渡渭」，《北堂書鈔》作「曹操與馬超隔渭水」，《太平御覽》作「操征馬超，隔渭水」。

〔二〕此句，《北堂書鈔》作「爲超騎衝突」。

〔三〕此句，《水經注》無。

〔四〕又，《水經注》無。

〔五〕壘，《水經注》作「城」。自「輒爲超騎」以下至此十九字，《太平御覽》無。自「營不得立」以下十二字，《北堂書鈔》無。

〔六〕《後漢書》注自此句引起。「婁」上，《後漢書》注有「時」字。公，《水經注》、《太平御覽》無，《北堂書鈔》作「操」。曰，《水經注》脫。

〔七〕天，《水經注》無。此句，《北堂書鈔》無。

〔八〕《北堂書鈔》引至此止。

〔九〕此句，《水經注》作「一宿而成」。又《太平御覽》引至此止。

〔一〇〕此句，《水經注》作「操」，屬下讀。

〔一一〕運，《水經注》作「墐」。此句，《後漢書》注無。

〔一二〕此句，《水經注》作「夜汲作城」，《後漢書》注無。

〔一三〕《水經注》引至此止。

〔一四〕《後漢書》注無此句，末作「超、遂數挑戰不利，操縱虎騎夾擊，大破之。超、遂走涼州」。

公遣華歆勒兵入宮收后，后閉戶匿壁中，歆壞戶發壁，牽后出。帝時與御史大夫郗慮坐，后被髮徒跣過，執帝手曰：「不能復相活邪？」帝曰：「我亦不自知命在何時也。」帝謂慮曰：「郗公，天下寧有是邪！」遂將后殺之，完及宗族死者數百人。（《三國志・魏志・武帝紀》注。事又見《後漢紀・孝獻皇帝紀》、《後漢書・皇后紀下》。）

爲尙書右丞司馬建公所舉。及公爲王，召建公到鄴，與歡飲，謂建公曰：「孤今日可復作尉否？」建公曰：「昔舉大王時，適可作尉耳。」王大笑。建公名防，司馬宣王之父。（《三國志・魏志・武帝紀》注。案：此文後本有「建公名防，司馬宣王之父」，《曹瞞傳》乃三國吳人所撰，此句乃晉人以後口吻，不似文中語，今不錄。）

是時南陽閒苦繇役，音於是執太守東里褒，與吏民共反，與關羽連和。南陽功曹宗子卿往說音曰：「足下順民心，舉大事，遠近莫不望風。然執郡將，逆而無益，何不遣之。吾與子共勠力，比曹公軍來，關羽兵亦至矣。」音從之，即釋遣太守。子卿因夜踰城亡出，遂與太守收餘民圍音，會曹仁軍至，共滅之。（《三國志・魏志・武帝紀》注。案：文中南陽太守東里褒，《三少帝紀》正文及注文引《楚國先賢傳》並作「東里哀」，《元和姓纂》《廣韻》曰：「《曹瞞傳》有南陽太守東里昆。」則又或作「東里昆」，「昆」、「哀」音近，作「褒」者，「哀」之形訛。）

王更脩治北部尉廨，令過於舊。（《三國志・魏志・武帝紀》注）

桓階勸王正位，夏侯惇以爲宜先滅蜀，蜀亡則吳服，二方既定，然後遵舜、禹之軌，王從之。及至王薨，惇追恨前言，發病卒。（《三國志・魏志・武帝紀》注。此句前有「《曹瞞傳》及《世語》並云」，則亦概括之語也。）

王自漢中至洛陽，起建始殿，〔一〕使工蘇越往美梨，掘之，根盡血出〔二〕。越白狀〔三〕，王躬自視之〔四〕，以爲不祥，還，遂寢疾。（《藝文類聚》卷八十六又見於《三國志・魏志・武帝紀》注《太平御覽》卷九百六十九。案：《太平御覽》云出《曹瞞別傳》。事又見《搜神記》卷六、《晉書・五行志》。）

〔校記〕

〔一〕以上兩句，《三國志》注僅有一「王」字，屬下讀。

〔二〕此句，《三國志》注作「根傷盡出血」。

〔三〕此句，《太平御覽》作「越以狀聞王」。

〔四〕「之」上，《三國志》注有「而惡」二字。

買，尚兄子。（《三國志・魏志・袁紹傳》注）

呂布有駿馬名赤兔〔一〕，常騎乘之〔二〕。時人爲之語曰〔三〕：「人中有呂布，馬中有赤兔。」（《太平御覽》卷八百九十七　又見於《三國志・魏志・呂布傳》注《後漢書・呂布傳》注《藝文類聚》卷九十三《事類賦》卷二十一。事又見《太平御覽》卷四百九十六引《曹操別傳》）

〔校記〕

〔一〕有駿馬，《藝文類聚》作「乘馬」。

〔二〕此句，《藝文類聚》《事類賦》無。

〔三〕《三國志》注、《後漢書》注自此句引起，無「爲之」二字；《藝文類聚》《事類賦》作「人語曰」。

自京師遭董卓之亂，人民流移東出，多依彭城閒。遇太祖至，坑殺男女數萬口於泗水，水爲不流。陶謙帥其眾軍武原，太祖不得進。引軍從泗南攻取慮、睢陵、夏丘諸縣，皆屠之；雞犬亦盡，墟邑無復行人。（《三國志·魏志·荀彧傳》注）

曹操破梁孝王棺，收金寶，天子聞之哀泣。（《文選》陳琳《爲袁紹檄豫州》注。事又見《藝文類聚》卷八十三、《太平御覽》卷五百五十一、卷八百一十一、《太平寰宇記》卷十二引《曹操別傳》。）

《曹操別傳》

《曹操別傳》，諸家史志書目皆未著錄。侯康云：「《藝文》《御覽》又屢引《曹操別傳》，所稱『人中有呂布，馬中有赤兔』一條，《御覽》卷四百九十六。與此書合。魏梁孝王冢一條，《藝文》卷八十三。《文選·檄豫州》注正作《曹瞞傳》，則一書而異名耳。」（《補三國藝文志》卷三）以爲《曹操別傳》即《曹瞞別傳》，恐未必是。《太平御覽經史圖書綱目》兩書並著錄，則明爲兩書也。且以死自效事，《太平御覽》卷二百六十三。車牛相送事，《太平御覽》卷四百六十七。不見《曹瞞傳》（《曹瞞別傳》）中。又《曹瞞傳》乃吳人作，中多詆毀之語，而以死自效特見其寬達，與之不類。蓋是書晚出，故其文多襲《曹瞞傳》；又有所補葺，故其文錄事備而折中也。《經史圖書綱目》既有著錄，則是書北宋之時或尚見存也。

操引兵入峴，發梁孝王冢，破棺，收金寶數萬斤，天子聞之立泣。（《太平御覽》卷八百一十一　又見於《藝文類聚》卷八十三《太平御覽》卷五百五十一《太平寰宇記》卷十二。案：事又見《文選》陳琳《爲袁紹檄豫州》注引《曹瞞傳》。陳琳《爲袁紹檄豫州》曰：「又梁孝王先帝母昆，墳陵尊顯，桑梓松柏，猶宜肅恭。而操帥將吏士親臨發掘，破棺裸尸，掠取金寶，至令聖朝流涕，士民傷懷。」亦即此事。）

〔校記〕

〔一〕此句，《藝文類聚》作「操別入碭」，《太平御覽》卷五百五十一無「引兵入峴」四字，《太平寰宇記》作「引兵入碭」。梁孝王墓在芒碭山，則「峴」乃「碭」之訛。《類聚》「別」字乃「引」之形訛，又脫「兵」字。

〔二〕發，《太平寰宇記》誤作「伐」，音訛也。

〔三〕以上兩句，《太平御覽》卷五百五十一作「破梁孝王棺」。

〔四〕數，《太平寰宇記》無。數萬斤，《太平御覽》卷五百五十一無。又《太平寰宇記》
　　　引至此止。

〔五〕立，《藝文類聚》、《太平御覽》卷五百五十一作「哀」，《曹瞞傳》亦作「哀」，「立」
　　　疑「哀」之形訛。

武皇帝爲兗州，以畢諶爲別駕。兗州亂，張孟卓劫諶母弟。帝見諶，
曰：「孤綏撫失和，聞卿母弟爲張邈所執，人情不相遠，卿可去。孤自遣不
爲相弃。」諶涕泣曰：「當以死自効。」帝亦垂涕答之。諶明日便走，後破
下邳，得諶，還以爲掾。（《太平御覽》卷二百六十三。事又見《三國志·魏志·
武帝紀》。）

拜操典軍都尉，還譙、沛，士卒共叛，襲擊之。操得脫身亡走，竄平河，
亭長舍，稱曹濟南處士。臥養足創八九日，謂亭長曰：「曹濟南雖敗，存亡未
可知。公幸能以車牛相送，往還四五日，吾厚報公。」亭長乃以車牛送操，
未至譙，數十里騎求操者多，操開帷示之，皆大喜，始寤是操。（《太平御覽》
卷四百六十七）

呂布梟勇，且有駿馬，時人爲之語曰：「人中有呂布，馬中有赤兔。」（《太
平御覽》卷四百九十六。事又見《三國志·魏志·呂布傳》注、《後漢書·呂布傳》
注、《藝文類聚》卷九十三、《太平御覽》卷八百九十七、《事類賦》卷二十一引《曹
瞞傳》。）

始袁忠爲沛相，薄待操，沛國桓劭亦輕之。及在兗州，陳留邊讓頗笑操。
操殺讓，族其家。忠、劭俱避難交州。操遠使就太守士燮盡族劭。劭得出者，
拜謝於中庭。操謂曰：「跪可解死耶？」遂殺之。（《太平御覽》卷六百四十七。
事又見《三國志·魏志·武帝紀》注引《曹瞞傳》，《太平御覽》卷五百四十二引《曹
瞞別傳》。）

魏太祖爲人佻易無威儀，每與人談論，戲弄言确，盡無所隱。及歡悦，
大笑，至以頭沒杯案中，肴膳皆沾，污巾幘。（《事文類聚》後集卷二十一。事又
見《三國志·魏志·武帝紀》注、《太平御覽》卷九十三引《曹瞞傳》，《太平御覽》
卷三百九十一引《曹瞞別傳》。）

《魏武別傳》

　　《魏武別傳》，諸家書目未見著錄。侯康云：「《御覽》引《魏武別傳》稱操爲武皇帝，并載操子中山王衮事，或亦本一書而後人易其稱乎？」（《補三國藝文志》卷三）其說未必是，《曹瞞傳》多詆毀之語，此稱《魏武別傳》，稱曹操爲「武皇帝」，又讚其子崇尙儉約，則恐別爲一書，未必爲《曹瞞傳》《曹操別傳》也。

　　武皇帝子中山恭王衮尙儉約，教勅妃妾紡績織紝，習爲家人之事。（《太平御覽》卷四百三十一。事又見《三國志·魏志·中山恭王衮傳》注、《金樓子·說蕃》。）

《魏武故事》

　　《魏武故事》，諸家書目未見著錄。今所徵引，皆見《三國志》注。《太平御覽》《職官分紀》雖有徵引，其前曰「《魏武故事》載」云云，襲《三國志》注語，非別見其書也。審其文，多爲曹操詔令，以任命爲主，或以記事爲輔、記言爲主也。姚振宗曰：「《魏武故事》必是黃初後魏之臣子所編錄，以爲臺閣掌故，其後文、明、三少帝五朝，亦必各有故事，則諸書所引《魏故事》《魏舊事》是也。」（《三國藝文志》卷二）其說可備。又有《魏武令》一書，諸書所引，《太平御覽》卷一百八十一引「孤本欲自立精舍，春夏讀書，今遂爲國討賊」，僅此一條見《魏武故事》。其中文字，必當多有與《魏武故事》相合者。《太平御覽》卷九百八十一引陸機《弔魏武文》「余爲著作郎，遊秘閣，見《魏武令》曰」云云，成書亦當在魏時。則魏之一世，必有將曹操詔令，匯集成冊者。《魏武故事》或有取於是書也。又有《魏武雜事》，佚文見《藝文類聚》卷二十一徵引，《太平御覽》卷四百二十四作《魏文雜事》。文作「辭爵逃祿，不以利累名，不以位虧德，之謂讓」，亦似曹氏文章之語，三書或有所承也。

岱，字公山，沛國人。以司空長史從征伐有功，封列侯。（《三國志‧魏志‧武帝紀》注。）

公十二月己亥令曰：「孤始舉孝廉，年少，自以本非巖穴知名之士，恐爲海內人之所見凡愚，欲爲一郡守，好作政教，以建立名譽，使世士明知之；故在濟南，始除殘去穢，平心選舉，違迕諸常侍。以爲彊豪所忿，恐致家禍，故以病還。去官之後，年紀尚少，顧視同歲中，年有五十，未名爲老，內自圖之，從此卻去二十年，待天下清，乃與同歲中始舉者等耳。故以四時歸鄉里，於譙東五十里築精舍，欲秋夏讀書，冬春射獵，求底下之地，欲以泥水自蔽，絕賓客往來之望，然不能得如意。後徵爲都尉，遷典軍校尉，意遂更欲爲國家討賊立功，欲望封侯作征西將軍，然後題墓道言『漢故征西將軍曹侯之墓』，此其志也。而遭值董卓之難，興舉義兵。是時合兵能多得耳，然常自損，不欲多之；所以然者，多兵意盛，與彊敵爭，倘更爲禍始。故汴水之戰數千，後還到揚州更募，亦復不過三千人，此其本志有限也。後領兗州，破降黃巾三十萬眾。又袁術僭號于九江，下皆稱臣，名門曰建號門，衣被皆爲天子之制，兩婦預爭爲皇后。志計已定，人有勸術使遂即帝位，露布天下，答言『曹公尚在，未可也』。後孤討禽其四將，獲其人眾，遂使術窮亡解沮，發病而死。及至袁紹據河北，兵勢彊盛，孤自度勢，實不敵之，但計投死爲國，以義滅身，足垂於後。幸而破紹，梟其二子。又劉表自以爲宗室，包藏姦心，乍前乍卻，以觀世事，據有當州。孤復定之，遂平天下。身爲宰相，人臣之貴已極，意望已過矣。今孤言此，若爲自大，欲人言盡，故無諱耳。設使國家無有孤，不知當幾人稱帝，幾人稱王。或者人見孤彊盛，又性不信天命之事，恐私心相評，言有不遜之志，妄相忖度，每用耿耿。齊桓、晉文所以垂稱至今日者，以其兵勢廣大，猶能奉事周室也。《論語》云『三分天下有其二，以服事殷，周之德可謂至德矣』，夫能以大事小也。昔樂毅走趙，趙王欲與之圖燕。樂毅伏而垂泣，對曰：『臣事昭王，猶事大王；臣若獲戾，放在他國，沒世然後已，不忍謀趙之徒隸，況燕後嗣乎？』胡亥之殺蒙恬也，恬曰：『自吾先人及至子孫，積信於秦，三世矣；今臣將兵三十餘萬，其勢足以背叛，然自知必死而守義者，不敢辱先人之教以忘先王也。』孤每讀此二人書，未嘗不愴然流涕也。孤祖父以至孤身，皆當親重之任，可謂見信者矣，以及子桓兄弟，過于三世矣。孤非徒對諸君說此也，常以語妻妾，皆令深知此意。孤

謂之言：『顧我萬年之後，汝曹皆當出嫁，欲令傳道我心，使他人皆知之。』孤此言，皆肝鬲之要也。所以勤勤懇懇敘心腹者，見周公有《金縢》之書以自明，恐人不信之故。然欲孤便爾委捐所典兵眾以還執事，歸就武平侯國，實不可也。何者？誠恐己離兵為人所禍也。既為子孫計，又己敗則國家傾危，是以不得慕虛名而處實禍，此所不得為也。前朝恩封三子為侯，固辭不受，今更欲受之，非欲復以為榮，欲以為外援，為萬安計。孤聞介推之避晉封，申胥之逃楚賞，未嘗不舍書而歎，有以自省也。奉國威靈，仗鉞征伐，推弱以克彊，處小而禽大，意之所圖，動無違事，心之所慮，何向不濟，遂蕩平天下，不辱主命，可謂天助漢室，非人力也。然封兼四縣，食戶三萬，何德堪之！江湖未靜，不可讓位；至于邑土，可得而辭。今上還陽夏、柘、苦三縣戶二萬，但食武平萬戶，且以分損謗議，少減孤之責也。」（《三國志・魏志・武帝紀》注。凡有「令曰」二字者，《三國志》注皆作「《魏武故事》載」云云，原文起首未必如此也。）

令曰：「領長史王必〔一〕，是吾披荊棘時吏也〔二〕。忠能勤事〔三〕，心如鐵石，〔四〕國之良吏也。蹉跌久未辟之〔五〕，捨騏驥而弗乘焉，遑遑而更求哉？故教辟之〔六〕，已署所宜，便以領長史統事如故。」（《三國志・魏志・武帝紀》注　又見於《太平御覽》卷二百四十八、卷八百一十三《施注蘇詩・過淮》）

〔校記〕
〔一〕領，《太平御覽》卷二百四十八作「府」。《太平御覽》卷八百一十三、《施注蘇詩》自此句引起，《施注蘇詩》僅有「王必」二字，屬下讀。
〔二〕「吾」下，《太平御覽》卷八百一十三有「鄉」字。也，《太平御覽》卷八百一十三無。此句，《施注蘇詩》無。
〔三〕能，《太平御覽》卷八百一十三作「而」。
〔四〕《太平御覽》卷八百一十三、《施注蘇詩》引至此止。
〔五〕未，《太平御覽》卷二百四十八作「不」。
〔六〕「故」上，《太平御覽》卷二百四十八有「今」字。又《太平御覽》卷二百四十八引至此止。

令曰：「楚有江漢山川之險，後服先彊，與秦爭衡，荊州則其故地。劉鎮南久用其民矣，身沒之後，諸子鼎峙，雖終難全，猶可引日。青州刺史琮，心高志潔，智深盧廣，輕榮重義，薄利厚德，蔑萬里之業，忽三軍之眾，篤中正之體，敦令名之譽，上耀先君之遺塵，下圖不朽之餘祚；鮑永之棄并州，竇融之離五郡，未足以喻也。雖封列侯一州之位，猶恨此寵未副其人；而比

有牋求還州。監史雖尊，秩祿未優，今聽所執，表琮爲諫議大夫，參同軍事。」（《三國志·魏志·劉表傳》注）

令曰：「故陳留太守棗祗，天性忠能。始共舉義兵，周旋征討。後袁紹在冀州，亦貪祗，欲得之。祗深附託於孤，使領東阿令。呂布之亂，兗州皆叛，惟范、東阿完在，由祗以兵據城之力也。後大軍糧乏，得東阿以繼，祗之功也。及破黃巾定許，得賊資業。當興立屯田，時議者皆言當計牛輸穀，佃科以定。施行後，祗白以爲儻牛輸穀，大收不增穀，有水旱災除，大不便。反覆來說，孤猶以爲當如故，大收不可復改易。祗猶執之，孤不知所從，使與荀令君議之。時故軍祭酒侯聲云：『科取官牛，爲官田計。如祗議，於官便，於客不便。』聲懷此云云，以疑令君。祗猶自信，據計畫還白，執分田之術。孤乃然之，使爲屯田都尉，施設田業。其時歲則大收，後遂因此大田，豐足軍用，摧滅群逆，克定天下，以隆王室。祗興其功，不幸早沒，追贈以郡，猶未副之。今重思之，祗宜受封，稽留至今，孤之過也。祗子處中，宜加封爵，以祀祗爲不朽之事。」（《三國志·魏志·任峻傳》注）

令曰：「始者謂子建，兒中最可定大事。」又令曰：「自臨菑侯值私出，開司馬門至金門，令吾異目視此兒矣。」又令曰：「諸侯長史及帳下吏，知吾出輒將諸侯行意否？從子建私開司馬門來，吾都不復信諸侯也。恐吾適出，便復私出，故攝將行。不可恆使吾以誰爲心腹也！」（《三國志·魏志·陳思王傳》注。又見《職官分紀》卷三十一。此間「又」字，當裴氏加之，今仍其舊。）

《魏文帝別傳》

《魏文帝別傳》，諸家書目皆未著錄。佚文見於《太平御覽》卷六百九十三徵引一條，《初學記》二十六引作《魏文帝列傳》。案：《太平御覽》卷三百九十九云出《列異傳》，是也，蓋先脫「異」字，「列」又形訛作「別」，非有是書也。

吳選曹令史長沙劉卓字德然，病荒，夢見一人，以白越單衫與之，言曰：「汝著衫，汗，火燒便潔也。」卓覺，果有衫在側，汗輒火浣之。（《太平御覽》卷六百九十三。案：文中「汗」當爲「汙」字之誤。）

《曹植別傳》

　　《曹植別傳》，不題撰人，卷數不詳，《隋書・經籍志》、兩《唐志》不
見著錄。曹植，曹魏著名詩人，其事跡主要見於《三國志》卷十九《曹植
傳》。

　　植博學有高才，年十餘歲，誦詩、論及賦十萬言。性簡易，不事華麗。
太祖征孫權，使植留守鄴，戒之曰：「吾昔爲頓令，年二十三。思此時所行，
無悔於今。今汝年二十三矣，可不勉與！」（《太平御覽》卷四百五十九）

《吳質別傳》

　　《吳質別傳》，不題撰人，卷數不詳，《隋書・經籍志》、兩《唐志》不
見著錄，《太平御覽經史圖書綱目》則列之。另，《淵鑒類函》卷一百九十
七有「質有才學，善爲書記」二句，云出《吳質別傳》，爲宋前《吳質別傳》
所無，實本於《北堂書鈔》卷一百三引錄《三國志・吳質傳》引文，此二
句又不見於今本《三國志》及裴注，故《淵鑒類函》以爲出自《別傳》矣。
吳質，字季重，三國時魏國人，其事跡主要見於《三國志》卷二十一《王
粲傳》附列之《吳質傳》及裴注。

　　帝嘗召質及曹休歡會，命郭後出見質等。帝曰：「卿仰諦視之。」其至親
如此。質黃初五年朝京師，詔〔一〕上將軍及〔二〕特進以下皆會質所〔三〕，大
官給供具。酒酣，質欲盡歡。時〔四〕上將軍〔五〕曹真性〔六〕肥，中領軍〔七〕
朱鑠性瘦〔八〕，質召優〔九〕，使說肥瘦〔一〇〕。真負貴，恥見戲，怒謂質曰：〔一
一〕「卿欲以〔一二〕部曲將遇我邪〔一三〕？」驃騎將軍曹洪、輕車將軍王忠言：
「將軍必欲使上將軍服肥，即自宜爲瘦。」真愈恚，拔刀瞋目，〔一四〕言：「俳
敢輕脫〔一五〕，吾斬爾。」遂罵坐〔一六〕。質案〔一七〕劍曰：「曹子丹，汝非屠
几上肉，〔一八〕吳質吞爾不搖喉，咀爾不搖牙，〔一九〕何敢恃勢驕邪〔二〇〕？」
鑠因起曰：「陛下使吾等來樂卿耳，乃至此邪！」質顧叱之曰：「朱鑠，敢壞

坐」！諸將軍皆還坐。鑠性急，愈恚，還拔劍斬地。遂便罷也。〔二一〕及〔二二〕文帝崩，質思慕作詩曰：「愴愴懷殷憂，殷憂不可居。徙倚不能坐，出入步踟躕。念蒙聖主恩，榮爵與眾殊。自謂永終身，志氣甫當舒。何意〔二三〕中見棄，棄我歸黃壚。惢惢靡所恃，淚下如連珠。隨沒無所益，身死名不書。慷慨自僶俛〔二四〕，庶幾烈丈夫。」太和四年，入爲侍中。時司空陳群錄尚書事，帝初親萬機，質以輔弼大臣，安危之本，對帝盛稱「驃騎將軍司馬懿，忠智至公，社稷之臣也。陳群從容之士，非國相之才，處重任而不親事。」帝甚納之。明日，有切詔以督責群，而天下以司空不如長文，即群，言無實也。質其年夏卒。質先以怙威肆行，諡曰「醜侯」。質子應仍上書論枉，至正元中乃改諡「威侯」。應字溫舒，晉尚書。應子康，字子仲，知名於時，亦至大位。

（《三國志·魏志·吳質傳》注　又見於《太平御覽》卷三百七十八、卷四百六十六《續後漢書》卷六十六）

〔校記〕

〔一〕詔，《太平御覽》卷四百六十六前有「魏文帝」三字。

〔二〕「將軍及」三字，《太平御覽》卷三百七十八無。

〔三〕所，《太平御覽》卷三百七十八作「間」。

〔四〕時，《太平御覽》無。

〔五〕上將軍，《太平御覽》卷三百七十八無，洪亮吉《四史發伏》卷九則曰：「眞爲上軍大將軍，非上將軍，《傳》誤。」案：洪亮吉所謂《傳》者，乃《吳質別傳》也。

〔六〕性，《太平御覽》無。

〔七〕中領軍，《太平御覽》卷四百六十六作「領軍」。

〔八〕性，《太平御覽》無。瘦，《太平御覽》卷三百七十八作「臞」。

〔九〕優，《太平御覽》卷三百七十八作「俳優」。

〔一〇〕肥瘦，《太平御覽》卷卷三百七十八作「肥臞」。

〔一一〕「眞負貴」以下三句，《太平御覽》卷三百七十八無，直作「眞曰」。

〔一二〕以，《太平御覽》卷三百七十八無。

〔一三〕邪，《太平御覽》卷三百七十八作「耶」，二字通。

〔一四〕「眞愈恚」二句，《太平御覽》卷四百六十六作「眞扣刀嗔目」。

〔一五〕輕脫，《太平御覽》卷四百六十六作「說」。

〔一六〕坐，《太平御覽》卷四百六十六無。

〔一七〕案，《太平御覽》卷四百六十六作「按」，案與按通。

〔一八〕「汝非」句，《太平御覽》卷四百六十六無。

〔一九〕「咀爾」句，《太平御覽》卷四百六十六無。

〔二〇〕邪，《太平御覽》卷四百六十六作「耶」，二字通。

〔二一〕遂便罷也，《太平御覽》卷三百七十八作「遂爭而罷」。

〔二二〕及，《續後漢書》卷六十六無。

〔二三〕何意，《續後漢書》卷六十六作「何以」。

〔二四〕僴俛，逯欽立《先秦漢魏晉南北朝詩・魏詩》卷五引《廣文選》、《古詩紀》作「俛仰」。

質爲北中郎將，朝京師，上歡喜其到，〔一〕比至家，〔二〕問訊相續，〔三〕詔將軍〔四〕列鹵簿，作鼓吹，望闕而止。〔五〕（《藝文類聚》卷六十八　又見於《北堂書鈔》卷一百三十《太平御覽》卷五百六十七）

〔校記〕

〔一〕上歡喜其到，《北堂書鈔》作「上遲其到」，《太平御覽》作「喜，遲其到」。

〔二〕比至家，《北堂書鈔》《太平御覽》皆無。

〔三〕問訊相續，《北堂書鈔》前有「虎賁」二字，而《太平御覽》無此句。

〔四〕將軍，《北堂書鈔》作「大將軍」，《太平御覽》則無「將軍」一詞。

〔五〕望闕而止，《北堂書鈔》無，《太平御覽》作「至闕而止」。

魏文帝與吳質書曰：「斬泗濱之梓以爲箏。」（《太平御覽》卷五百七十六　案：書文實乃曹植《與吳季重書》中一句，《文選》《北堂書鈔》《藝文類聚》皆云乃曹植文，《御覽》誤矣。）

《劉廙別傳》

《劉廙別傳》，諸家書目皆未著錄。《隋書・經籍志》有劉廙《政論》五卷，今亡。《三國志・魏志・劉廙傳》注有徵引，《群書治要》亦有徵引，然《治要》正文題《劉廙別傳》，目錄則作劉廙《政論》。嚴可均曰：「《隋志》法家：『梁有《政論》五卷，魏侍中劉廙撰。』亡。舊、新《唐志》著於錄，至宋，復亡。廙字恭嗣，南陽安眾人，《三國志》有傳，稱廙著書數十篇，及與丁儀共論刑禮，皆傳於世。今所見，僅《群書治要》載有八篇，題爲《劉廙別傳》，而目錄作《政論》。據裴松之所引《別傳》，似與《政論》各爲一書，則目錄作《政論》者是也。」（見《全三國文》卷三十四）姚振宗曰：「裴注引《別傳》有廙表論治道一篇，在太祖時，所上似亦此書之一事。《別傳》蓋全載《政論》，魏鄭公從《別傳》中摘出，故《治要》篇首標目曰《劉廙別傳》。」（見《隋書經籍志考證》）案：兩家之說，以姚說爲上。今觀《三國志》注所引佚文，仍以劉廙文章爲主，則《劉廙別傳》或依其行年，部次文章；而全書以文章爲主，故錄《政論》全文也。

廙道路爲牋謝劉表曰：「考菽過蒙分遇榮授之顯，未有管、狐、桓、文之烈，孤德隕命，精誠不遂。兄望之見禮在昔，既無堂構昭前之績，中規不密，用墜禍辟。斯乃明神弗祐，天降之災。悔吝之負，哀號靡及。廙之愚淺，言行多違，懼有浸潤三至之閒。考菽之愛已衰，望之責猶存，必傷天慈既往之分，門戶殄滅，取笑明哲。是用迸竄，永涉川路，即日到廬江尋陽。昔鍾儀有南音之操，椒舉有班荊之思，雖遠猶邇，敢忘前施？」（《三國志·魏志·劉廙傳》注。原云出《廙別傳》。）

初，廙弟偉與諷善，廙戒之曰：「夫交友之美，在於得賢，不可不詳。而世之交者，不審擇人，務合黨眾，違先聖人交友之義，此非厚己輔仁之謂也。吾觀魏諷，不脩德行，而專以鳩合爲務，華而不實，此直攪世沽名者也。卿其慎之，勿復與通。」偉不從，故及於難。（《三國志·魏志·劉廙傳》注。原云出《廙別傳》。）

廙表論治道曰：「昔者周有亂臣十人，有婦人焉，九人而已。孔子稱『才難，不其然乎』！明賢者難得也。況亂弊之後，百姓凋盡，士之存者蓋亦無幾。股肱大職，及州郡督司，邊方重任，雖備其官，亦未得人也。此非選者之不用意，蓋才匱使之然耳。況於長吏以下，羣職小任，能皆簡練備得其人也？其計莫如督之以法。不爾而數轉易，往來不已，送迎之煩，不可勝計。轉易之閒，輒有姦巧，既於其事不省，而爲政者亦以其不得久安之故，知惠益不得成於己，而苟且之可免於患，皆將不念盡心於卹民，而夢想於聲譽，此非所以爲政之本意也。今之所以爲黜陟者，近頗以州郡之毀譽，聽往來之浮言耳。亦皆得其事實而課其能否也？長吏之所以爲佳者，奉法也，憂公也，卹民也。此三事者，或州郡有所不便，往來者有所不安，而長吏執之不已，於治雖得計，其聲譽未爲美；屈而從人，於治雖失計，其聲譽必集也。長吏皆知黜陟之在於此也，亦何能不去本而就末哉？以爲長吏皆宜使小[一]久，足使自展。歲課之能，三年總計，乃加黜陟。課之皆當以事，不得依名。事者，皆以戶口率其墾田之多少，及盜賊發興，民之亡叛者，爲得負之計。如此行之，則無能之吏，脩名無益；有能之人，無名無損。法之一行，雖無部司之監，姦譽妄毀，可得而盡。」事上，太祖甚善之。（《三國志·魏志·劉廙傳》注。原云出《廙別傳》。）

〔校記〕

〔一〕《群書治要》卷二十六引《三國志》正文及注文，「小」字作「少」，此作「少」字爲是，「少久」作「稍久」解，啓下「三年」。

時年四十二。(《三國志·魏志·劉廙傳》注。原云出《廙別傳》。)

夫爲政者,譬猶工匠之造屋也。廣廈既成,衆梲不安,則梁棟爲之斷折;一物不備,則千柱爲之並廢。善爲屋者,知梁梲之不可以不安,故棟梁常存;知一物之不可以不備,故衆橑與之共成也。善爲政者,知一事之不可闕也,故無物而不備;知一是之不可失也,故衆非與之共得。其不然者,輕一事之爲小,忽而闕焉,不知衆物與之共多也;覩一非之爲小也,輕而蹈焉,不知衆是與之共失也。夫政之相須,猶輗軏之在車,無輗軏猶可以小進也,謂之歷遠而不頓躓者,未之有也。夫爲政者,輕一失而不矜之,猶乘無軏之車,安其少進,而不覩其頓躓之患也。夫車之患近,故無不覩焉;國之患遠,故無不忽焉。知其體者,夕惕若厲,慎其愆矣。夫爲政者,莫善於清其吏也。故選託於由夷,而又威之以篤罰,欲其貪之必懲,令之必從也。而姦益多巧彌大,何也?知清之爲清,而不知所以清之,故免而無恥也。日欲其清,而薄其祿,祿薄所以不得成其清。夫飢寒切於肌膚,固人情之所難也,其甚又將使其父不父、子不子、兄不兄、弟不弟、夫不夫、婦不婦矣。貧則仁義之事狹,而怨望之心篤。從政者捐私門而委身於公朝,榮不足以光室族,祿不足以代其身,骨肉飢寒,離怨於內;朋友離叛,衰捐於外,虧仁孝,損名譽,能守之而不易者,萬無一也。不能原其所以然,又將佐其室族之不和、合門之不登也。疑其名,必將忘其實,因而下之。不移之士,雖苦身於內,冒謗於外,捐私門之患,畢死力於國,然猶未獲見信之衷,不免黜放之罪,故守清者死於溝壑,而猶有遺謗於世也。爲之至難,其罰至重,誰能爲之哉?人知守清之必困於終也,違清而又懼卒罰之及其身也,故不爲昭昭之行,而咸思闇昧之利,姦巧機於內,而虛名逸於外。人主貴其虛名,而不知賤其所以爲名也。虛名彰於世,姦實隱於身,人主眩其虛,必有以闇其實矣。故因而貴之,敬而用之,此所謂惡貪而罰於由夷,好清而賞於盜跖也。名實相違,好惡相錯,此欲清而不知重其祿之故也。不知重其祿,非徒失於清也,又將使清分於私,而知周於欺。推此一失,以至於欺,苟欺之行,何事而不亂哉!故知清而不知所以重其祿者,則欺而濁;知重其祿而不知所以少其吏者,則竭而不足;知少其吏,而不知所以盡其力者,則事繁而職闕。凡此數事,相須而成,偏廢則有者不爲用矣。其餘放欺,無事而不若此者也。不可得一二而載之耳。故明君必須良佐而後致治,非良佐能獨治也,必須善法有以用之。夫君猶醫也,臣猶鍼也,法陰陽補瀉也。鍼非人不入,人非鍼不徹於病。二者既備,而不知陰陽補瀉,則無益於疾也,又況逆失之哉〔一〕。

今用鍼而不存於善術，使所鍼必死。夫然也，欲其疾之療亦遠。良醫急於速療，而不恃鍼入之無恙也；明君急於治平，而不恃亡失之不便亡也。（《群書治要》卷四十七。此題曰《備政》。）

〔校記〕

〔一〕逆，疑當作併。

夫名不正，則其事錯矣，物無制，則其用淫矣。錯則無以知其實，淫則無以禁其非。故王者必正名以督其實，制物以息其非。名其何以正之哉？曰：「行不美則名不得稱，稱必實所以然〔一〕，効其所以成，故實無不稱於名，名無不當於實也。」曰：「物又何以制之哉？」曰：「物可以養生，而不可廢之於民者，富之備之；無益於養生而可以寶於世者，則隨尊卑而爲之制。使不爲此官，不得服此服，不得備此飾。故其物甚可欲，民不得服，雖捐之曠野，而民不敢取也；雖簡於禁，而民皆無欲也。是以民一於業，本務而末息，有益之物阜而賤，無益之寶省而貴矣。所謂貴者，民貴願之也，匪謂賈貴於市也。故其政惠，其民潔，其法易，其業大。昔人曰：『唯器與名，不可以假人。』其此之謂與。」（《群書治要》卷四十七。此題曰《正名》。）

〔校記〕

〔一〕據下，此處「所」上當脫一「其」字。

夫人主莫不愛愛己，而莫知愛己者之不足愛也，故惑小臣之佞，而不能廢也，忘違己之益己，而不能用也〔一〕。夫犬之爲猛也，莫不愛其主矣，見其主則騰踊而不能自禁，此歡愛之甚也，有非則鳴吠，而不違於夙夜，此自效之至也。昔宋人有沽酒者，酒酸而不售，何也？以其有猛犬之故也。夫犬知愛其主，而不能爲其主，慮酒酸之患者不噬也。夫小臣之欲忠其主也，知愛之而不能去其嫉妒之心，又安能敬有道，爲己願稷、契之佐哉！此養犬以求不貧，愛小臣以喪良賢也。悲夫！爲國者之不可不察也。（《群書治要》卷四十七。此題曰《審愛》。）

〔校記〕

〔一〕忘，疑當作「忌」。

爲人君者，莫不利小人以廣其視聽，謂視聽之可以益於己也。今彼有惡而己不見，無善而己愛之者，何也？智不周其惡，而義不能割其情也。己不能割情於所愛，慮不能覩其得失之機，彼亦能見己成敗於所闇，割私情以事其上哉？其勢適足以厚姦人之資。此朋黨者之所以日固，獨善之所以孤弄也。故視聽日多，而闇蔽日甚，豈不詭哉？（《群書治要》卷四十七。此題曰《審愛》。）

　　夫人君莫不願眾心之一於己也，而疾姦黨之比於人也。欲得之而不知所以得之，故欲之益甚；而不可得亦甚，疾之益力，而爲之者亦益勤矣。何也？彼將恐其黨也，任之而不知所以信之，朝任其身，夕訪於惡，惡無毀實，善無賞分，事無小大，訪而後知，彼眾之不必同於道也。又知訪之不能於己也，雖至誠至忠，俾曾參以事其親，借龍逢以貫其忠，猶將屈於私交，況世俗之庸臣哉！故爲君而欲使其臣之無黨者，得其人也；得其人而使必盡節於國者，信之於己也。（《群書治要》卷四十七。此題曰《欲失》。）

　　自古人君莫不願得忠賢而用之也，既得之，莫不訪之於眾人也。忠於君者，豈能必利於人；苟無利於人，又何能保譽於人哉？故常願之於心而常失之於人也。非願之之不篤而失之也，所以定之之術非也。故爲忠者，獲小賞而大乖違於人，恃人君之獨知之耳。而獲訪之於人，此爲忠者福無幾而禍不測於身也。得於君不過斯須之歡，失於君而終身之故患。苟賞名而實窮於罰也。是以忠者逝而遂，智者慮而不爲。爲忠者不利，則其爲不忠者利矣。凡利之所在，人無不欲，人無不欲，故無不爲不忠矣。爲君者以一人而獨慮於眾姦之上，雖至明而猶困於見闇。又況庸君之能覘之哉？庸人知忠之無益於己，而私名之可以得於人；得於人，可以重於君也。故篤私交，薄公義，爲己者殖而長之，爲國也抑而割之，是以眞實之人黜於國，阿欲之人盈於朝矣。由是田、季之恩隆，而齊魯之政衰也。雖成之市朝，示之刀鋸，私欲益盛，齊魯日困，何也？誠威之以言，而賞之以實也。好惡相錯，政令日弊，昔人曰：「爲君難。」不其然哉！（《群書治要》卷四十七。此題曰《疑賢》。）

　　人君所以尊敬人臣者，以其知任人臣，委所信，而保治於己也。是以其聽察，其明昭，身日高而視日下，事日遠而聽日近，業至難而身至易，功至多而勤至少也。若多疑而自任也，則其臣不思其所以爲國，而思其所以得於君，深其計而淺其事，以求其指撝。人主淺之則不陷於之難，人主深之則進而順之，以取其心。所闕者，忠於國而難明於君者也；所修者，不必忠於國而易行於時者也。因其所貴者貴之，故能同其貴；因其所賤者賤之，故能殊於賤。其所貴者不必賢，所賤者不必愚也。家懷因循之術，人爲悅心易見之行。夫美大者深而難明，利長者不可以倉卒形也，故難明長利之事廢於世，阿易見之行塞於側〔一〕。爲非不知過〔二〕，知困不知其乏，此爲天下共一人之智，以一人而獨治於四海之內也。其業大，其智寡，豈不蔽哉。以一蔽主而臨不量之阿，欲能不惑其功者，未之有也。苟惑之，則人得其志矣。人得其志，則君之志失矣。君勞

臣逸，上下易所，是一君爲臣而萬臣爲君也。以一臣而事萬君，鮮不用矣。有不用人之名而終爲人所用也，是以明主愼之，不貴知所用於己，而貴知所用於人。能用人，故人無不爲己用也。昔舜恭己正南面而已，天下不多皋陶、稷、契之數，而貴聖舜獨治之功，故曰：「爲之者不必名其功，獲其業者，不必勤其身也。」其舜之謂與？（《群書治要》卷四十七。此題曰《任臣》。）

〔校記〕

〔一〕「阿」下、「易」下當各脫一字。

〔二〕「過」上疑脫一「其」字。

夫自足者不足，自明者不明，日月至光至大，而有所不遍者，以其高於眾之上也；燈燭至微至小，而無不可之者，以其明之下，能照日月之所蔽也。聖人能覩往知來，不下堂而知四方，蕭墻之表，有所不喻焉，誠無所以知之也。夫有所以知之，無遠而不覩；無所以知之，雖近，不如童昏之履之也。人豈踰於日月而皆賢於聖哉？故高於人之上者，必有以應於人。其察之也視下，視下者見之詳矣。人君誠能知所不知，不遺燈燭、童昏之見，故無不可知而不知也。何幽冥之不盡，況人情之足蔽哉？（《群書治要》卷四十七。此題曰《下視》。）

〔校記〕

〔一〕下「不」上，疑脫「無」字。

《漢帝傳》　三國劉艾撰

《漢帝傳》，劉艾撰，《隋書·經籍志》、兩《唐志》均不見著錄。姚振宗《隋書經籍志考證》「《漢靈獻二帝紀》三卷，漢侍中劉芳撰」條下注曰「劉芳當爲劉艾」，以爲《初學記》引稱《漢帝傳》似是劉艾書之本名，至魏明帝青龍二年山陽公薨之後，乃更名《獻帝傳》，入晉以後與《靈帝紀》合爲一帙，乃定名曰《靈獻二帝紀》。劉艾，漢末魏初人，史書無傳，其事跡散見於《三國志》注、《後漢書》注。

興平元年，益州蠻夷獻鸚鵡三。詔曰：「往者益州獻鸚鵡三枚，夜食三升麻子。今穀價騰貴，此鳥無益有損，可付安西將軍楊定因，令歸本土。」（《初學記》卷三十）

《孫資別傳》

　　《孫資別傳》，諸家書目未見著錄。《三國志·魏志·孫資傳》裴注曰：「本傳及諸書並云放、資稱贊曹爽，勸召宣王，魏室之亡，禍基於此。資之《別傳》，出自其家，欲以是言掩其大失，然恐負國之玷，終莫能磨也。」則是書乃孫資後人所撰，所錄之事多褒揚其人，乃有與史實不合者。《文選》注尚引之，或唐時仍存；其後不見徵引者，所亡當甚早也。孫資（？-251），字彥龍，太原（今屬山西）人，曹魏大臣。

　　資字彥龍。幼而岐嶷，三歲喪二親，長於兄嫂。講業太學，博覽傳記，同郡王允一見而奇之。太祖爲司空，又辟資。會兄爲鄉人所害，資手刃報讎，乃將家屬避地河東，故遂不應命。尋復爲本郡所命，以疾辭。友人河東賈逵謂資曰：「足下抱逸群之才，值舊邦傾覆，主將殷勤，千里延頸，宜崇古賢桑梓之義。而久盤桓，拒違君命，斯猶曜和璧於秦王之庭，而塞以連城之價耳。竊爲足下不取也。」資感其言，遂往應之。到署功曹，舉計吏。尚書令荀彧見資，嘆曰：「北州承喪亂已久，謂其賢智零落，今日乃復見孫計君乎！」表留以爲尚書郎。辭以家難，得還河東。（《三國志·魏志·孫資傳》注。原云出《資別傳》。）
　　諸葛亮出在南鄭，時議者以爲可因大發兵，就討之，帝意亦然，以問資。〔一〕資曰〔二〕：「昔武皇帝征南鄭，取張魯，陽平之役，危而後濟〔三〕。又自往拔出夏侯淵軍〔四〕，數言『南鄭直爲天獄，中斜谷道爲五百里石穴耳〔五〕』，言其深險，〔六〕喜出淵軍之辭也。又武皇帝聖於用兵，察蜀賊棲於山巖，視吳虜竄於江湖，皆撓而避之，不責將士之力，不爭一朝之忿，誠所謂見勝而戰、知難而退也。今若進軍就南鄭討亮，道既險阻，計用精兵又轉運鎮守南方四州，遏禦水賊，凡用十五、六萬人，必當復更有所發興。天下騷動，費力廣大，此誠陛下所宜深慮。夫守戰之力，力役參倍。但以今日見兵，分命大將據諸要險，威足以震攝彊寇，鎮靜疆場，將士虎睡，百姓無事。數年之間，中國日盛，吳、蜀二虜必自罷弊。」帝由是止。時吳人彭綺又舉義江南，議者以爲因此伐之，必有所克。帝問資，資曰：「鄱陽宗人前後數有舉義者，眾弱謀淺，旋輒乖散。昔文皇帝嘗密論賊形勢，言洞浦殺萬人，得船千萬，數日間船人復會；江陵被圍歷月，權裁以千數百兵住東門，而其土地無崩解者。

是有法禁，上下相奉持之明驗也。以此推綺，懼未能爲權腹心大疾也。」綺果尋敗亡。（《三國志・魏志・孫資傳》注。原云出《資別傳》。又見《北堂書鈔》卷一百五十八。）

〔校記〕

〔一〕以上諸句，《北堂書鈔》節作「魏文帝欲并吞」。

〔二〕此句，《北堂書鈔》作「孫資諫曰」。

〔三〕後，《北堂書鈔》作「無」，案：陽平之戰，曹操終以奇計取勝，故作「後」字是。

〔四〕「又」下，《北堂書鈔》有「復」字。

〔五〕中，《北堂書鈔》無。

〔六〕《北堂書鈔》引至此止。

是時，孫權、諸葛亮號稱劇賊，無歲不有軍征。而帝總攝群下，內圖禦寇之計，外規廟勝之畫，資皆管之。然自以受腹心，常讓事於帝曰：「動大眾，舉大事，宜與群下共之。既以示明，且於探求爲廣。」既朝臣會議，資奏當其是非，擇其善者推成之，終不願己之德也。若眾人有譴過及愛憎之說，輒復爲請解，以塞譖潤之端。如征東將軍滿寵、涼州刺史徐邈並有譖毀之者，資皆盛陳其素行，使卒無纖介。寵、邈得保其功名者，資之力也。初，資在邦邑，名出同類之右。鄉人司空掾田豫、梁相宗豔皆妬害之，而楊豐黨附豫等，專爲資構造謗端，怨隙甚重。資既不以爲言，而終無恨意。豫等慚服，求釋宿憾，結爲婚姻。資謂之曰：「吾無憾心，不知所釋。此爲卿自薄之，卿自厚之耳！」乃爲長子宏取其女。及當顯位，而田豫老疾在家。資遇之甚厚，又致其子於本郡，以爲孝廉。而楊豐子後爲尚方吏，帝以職事譴怒，欲致之法，資請活之。其不念舊惡如此。（《三國志・魏志・孫資傳》注。原云出《資別傳》。又見《文選・任昉〈王文憲集序〉》注。又《文選・潘岳〈關中詩〉》注引《孫資別傳》有「成規之畫，資皆管之」八字，即此「內圖禦寇之計，外規廟勝之畫，資皆管之」之節文。）

〔校記〕

〔一〕《文選》注自此句引其，無「既」字。

〔二〕「當其」二字，《文選》注無。

〔三〕其，《文選》注無。「推」下，《文選》注有「而」字。

〔四〕也，《文選》注無。又《文選》注引至此止。

帝詔資曰：「吾年稍長，又歷觀書傳中，皆歎息無所不念。圖萬年後計，莫過使親人廣據職勢，兵任又重。今射聲校尉缺，久欲得親人，誰可用者？」

資曰：「陛下思深慮遠，誠非愚臣所及，書傳所載，皆聖聽所究，向使漢高不知平、勃能安劉氏，孝武不識金、霍付屬以事，殆不可言。文皇帝始召曹眞還時，親詔臣以重慮，及至晏駕，陛下即阼，猶有曹休外內之望，賴遭日月，御勒不傾，使各守分職，纖介不間。以此推之，親臣貴戚，雖當據勢握兵，宜使輕重素定。若諸侯典兵，力均衡平，寵齊愛等，則不相爲服；不相爲服，則意有異同。今五營所領見兵，常不過數百，選授校尉，如其輩類，爲有儔匹。至於重大之任，能有所維綱者，宜以聖恩簡擇，如平、勃、金、霍、劉章等一二人，漸殊其威重，使相鎮固，於事爲善。」帝曰：「然。如卿言，當爲吾遠慮所圖。今日可參平、勃，侔金、霍，雙劉章者，其誰哉？」資曰：「臣聞知人則哲，惟帝難之。唐虞之聖，凡所進用，明試以功。陳平初事漢祖，絳、灌等謗平有受金盜嫂之罪。周勃以吹簫引彊，始事高祖，亦未知名也。高祖察其行跡，然後知可付以大事。霍光給事中二十餘年，小心謹愼，乃見親信。日磾夷狄，以至孝質直，特見擢用，左右尚曰『妄得一胡兒而重貴之』。平、勃雖安漢嗣，其終，勃被反名，平劣自免於呂須之讒。上官桀、桑弘羊與霍光爭權，幾成禍亂。此誠知人之不易，爲臣之難也。又所簡擇，當得陛下所親，當得陛下所信，誠非愚臣之所能識別。」（《三國志・魏志・孫資傳》注。原云出《資別傳》。）

大將軍爽專事，多變易舊章。資歎曰：「吾累世蒙寵，加以豫聞屬託，今縱不能匡弼時事，可以坐受素餐之祿邪？」遂固稱疾。九年二月，乃賜詔曰：「君掌機密三十餘年，經營庶事，勳著前朝。暨朕統位，動賴良謀。是以曩者增崇寵章，同之三事，外帥群官，內望讜言。屬以年耆疾篤，上還印綬，前後鄭重，辭旨懇切。天地以大順成德，君子以善恕成仁，重以職事，違奪君志。今聽所執，賜錢百萬，使兼光祿勳少府親策詔君養疾于第。君其勉進醫藥，頤神和氣，以永無疆之祚。置舍人官騎，加以日秩肴酒之膳焉。」（《三國志・魏志・孫資傳》注。原云出《資別傳》。）

資舉河東計吏，到許，薦於相府曰：「逵在絳邑，帥厲吏民，與賊郭援交戰，力盡而敗，爲敗所俘，挺然直志，顏辭不屈。忠言聞於大眾，烈節顯於當時，雖古之直髮、據鼎，罔以加也。其才兼文武，誠時之利用。」（《三國志・魏志・賈逵傳》注。）

《任嘏別傳》

　　《任嘏別傳》，諸家史志書目未見著錄，《三國志‧魏志‧王昶傳》注引較詳，後世《北堂書鈔》《藝文類聚》《初學記》《太平御覽》諸書所引，皆不出裴注範疇，蓋爲一卷本也。《初學記》卷十七、《太平御覽》卷二百二十一云有《王嘏別傳》，《太平御覽》卷三百八十五有《傅嘏別傳》，皆《任嘏別傳》之誤，姚振宗《隋書經籍志考證》別爲三書，非也。《太平御覽經史圖書綱目》有《任嘏別傳》，則其書北宋之事或尚見存也。任嘏，字昭先，樂安博昌（今山東博興）人，漢魏間文人，其事跡主要見於《三國志》卷二十七《任嘏傳》。

　　嘏〔一〕，樂安博昌人。世爲著姓，夙智性成，故鄉人爲之語曰：「蔣氏翁，任氏童。」父旐，字子旗，以至行稱。漢末，黃巾賊起，天下饑荒，人民相食，寇到博昌，聞旐姓字，乃相謂曰：「宿聞任子旗，天下賢人也。今雖作賊，那可入其鄉邪！」遂相帥而去，由是聲聞遠近。州郡並招舉孝廉，歷酸棗、祝阿令。嘏八歲喪母，號泣不絕聲，自然之哀，同於成人，故幼以至性見稱。年十四始學，疑不再問，三年中誦五經，皆究其義，兼包羣言，無不綜覽，於時學者號之神童。遂遇荒亂，家貧賣魚，會官稅魚，魚貴數倍，嘏取直如常。又與人共買生口，各雇八匹。後生口家來贖，時價直六十匹。共買者欲隨時價取贖，嘏自取本價八匹。共買者慚，亦還取本價。比居者擅耕嘏地數十畝種之，人以語嘏，嘏曰：「我自以借之耳。」耕者聞之，慚謝還地。及邑中爭訟，皆詣嘏質之，然後意厭。其子弟有不順者，父兄竊數之曰：「汝所行，豈可令任君知邪！」其禮教所化，率皆如此。會太祖創業，召海內至德，嘏應其舉，爲臨菑侯庶子、相國東曹屬、尚書郎。文帝時，爲黃門侍郎。每納忠言，輒手書懷本，自在禁省，歸書不封。帝嘉其淑愼，累遷東郡、趙郡、河東太守，所在化行，有遺風餘教。嘏爲人淳粹愷悌，虛己若不足，恭敬如有畏，其脩身履義，皆沈默潛行，不顯其美，故時人少得稱之。著書三十八篇，凡四萬餘言。嘏卒後，故吏東郡程威、趙國劉固、河東上官崇等，錄其事行及所著書奏之。詔下祕書，以貫羣言。（《三國志‧魏志‧王昶傳》注。後世書引此文者，皆節引，今別爲數條，分別出校。）

〔校記〕

〔一〕此字之上，原有「昭先名嘏，《別傳》曰」七字，乃裴自敘之語。據《北堂書鈔》、《藝
　　　文類聚》等書所引，此字下當有「字昭先」三字。

嘏，字昭先，年八歲喪母，號泣不絕聲，自然之哀，同於成人。年十四始
學，疑不再問，三年中誦五經，皆究其義，群言無不綜覽。(《太平御覽》卷三百
八十五。原云出《傅嘏別傳》，「傅」乃「任」之誤，涉此條上《傅宣別傳》而誤也。)

嘏，字照先〔一〕，樂安人〔二〕，幼以至性見稱。遇荒亂，家貧賣魚，會官
發魚〔三〕，魚貴數倍〔四〕，嘏取直如常〔五〕。會太祖創業，召海內至德，嘏應其
舉，為臨淄侯庶子。(《太平御覽》卷四百〇三　又見於《太平御覽》卷四百二十六)

〔校記〕

〔一〕照，《太平御覽》卷四百二十六作「紹」，當皆「昭」之誤。詳見下疏。

〔二〕此三字，《太平御覽》卷四百二十六無。

〔三〕會，《太平御覽》卷四百二十六脫之。

〔四〕魚，《太平御覽》卷四百二十六作「價」。

〔五〕「取」上，《太平御覽》卷四百二十六有「即」字。又《太平御覽》卷四百二十六引
　　　至此止。

嘏，字昭先〔一〕，魏文帝以嘏為黃門郎〔二〕，每納忠言〔三〕，輒手懷其本
〔四〕，自在禁省，歸不書封〔五〕，文帝嘉其淑慎〔六〕。(《藝文類聚》卷四十八　又
見於《北堂書鈔》卷五十八《初學記》卷十二《太平御覽》卷二百二十一、卷四百三
十《職官分紀》卷六。案：《初學記》云出《嘏別傳》，《太平御覽》卷二百二十一云
出《王嘏別傳》，「王」乃「任」之脫訛；《太平御覽》卷四百三十云出《魏任嘏別傳》。)

〔校記〕

〔一〕昭先，《北堂書鈔》作「照光」，《太平御覽》卷四百三十作「紹先」，《職官分紀》作
　　　「似先」。《後漢書·鄭玄傳》注云：「嘏字昭光，魏黃門侍郎也。」諸書所言不同。
　　　《禮記·禮運》：「脩其祝嘏，以降上神與其先祖。」《孔子家語·問禮》「嘏以慈告」
　　　王肅注：「嘏傳先祖語於孝子。」嘏者，所以傳先祖之言辭者，故謂之「先」，作「光」
　　　者，「先」之形訛也。惟「昭」、「紹」字皆通，然諸早出之書皆用「昭」字，仍當以
　　　「昭」為上，作「紹」、作「照」者，皆「昭」之形訛。《職官分紀》作「似」者，
　　　亦當「昭」之形訛，「似」或書作「佀」，與「昭」略近。又此句下，《太平御覽》卷
　　　四百三十有「樂安博昌人也」六字。

〔二〕此句，《北堂書鈔》作「魏文帝時任嘏為黃門郎」，《初學記》《太平御覽》卷二百二
　　　十一作「魏文以嘏為黃門侍郎」，《太平御覽》卷四百三十作「文帝時為黃門侍郎」，
　　　《職官分紀》作「魏文以為黃門郎」。「侍」字不當無，

〔三〕言，《北堂書鈔》作「信」。

〔四〕此句，《北堂書鈔》作「輒后懷其本」，《初學記》作「輒書壞本」，《太平御覽》卷二百二十一作「輒手壞本」，卷四百三十作「輒手書壞本」，《職官分紀》作「輒壞其本」。此謂凡有忠言，乃出懷中本書之。《北堂書鈔》「后」乃「手」之音訛，諸書「壞」字皆「懷」之形訛。

〔五〕此句，《北堂書鈔》作「事歸不書封」。

〔六〕文，《初學記》、《太平御覽》卷二百二十一、卷四百三十、《職官分紀》無。「慎」下，《初學記》、《太平御覽》卷二百二十一有「如此」二字。

為人純粹愷悌，虛己如不足，恭敬如有畏，其脩德履義，皆沉默潛行。（《初學記》卷十七。原云出《王嘏別傳》，「王」乃「任」之誤。）

嘏，字昭先，樂安人。有比居者，擅耕嘏地數十畝種之。人以語嘏，嘏曰：「我自以借之也。」耕者聞之，慙謝還地。（《太平御覽》卷八百二十二）

《傅巽別傳》

《傅巽別傳》不題撰人，《隋書·經籍志》、兩《唐志》均不見著錄，佚文見於《太平御覽》。傅巽，字公悌，北地泥陽（今陝西耀縣東南）人。傅介子之後。漢末三國時評論家，官至魏尚書。史書無傳，事跡主要見於《三國志》卷六裴松之注。

衛臻領舉傅巽為冀州刺史。文帝曰：「巽，吾腹心臣也，不妨與其籌籌帷幄之中，決勝千里之外。不可授以遠任。」（《太平御覽》卷三百二十二）

《夏侯榮傳》

《夏侯榮傳》，不題撰人，卷數不詳，《隋書·經籍志》、兩《唐志》不見著錄。夏侯榮，三國魏國人，夏侯淵之子，其事跡見於《三國志》卷九《夏侯淵傳》裴注。

榮字幼權，淵第五子。幼聰明，經目輒識。文帝聞而請焉。賓客百餘人一奏刺，悉書其鄉邑、姓名，世所謂爵里刺，示之一過而使之遍談，不謬一人，帝奇之。（《太平御覽》卷六百六）

《曹肇別傳》

《曹肇別傳》，不題撰人，卷數不詳，《隋書・經籍志》、兩《唐志》不見著錄。曹肇，字長思，三國曹魏人，曹休之子，其事跡略見於《三國志》卷九《曹休傳》附列《曹肇傳》。

肇之弟纂，字德思，力舉千鈞，明帝寵之，寢止恒同。嘗與戲，賭衣物，有所獲，輒入御帳取而出之。（《太平御覽》卷三百八十六）

《孟宗別傳》

《孟宗別傳》，不題撰人，《隋書・經籍志》兩《唐志》均不見著錄，《太平御覽經史圖書綱目》列之，則是書北宋之時尚見存，後散佚，今主要見於《太平御覽》《初學記》《北堂書鈔》。孟宗，字恭武，《建康實錄》記字子恭，後因避孫皓字諱，改名孟仁，三國時荊州江夏郡鄳縣（今湖北省孝昌縣周巷鎮）人，其事跡主要見於《三國志》卷四十八裴松之注引《吳錄》。

孟宗爲光祿勳，嘗大會，公先少飲酒。偶有強者，飲一杯便吐。時令峻急，凡有醉吐者，皆傳詔司察。公吐麥飯，察者以聞。上乃歎息，詔問食麥飯意。宗答曰：「臣家足有米飯耳，直愚性所安。」其德純素如此。（《太平御覽》卷七百四十三案：此事《北堂書鈔》卷五十三、《初學記》卷十二《太平御覽》卷二百二十九、卷八百五十亦有記載，以此條所記爲詳，其餘各條列於下，不再另出校記。）

為光祿勳，宗嘗大會，宗先少酒，偶有強者，飲一杯便吐。察者以麥飯聞，詔曰：「麥飯意。」公答曰：「臣家足有麥飯耳，特性所好，是以食之。」上曰：「德行素純如此。」（《北堂書鈔》卷五十三　案：孟宗麥飯事，《初學記》《御覽》皆有記載，唯字句小異，不再出校，別附於後。）

宗為光祿勳，大會。宗先少酒，偶有強者，飲一杯便吐。傳詔司察：「宗吐麥飯。」察者以聞。上乃歎息曰：「至德清純如此。」（《初學記》卷十二　又見於《太平御覽》卷二百二十九）

宗為光祿勳，大會，醉，吐麥飯。察者以聞，詔問食麥飯意，宗答：「臣家足，有米麥飯，直愚臣所安，是以食之。」（《太平御覽》卷八百五十）

宗〔一〕為豫章太守，人〔二〕思其惠，路有行歌，故時人之生子〔三〕以「孟」為名。（《太平御覽》卷二百六十二　又見於卷三百六十二）

〔校記〕

〔一〕《太平御覽》卷三百六十二「宗」上有「孟」字。

〔二〕人，《太平御覽》卷三百六十二作「民」，當因避諱而改。

〔三〕時人之生子，《太平御覽》卷三百六十二作「時之生子者」。

宗事母至孝，母亦能訓之以禮。宗初為雷池監，奉魚於母，母還其所寄，遂絕不復食魚。後宗典知糧穀，乃表陳曰：「臣昔為雷池監，母三年不食魚；臣若典糧穀，臣母不可以三年不食米。臣是以死守之。」（《太平御覽》卷四百一十三）

《諸葛亮別傳》

《諸葛亮別傳》，不題撰人，《隋書·經籍志》、兩《唐志》均不見著錄，《太平御覽經史圖書綱目》列之，則是書北宋之時尚見存，後散佚，佚文見於《太平御覽》。諸葛亮，字孔明，琅邪陽都（今山東沂南）人，三國蜀國丞相，事跡主要見於《三國志》卷三十五《諸葛亮傳》。

魏明帝自征蜀，幸長安，遣宣帝督張郃諸軍，勁卒三十餘萬，潛軍密向劍閣。亮有戰士十萬，十二更下，在者八萬。時魏軍始陳，番兵適交，亮紿佐咸以敵眾強多，非力所制，宜權停下兵，以并聲勢。亮曰：「吾聞用武行師，

以大信爲本，得原失信，古人所惜；去者束裝以待期，妻子鶴望以計日。」皆勑速遣。於是去者感悅，願留一戰，住者憤勇，咸思致命。臨戰之日，莫不拔刃爭先，以一當十，殺張郃，却宣帝，一戰大克，此之由也。（《太平御覽》卷四百三十）

孫權常饗蜀使費禕，停食餅，索筆作《麥賦》，恪亦請筆作《磨賦》。（《太平御覽》卷七百六十二　案：原云出《諸葛亮別傳》，疑誤。）

《諸葛故事》

《諸葛故事》不題撰人，《隋書·經籍志》、兩《唐志》均不見著錄。《三國志·諸葛亮傳》陳壽言：「臣前在著作郎，侍中領中書監濟北侯臣荀勗、中書令關內侯臣和嶠奏，使臣定故蜀丞相諸葛亮故事。」清姚振宗《三國藝文志》以爲陳壽此所定之「丞相諸葛亮故事」即爲《諸葛故事》。

成都作匕首五百枚，以給騎士。（《藝文類聚》卷六十）

《李先生傳》

《李先生傳》，不題撰人，《隋書·經籍志》、兩《唐志》均不見著錄。《太平御覽經史圖書綱目》列之，則此書北宋之時尚見存。鄭樵《通志》載爲一卷。佚文見於《太平御覽》等書。李廣，字祖和，史書無傳。

先生名廣，字祖和，本〔一〕南陽人。劉備遣軍欲〔二〕取先生，先生起霧半天，備騎自相殺，先生因此〔三〕乃入吳。（《太平御覽》卷十五　又見於《事類賦》卷三）

〔校記〕
〔一〕《事類賦》無「本」字。
〔二〕《事類賦》無「欲」字。
〔三〕《事類賦》無「因此」二字。

本南陽人，劉備遣軍取之，先生起霧半天。（《北堂書鈔》卷一百五十一）

郎中喬翻，於羊渚遇神人，意欲啖薑，而市無之。神人以絹數匹，並書一牒，付信，入市門南下，任意所如。須臾，得薑數斗還。以問神人，神人曰：「問李先生，當知我。」（《太平御覽》卷九百九十七）

《費禕別傳》

《費禕別傳》，不題撰人，卷數不詳，《隋書‧經籍志》、兩《唐志》不見著錄，《太平御覽經史圖書綱目》列之。費禕，三國時蜀國人，其事跡主要見於《三國志》卷四十四《費禕傳》。《太平御覽》卷四百九十六引調和魏延、楊儀事，見《三國志‧蜀志‧費禕傳》，以此推之，其一，《三國志‧蜀志‧費禕傳》所載中必尚有《費禕別傳》之內容，《別傳》所載，補其未錄者也。《白氏六帖》卷四引孫權贈寶刀一事，上有「禕使吳」三字；《北堂書鈔》卷五十九、《藝文類聚》卷四十八引處理公務事，上有「禕代蔣琬爲尚書令」八字，皆見《費禕傳》，亦足證。其二，是書北宋之時尚存。《事類備要》外集卷五十七引孫權贈寶刀一事，上有「蜀費禕使吳」五字，若非襲《白氏六帖》文，則其書南宋之時亦見存。

孫權每別酌〔一〕好酒以飲〔二〕禕，視其已醉，然後問以國事，並論當世之務，〔三〕辭難累至。禕輒辭以醉，退而撰次所問，事事〔四〕條答，無所遺失〔五〕。（《三國志‧蜀志‧費禕傳》注　又見於《太平御覽》卷四百九十七）

〔校記〕

〔一〕酌，《太平御覽》作「置」。

〔二〕飲，《太平御覽》作「酌」。

〔三〕「並論」句，《太平御覽》作「並論世務」。

〔四〕事事，《太平御覽》作「事」。

〔五〕失，《太平御覽》作「矣」。

權〔一〕乃〔二〕以手中常〔三〕所執寶刀贈之〔四〕，禕答曰：「臣以不才，何以堪明命〔五〕？然刀所以討不庭、禁暴亂者〔六〕也，但〔七〕願大王勉〔八〕建功業，同獎漢室，臣雖闇弱，終不負東顧。〔九〕」（《三國志‧蜀志‧費禕傳》注　又

見於《藝文類聚》卷六十《北堂書鈔》卷一百二十二《太平御覽》三百四十五、卷四
百七十八）

〔校記〕

〔一〕權，《藝文類聚》《北堂書鈔》《太平御覽》皆作「孫權」。

〔二〕乃，《藝文類聚》《北堂書鈔》《太平御覽》皆無。

〔三〕常，《太平御覽》作「嘗」，形近而訛，以「常」爲是。

〔四〕之，《北堂書鈔》《太平御覽》卷四百七十八作「褘」。

〔五〕明命，《太平御覽》卷四百七十八作「明令」，審其文意，兩者皆通，以「明命」爲
上，似爲形近而誤。

〔六〕者，《太平御覽》卷三百四十五無。

〔七〕但，《北堂書鈔》無。

〔八〕勉，《北堂書鈔》作「克」。

〔九〕終，《太平御覽》無；東顧，《太平御覽》卷三百四十五作「來顧」，卷四七八作「采
顧」；楊晨《三國會要》卷二十一將上述「酌酒問政」與本段合并，不知其所見原文
如此，抑或是以己意爲之，姑列之以備一說。

　　於時軍〔一〕國多事，公〔二〕務煩猥，褘識悟〔三〕過人，每省讀〔四〕書記，
舉目暫視，〔五〕已究其意旨，〔六〕其速數倍於人，終亦不忘。常以朝晡聽事，
〔七〕其間〔八〕接納賓客，飲食嬉戲，加之博弈，每盡人之歡，事亦不廢。〔九〕
董允代褘爲尙書令，〔一〇〕欲斆〔一一〕褘之所行，旬日之中〔一二〕，事多愆滯〔一
三〕。允乃歎〔一四〕曰：「人〔一五〕才力相縣〔十六〕若此甚遠〔一七〕，此非吾之
所及也。聽事終日，猶有不暇爾。」（《三國志・蜀志・費褘傳》注　又見於《藝
文類聚》卷四十八《太平御覽》卷四百三十二）

〔校記〕

〔一〕軍，《太平御覽》作「戰」。

〔二〕公，《太平御覽》作「眾」。

〔三〕悟，《太平御覽》作「寤」。

〔四〕讀，《太平御覽》作「續」，文意不通，當以「讀」爲是；又，《淵鑒類函》卷七十三
亦引爲「省讀」。

〔五〕舉目，《太平御覽》前有「粗」字。暫，《太平御覽》作「蹔」，蹔與暫同。

〔六〕已究其意旨，《太平御覽》作「已充其數」。

〔七〕常以朝晡聽事，《藝文類聚》作「褘代蔣琬爲尙書令，以朝脯聽事」，無「常」字；「朝
晡」，意爲「朝時與晡時」或「一日兩餐之食」，「朝脯」則無義，當以「朝晡」爲是。

〔八〕其間，《太平御覽》無。

〔九〕事亦不廢，《藝文類聚》作「不廢」，《太平御覽》作「事不廢也」。

〔一〇〕董允代褘爲尙書令，《藝文類聚》作「後董允代之」。

〔一一〕斁，《太平御覽》作「則」。

〔一二〕中，《藝文類聚》作「間」。

〔一三〕愆滯，《藝文類聚》作「譽積」，《太平御覽》作「紓滯」。

〔一四〕乃歎，《藝文類聚》無，《太平御覽》作「爲歎」。

〔一五〕人，《太平御覽》無，《藝文類聚》後有「之」字。

〔一六〕縣，《藝文類聚》《太平御覽》作「懸」，二字通。

〔一七〕甚遠，《藝文類聚》無，《太平御覽》作「之遠」。

褘雅性謙素，家不積財。兒子皆令布衣素食，出入不從車騎，無異凡人。（《三國志・蜀志・費褘傳》注）

恭爲尙書郎，顯名當世，早卒。（《三國志・蜀志・費褘傳》注）

魏延與楊儀並坐爭論，延或舉刃擬儀，儀涕泣橫集。褘常入坐其間，諫喻分別。（《太平御覽》卷四百九十六）

《桓階別傳》

《桓階別傳》，不題撰人，《隋書・經籍志》、兩《唐志》均不見著錄，《太平御覽經史圖書綱目》列之，則是書北宋之時尙見存，後散佚，佚文見於《太平御覽》《北堂書鈔》《初學記》。桓階，字伯緒，長沙臨湘（今湖南長沙）人，曹魏大臣，其事跡主要見於《三國志》卷二十二《桓階傳》。

御府供給。（《北堂書鈔》卷十九）

上已平荆州，引爲主簿，每有深謀疑事，嘗與君籌之，或日昃忘食，或夜坐徹旦。擢爲趙郡太守，會郡寮送之，上曰：「北邊未清，以卿威能震敵，德懷遠人，故用相煩，是亦寇恂河內之舉。」階在郡，時俸盡，食醬醇，上聞之，數戲之曰：「卿家醬頗得成不耶？」詔曰：「昔子文清儉，朝不謀夕而有脯粮之秩；宣子守約，簞食魚殽而有加梁之賜。豈況光光大魏，富有四海。棟宇大臣而有蔬食，非吾所以禮賢之意也，其賜射鹿師二人，並給媒。」（《太平御覽》卷二百六十二　案：此條《北堂書鈔》《太平御覽》多處徵引，以《太平御覽》卷二百六十二所引最詳，其餘羅列於下，不再單獨出校。）

附：

為趙郡太守上曰：「威能震敵。」（《北堂書鈔》卷三十六）

階為趙郡太守，俸盡，食豆虀。上聞之，數戲曰：「卿家醬頗得成否耶。」
（《北堂書鈔》卷三十八）

為趙郡太守，威能震敵，德懷遠人。（《北堂書鈔》卷七十五）

階為趙郡太守，在郡俸盡食醬虀，上聞之曰：「朕富有四海，使棟宇大臣
而蔬食，朕無禮賢之德也。」其賜射鹿二人并弩。（《北堂書鈔》卷七十五）

階為趙郡太守，時俸盡食醬虀，上聞之戲曰：「卿家醬，頗得成不耶。」
（《北堂書鈔》卷一百四十六）

階為趙郡太守時，俸盡食醬醇。上聞之，數戲曰：「卿家作醬，頗得成不？」
詔曰：「光光大魏，富有四海，棟樑大臣，而有蔬食，非吾所以禮賢之意也。」
其賜射鹿師二人，並給媒弩。（《太平御覽》卷四百三十一）

上平荊州，乃引桓階入為主簿，經社稷百度之規，外諮廣勝千里之策。（《北
堂書鈔》卷六十九）

階貧儉，文帝嘗幸其第，見諸子無襌，文帝搏手笑曰：「長者子無襌！」
乃抱與同乘。是日拜二子為郎，使黃門齎衣三十囊，賜曰：「卿兒能趨可以襌
矣。」（《太平御覽》卷四百八十五　案：此條《初學記》卷十二、《太平御覽》卷二
百二十一亦有徵引，以《太平御覽》卷四百八十五所引最詳。）

階為尚書令，文帝行幸見諸少子無襌，上搏手曰：「長者子無襌。」是日
拜三子為黃門郎。（《太平御覽》卷二百二十一）

階為尚書令，文帝幸見諸子，少子元襌，上搏手曰：「長者子元襌。」〔一〕
是日拜二子為黃門侍郎。（《初學記》卷十二）

〔校記〕

〔一〕《初學記》此處訛誤甚大，以「無襌」二字形近於「元襌」，又以「元襌」作為桓階
　　　少子之名。

階為趙郡太守，朞月之間，增戶萬餘。路有遺一囊，耕者見之，舉以繫
樹。數日，其主還取。（《太平御覽》卷八百二十二）

階為趙郡太守。路有遺粟一囊，耕者得之，舉以繫樹。數日，其主聞，
還取之。（《太平御覽》卷八百四十）

《趙雲別傳》

　　《趙雲別傳》，諸家史志書目未見著錄。《三國志・蜀志・趙雲傳》注大量徵引，後世《北堂書鈔》《太平御覽》等書雖有徵引，然亦不出《三國志》注。文中稱劉備爲先主，稱曹操爲曹公，皆尊之，當三國以後人所作。《太平御覽經史圖書綱目》有《趙雲別傳》，則其書北宋之時或尚見存也。

　　雲身長八尺，姿顏雄偉，爲本郡所舉，將義從吏兵詣公孫瓚。時袁紹稱冀州牧，瓚深憂州人之從紹也，善雲來附，嘲雲曰：「聞貴州人皆願袁氏，君何獨迴心，迷而能反乎？」雲答曰：「天下訩訩，未知孰是，民有倒縣之厄，鄙州論議，從仁政所在，不爲忽袁公私明將軍也。」遂與瓚征討。時先主亦依託瓚，每接納雲，雲得深自結託。雲以兄喪，辭瓚暫歸，先主知其不反，捉手而別。雲辭曰：「終不背德也。」先主就袁紹，雲見於鄴。先主與雲同牀眠臥，密遣雲合募得數百人，皆稱劉左將軍部曲，紹不能知，遂隨先主至荊州。（《三國志・蜀志・趙雲傳》注。原云出《雲別傳》。）

　　初，先主之敗，有人言雲已北去者，先主以手戟擿之曰：「子龍不棄我走也。」頃之，雲至。從平江南，以爲偏將軍，領桂陽太守，代趙範。範寡嫂曰樊氏，有國色，範欲以配雲。雲辭曰：「相與同姓，卿兄猶我兄。」固辭不許。時有人勸雲納之，雲曰：「範迫降耳，心未可測。天下女不少。」遂不取。範果逃走，雲無纖介。先是，與夏侯惇戰於博望，生獲夏侯蘭。蘭是雲鄉里人，少小相知，雲白先主活之，薦蘭明於法律，以爲軍正。雲不用自近，其愼慮類如此。先主入益州，雲領留營司馬。此時先主孫夫人以權妹驕豪，多將吳吏兵，縱橫不法。先主以雲嚴重，必能整齊，特任掌內事。權聞備西征，大遣舟船迎妹。而夫人內欲將後主還吳，雲與張飛勒兵截江，乃得後主還。（《三國志・蜀志・趙雲傳》注。原云出《雲別傳》。）

　　益州既定，時議欲以成都中屋舍及城外園地桑田分賜諸將。雲駁之曰：「霍去病以匈奴未滅，無用家爲。今國賊非但匈奴，未可求安也。須天下都定，各反桑梓，歸耕本土，乃其宜耳。益州人民，初罹兵革，田宅皆可歸還，令安居復業，然後可役調，得其歡心。」先主即從之。夏侯淵敗，曹公爭漢中地〔一〕，運米北山下，數千萬囊。黃忠以爲可取，雲兵隨忠取米〔二〕。忠過期不還〔三〕，雲將數十騎輕行出圍〔四〕，迎視忠等〔五〕。值曹公揚兵大出，雲爲

公前鋒所擊〔六〕，方戰，其大眾至，勢偪〔七〕，遂前突其陳，〔八〕且鬭且卻。公軍敗〔九〕，已復合，雲陷敵，還趣圍。將張著被創〔一〇〕，雲復馳馬還營迎著〔一一〕。公軍追至圍〔一二〕，此時沔陽長張翼在雲圍內，翼欲閉門拒守，〔一三〕而雲入營〔一四〕，更大開門〔一五〕，偃旗息鼓〔一六〕。公軍疑雲有伏兵〔一七〕，引去。〔一八〕雲雷鼓震天〔一九〕，惟以戎弩於後射公軍〔二〇〕，公軍驚駭〔二一〕，自相蹂踐〔二二〕，墮漢水中〔二三〕死者甚多。先主明旦自來至雲營圍〔二四〕，視昨戰處〔二五〕，曰：「子龍一身都是膽也〔二六〕。」作樂飲宴至暝，軍中號雲爲虎威將軍。孫權襲荊州，先主大怒，欲討權。雲諫曰：「國賊是曹操，非孫權也，且先滅魏，則吳自服。操身雖斃，子丕篡盜，當因眾心，早圖關中，居河、渭上流以討凶逆，關東義士必裹糧策馬以迎王師。不應置魏，先與吳戰；兵勢一交，不得卒解也。」先主不聽，遂東征，留雲督江州。先主失利於姊歸，雲進兵至永安，吳軍已退。（《三國志・蜀志・趙雲傳》注。原云出《雲別傳》。事又見《北堂書鈔》卷一百一十六、《太平御覽》卷三百七十六、《太平廣記》卷一百九十一、《施注蘇詩》補遺卷上《潁大夫廟》。諸書皆節引。）

〔校記〕

〔一〕《太平御覽》自此句引起，上節作「雲，字子龍。先主入益州，雲留守營」。

〔二〕此句，《太平御覽》無。

〔三〕忠，《太平御覽》無。

〔四〕《北堂書鈔》自此句引起。騎，《北堂書鈔》《太平御覽》作「人」。輕行，《太平御覽》無。圍，《北堂書鈔》無。

〔五〕此句，《北堂書鈔》無，《太平御覽》作「視忠」。

〔六〕公，《北堂書鈔》《太平御覽》無。

〔七〕此二字，《北堂書鈔》無。

〔八〕自「方戰」至此十三字，《藝文類聚》無。

〔九〕此句，《北堂書鈔》作「曹公軍散」，《太平御覽》作「公軍散走」。

〔一〇〕著，《北堂書鈔》作「翼」，涉下「張翼」而誤也。創，《北堂書鈔》作「瘡」，「創」、「瘡」通。

〔一一〕此句，《北堂書鈔》作「雲復馳還」。

〔一二〕此句，《北堂書鈔》作「曹公追圍之」，「之」字不當有，此「圍」作名詞用。

〔一三〕以上兩句，《北堂書鈔》節作「張翼欲閇門距守」，「閇」爲「閉」之異體字。又自「還趣圍」以下至此三十八字，《太平御覽》無。

〔一四〕而，《北堂書鈔》《太平御覽》無。雲，《太平御覽》作「還」。

〔一五〕《太平廣記》自此句引起，其上作「蜀趙雲，字子龍，身長八尺，姿容雄偉。居劉備。前鋒爲曹公所圍」，前「蜀趙雲，字子龍，身長八尺，姿容雄偉，居劉備」十七字乃用首條之文；「前鋒爲曹公所圍」乃概括此處之文。更，《太平廣記》作「乃」。

〔一六〕息，《太平御覽》《太平廣記》無。

〔一七〕軍，《北堂書鈔》《太平御覽》無。案：《太平御覽》卷三百〇九引《蜀志》，此句作「公軍至，疑有伏兵」，此疑有伏兵者，引去者，曹操也，主語不當爲「公軍」，或衍「軍」字，或當於「軍」下補「至」字。

〔一八〕以上兩句，《太平廣記》作「曹公引去，疑有伏兵」。又《北堂書鈔》引至此止。

〔一九〕此句，《太平御覽》作「雲鼓震」，《太平廣記》無。

〔二〇〕惟，《太平御覽》無。此句，《太平廣記》作「雲於後射之」。

〔二一〕驚，《太平廣記》作「大」。

〔二二〕自，《太平御覽》作「因」。此句，《太平廣記》無。

〔二三〕中，《太平御覽》無。此句，《太平廣記》無。

〔二四〕《施注蘇詩》自此句引起。先主，《太平廣記》作「備」。且，《太平御覽》、《太平廣記》作「日」。至雲營圍，《太平御覽》《太平廣記》無。

〔二五〕「昨」下，《太平廣記》有「日」字。

〔二六〕是，《太平御覽》作「爲」。也，《太平御覽》無。又《太平御覽》《太平廣記》《施注蘇詩》引至此止。

亮曰：「街亭軍退，兵將不復相錄。箕谷軍退，兵將初不相失。何故？」芝答曰：「雲身自斷後，軍資什物，略無所棄，兵將無緣相失。」雲有軍資餘絹，亮使分賜將士，雲曰：「軍事無利，何爲有賜？其物請悉入赤岸府庫，須十月爲冬賜。」亮大善之（《三國志·蜀志·趙雲傳》注。原云出《雲別傳》。）

後主詔曰：「雲昔從先帝，功績既著。朕以幼沖，涉塗艱難，賴恃忠順，濟於危險。夫謚所以敘元勳也，外議雲宜謚。」大將軍姜維等議，以爲雲昔從先帝，勞績既著，經營天下，遵奉法度，功效可書。當陽之役，義貫金石，忠以衛上，君念其賞；禮以厚下，臣忘其死。死者有知，足以不朽；生者感恩，足以殞身。謹按謚法，柔賢慈惠曰順，執事有班曰平，克定禍亂曰平，應謚雲曰順平侯。（《三國志·蜀志·趙雲傳》注。原云出《雲別傳》。）

《蒲元傳》　三國姜維撰

《蒲元傳》，或作《蒲元別傳》，姜維撰，《隋書·經籍志》、兩《唐志》均不見著錄，佚文見於《藝文類聚》。蒲元，蜀國鐵匠，史書無傳。姜維（202-204），字伯約，天水冀縣（今甘肅甘谷東南）人，三國時蜀國重臣，其事跡主要見於《三國志》卷四十四《姜維傳》。

君性多奇思，於斜谷，爲諸葛亮鑄刀三千口。刀成，自言漢水鈍弱，不任淬用。蜀江爽烈，是謂大金之元精，天分其野。乃命人於成都取江水，君以淬刀，言雜涪水，不可用。取水者捍言不雜，君以刀畫水，言雜八升，取水者叩頭云：「於涪津覆水，遂以涪水八升益之。」以竹筒內鐵珠滿中，舉刀斷之，應手虛落，因曰神刀，金屈耳環者，乃是其遺範。（《藝文類聚》卷六十。原出云《蒲元傳》）

君性多奇思，得之天然。象類之事出若神，不嘗見鍛功，忽於斜谷爲諸葛亮鑄刀三千口。鎔金造器，特異常法。刀成白言：「漢水鈍弱，不任淬用，蜀江爽烈，是謂大金之元精，天分其野。」乃命人於成都取之。有一人前至，君以淬，乃言：「雜涪水不可用」。取水者猶悍言不雜。君以刀畫水云：「雜八升，何故言不？」取水者方叩頭首伏云：「實於涪津渡負倒覆水，懼怖，遂以涪水八升益之。」於是咸共驚服，稱爲神妙。刀成，以竹筒密內鐵珠滿其中，舉刀斷之，應手靈落，若薙生蒭，故稱絕當世，因曰神刀。今之屈耳環者，是其遺範也。（《太平御覽》卷三百四十五。原出云《蒲元別傳》。）

《諸葛恪別傳》

《諸葛恪別傳》，諸家史志書目皆未著錄。《三國志‧吳志‧諸葛恪傳》注有徵引，後世之書若《北堂書鈔》《藝文類聚》《太平御覽》徵引之條目，皆不出《三國志》注之範疇，頗疑是書早亡也。今觀其遺文，蓋多俳謔之辭。《太平御覽經史圖書綱目》有《諸葛恪別傳》，則其書北宋之時或尚見存也。

權嘗饗蜀使費禕，先逆敕羣臣：「使至，伏食勿起。」禕至，權爲輟食而，羣下不起。禕啁之曰：「鳳皇來翔，騏驎吐哺。驢騾無知，伏食如故。」恪答曰：「爰植梧桐，以待鳳皇。有何燕雀，自稱來翔？何不彈射，使還故鄉。」禕停食餅，索筆作《麥賦》。恪亦請筆，作《磨賦》，咸稱善焉。權嘗問恪：「頃何以自娛，而更肥澤？」恪對曰：「臣聞富潤屋，德潤身。臣非敢自娛，脩己而已。」又問：「卿何如滕胤？」恪答曰：「登階躡履，臣不如胤。迴籌轉策，胤不如臣。」恪嘗獻權馬，先鬄其耳。范愼時在坐，嘲恪曰：「馬雖大畜，稟

氣於天。今殘其耳，豈不傷仁？」恪答曰：「母之於女，恩愛至矣。穿耳附珠，何傷於仁？」太子嘗嘲恪：「諸葛元遜，可食馬矢。」恪曰：「願太子食雞卵。」權曰：「人令卿食馬矢，卿使人食雞卵，何也？」恪曰：「所出同耳。」權大笑。（《三國志·吳志·諸葛恪傳》注。原云出《恪別傳》。此分數事，雜見諸書徵引，今分爲四事，分別出校。）

孫權嘗讌見蜀使費禕〔一〕，逆敕羣臣：「使至，伏食勿起〔二〕。」至〔三〕，權爲輟食〔四〕，而羣下不起。禕調之曰〔五〕：「鳳皇來翔，騏驎吐哺。驢騾無知，伏食如故。」恪答曰：「爰植梧桐〔六〕，以待鳳皇。有何燕雀，自稱來翔？何不彈射，使還故鄉。」（《藝文類聚》卷二十五。又見《太平御覽》卷四百六十六。事又見《金樓子·捷對》、《太平廣記》卷二百四十五引《啓顏錄》。）

〔校記〕
〔一〕讌，《太平御覽》作「宴」，「讌」、「宴」通。
〔二〕食，《太平御覽》脫「食」字。
〔三〕「至」上，《太平御覽》有「禕」字，是也，此脫之。
〔四〕爲，《太平御覽》無，《三國志》注、《金樓子》、《太平廣記》引《啓顏錄》並有之，此蓋脫。
〔五〕調，《太平御覽》作「嘲」。案：《金樓子》、《太平廣記》引《啓顏錄》並作「嘲」，《三國志》作「調」，古從言從口通，「周」、「朝」通，「調」、「調」、「嘲」、「謿」通。
〔六〕爰，《太平御覽》誤作「愛」。

孫權嘗饗蜀使費禕〔一〕，禕停食麨〔二〕，索筆作《麥賦》。恪亦請筆作《磨賦》，咸稱善焉。（《藝文類聚》卷八十五　又見於《北堂書鈔》卷一百四十四《白氏六帖》卷二十四《太平御覽》卷七百六十二、卷八百三十九。案：《太平御覽》卷七百六十二誤作《諸葛亮別傳》。）

〔校記〕
〔一〕嘗，《白氏六帖》無，《太平御覽》卷七百六十二作「常」，「嘗」、「常」通。饗，《白氏六帖》作「享」，「饗」、「享」通。禕，《太平御覽》卷七百六十二誤作「禕」。此句下，《北堂書鈔》有「設餅」二字，《白氏六帖》有「食湯餅」三字。
〔二〕此句，《北堂書鈔》作「禕停食」，《白氏六帖》無，《太平御覽》卷七百六十二作「停食麨」，卷八百三十九作「禕停食麨」。「餅」、「麨」通。
〔三〕《北堂書鈔》引至此止。
〔四〕《太平御覽》卷七百六十二引至此止。
〔五〕焉，《白氏六帖》、《太平御覽》卷八百三十九無。

　　孫權常問恪：「何以自娛，而更肥澤？」恪對曰：「臣聞富潤屋，德潤身。臣非敢自娛，脩己而已。」（《太平御覽》卷三百七十八）

　　范慎嘲恪耳璫〔一〕，恪曰〔二〕：「母之于女，天下至親，穿耳附珠，何傷于仁。」（《北堂書鈔》卷一百三十五　又見於《太平御覽》卷七百一十八）

　　〔校記〕

　　〔一〕此句，《太平御覽》作「范慎不馬耳璫」。案：兩書皆有誤，《書鈔》「耳璫」上不當無「馬」字，《御覽》「不」字當作「嘲恪」。

　　〔二〕「恪」下，《太平御覽》有「答」字。

《諸葛元遜傳》

　　《諸葛元遜傳》，不題撰人，《隋書‧經籍志》、兩《唐志》均不見著錄，佚文見於《太平御覽》所引一條，或即《諸葛恪別傳》也，疑不能定。諸葛恪，字元遜，琅邪陽都（今山東沂南）人。三國時期東吳權臣，蜀漢丞相諸葛亮之侄。事跡主要見於《三國志》卷六十四。

　　昔元遜對南陽韓文晃誤呼其父字，晃難之曰：「何人子前呼人父字，是禮乎？」諸葛笑答曰：「向天穿針而不見大，何者？不輕大意有所在耳。」即罰文晃酒一盃。（《太平御覽》卷八百三十）

《陸績別傳》

　　《陸績別傳》，不題撰人，卷數不詳，《隋書‧經籍志》、兩《唐志》不見著錄，《太平御覽經史圖書綱目》則列之。陸績，三國時吳國人，其事跡主要見於《三國志》卷五十七《陸績傳》。

　　績，字公紀，郡人也。太守王朗命爲功曹，風化肅穆，郡內大治。（《太平御覽》卷二百六十四）

　　孫策在吳，張紘爲上客，共論四海未安，當用武治而平之。績年少，未坐，遙大聲言曰：「昔管仲相齊桓公，九合諸侯，一匡天下，不用兵車。孔子曰：『遠人不服，修文德以來之。』今論者不務道德之術，而唯當用武，績雖童蒙，竊所未安。」（《太平御覽》卷四百五）

《虞翻別傳》

　　《虞翻別傳》，諸家史志書目未見著錄。今見《三國志·吳志·虞翻傳》注並《藝文類聚》《太平御覽》諸書，然《類聚》《御覽》所引，不出《三國志》注。侯康《補三國藝文志》云：「書中直稱孫策、孫權名，則非吳人撰，然亦當三國時人也。」其說未必是，當以三國後所撰爲上。《太平御覽經史圖書綱目》有《虞翻別傳》，則其書北宋之時或尚見存也。虞翻（164-233），字仲翔，會稽餘姚（今浙江餘姚）人，三國時東吳學者，其事跡主要見於《三國志》卷五十七《虞翻傳》

　　朗使翻見豫章太守華歆，圖起義兵。翻未至豫章，聞孫策向會稽，翻乃還。會遭父喪，以臣使有節，不敢過家。星行，追朗至候官。朗遣翻還，然後奔喪。（《三國志·吳志·虞翻傳》注　案：此下原有「而傳云孫策之來，翻衰経詣府門，勸朗避策，則爲大異」一段，乃裴語，非《別傳》文也。）

　　權即尊號，翻因上書曰：「陛下膺明聖之德，體舜、禹之孝，歷運當期，順天濟物。奉承策命，臣獨抃舞。罪棄兩絕，拜賀無階，仰瞻宸極，且喜且悲。臣伏自刻省，命輕雀鼠，性輶毫釐，罪惡莫大，不容於誅。昊天罔極，全宥九載，退當念㼟，頻受生活，復偷視息。臣年耳順，思咎憂憤，形容枯悴，髮白齒落。雖未能死，自悼終沒，不見宮闕百官之富，不覩皇輿金軒之飾，仰觀巍巍衆民之謡，傍聽鐘鼓侃然之樂。永隕海隅，棄骸絕域，不勝悲慕，逸豫大慶，悅以忘罪。」（《三國志·吳志·虞翻傳》注）

　　翻初立《易注》〔一〕，奏上曰：「臣聞六經之始，莫大陰陽。是以伏羲仰天縣象，而建八卦，觀變動六爻爲六十四，以通神明，以類萬物。臣高祖父故零陵太守光，少治孟氏《易》，曾祖父故平輿令成，纘述其業。至臣祖父鳳爲

之最密。臣亡考故日南太守歆，受本於鳳，最有舊書，世傳其業，至臣五世。前人通講，多玩章句，雖有祕說，於經疏闊。臣生遇世亂，長於軍旅，習經於枹鼓之間，講論於戎馬之上。蒙先師之說，依經立注。〔二〕又臣郡吏陳桃夢臣與道士相遇〔三〕，放髮被鹿裘，布《易》六爻。撓其三〔四〕以飲臣，臣乞盡吞之。道士言〔五〕《易》道在天〔六〕，三爻足矣。豈臣受命，應當知經。〔七〕所覽諸家解不離流俗，義有不當實，輒悉改定，以就其正。孔子曰：『乾元用九而天下治。』聖人南面，蓋取諸離，斯誠天子所宜協陰陽致麟鳳之道矣！謹正書副上，惟不罪戾。」

　　翻又奏曰：「經之大者，莫過於《易》。自漢初以來，海內英才，其讀《易》者，解之率少。至孝靈之際，潁川荀諝，號為知《易》。臣得其注，有愈俗儒。至所說『西南得朋，東北喪朋』，顛倒反逆，了不可知。孔子歎《易》曰：『知變化之道者，其知神之所為乎？』以美大衍四象之作，而上為章首，尤可怪笑。又南郡太守馬融，名有俊才，其所解釋，復不及諝。孔子曰：『可與共學，未可與適道。』豈不其然！若乃北海鄭玄，南陽宋忠，雖各立注，忠小差玄而皆未得其門，難以示世。」

　　又奏鄭玄解《尚書》違失事目：「臣聞周公制禮以辨上下，孔子曰：『有君臣，然後有上下；有上下，然後禮義有所錯。』是故尊君卑臣，禮之大司也。伏見故徵士北海鄭玄所注《尚書》，以《顧命》康王執瑁，古『冃』似『同』，從誤作『同』，既不覺定，復訓為杯，謂之酒杯。成王疾困憑几，洮頮為濯，以為澣衣成事。『洮』字虛更作濯。以從其非。又古大篆『卯』字讀當為『柳』，古『柳』、『卯』同字，而以為昧。分北三苗，北，古別字；又訓北，言北猶別也。若此之類，誠可怪也。玉人職曰天子執瑁以朝諸侯，謂之酒杯。天子頮面，謂之澣衣。古篆『卯』字，反以為昧。甚違不知蓋闕之義。於此數事，誤莫大焉。宜命學官，定此三事。又馬融訓註亦以為同者大同天下，今經益「金」就作『銅』字。詁訓言天子副璽，雖皆不得，猶愈於玄。然此不定，臣沒之後，而奮乎百世，雖世有知者，懷謙莫或奏正。又玄所注五經，違義尤甚者百六十七事，不可不正。行乎學校，傳乎將來，臣竊恥之。」

　　翻放棄南方〔八〕，云〔九〕：「自恨疏節〔一〇〕，骨體不媚〔一一〕，犯上獲罪〔一二〕，當長沒海隅。〔一三〕生無可與語，死以青蠅為弔客。使天下一人知己

者〔一四〕，足以不恨。〔一五〕」以典籍自慰，〔一六〕依《易》設象，以占吉凶。又以宋氏解玄，頗有繆錯，更爲立法，并著《明楊》《釋宋》以理其滯。(《三國志·吳志·虞翻傳》注　案：以上分四事，《太平御覽》卷三百九十九引首論《易》事；《藝文類聚》卷四十、卷九十七、《太平御覽》卷九百四十四、《橘山四六》十七引莫放棄南方事，今分別出校。)

〔校記〕

〔一〕此句，《太平御覽》作「翻注《易》」。

〔二〕自「臣聞六經之始」至此句，《太平御覽》未引。

〔三〕「又」、「郡」二字，《太平御覽》無。桃，《太平御覽》作「挑」。《白氏六帖》卷七引此文（未云出處）、《太平廣記》卷二百七十六引《夢雋》並作「陳桃」，「挑」當即「桃」之誤。

〔四〕撓，《太平御覽》作「燒」，《太平廣記》卷二百七十六亦作「燒」，義上。

〔五〕言，《太平御覽》作「曰」。

〔六〕道，《太平御覽》無。

〔七〕《太平御覽》引至此止。

〔八〕棄，《藝文類聚》卷九十七作「逐」。

〔九〕此字，《藝文類聚》卷四十、卷九十七、《太平御覽》、《橘山四六》無。

〔一〇〕疏節，《藝文類聚》卷四十作「疏斥」，卷九十七無。

〔一一〕此句，《藝文類聚》卷四十、卷九十七無。

〔一二〕此句，《藝文類聚》卷四十無。

〔一三〕《橘山四六》引至此止。

〔一四〕使，《藝文類聚》卷四十、《太平御覽》無。

〔一五〕《藝文類聚》卷九十七、《太平御覽》引至此止。

〔一六〕《藝文類聚》卷四十引至此止。

存疑

翻遺令儉葬，唯以兩卷《老子》，樂好道德而已。(《北堂書鈔》卷九十二　案：此又見《太平御覽》卷五百五十五，云出《郭翻別傳》。郭翻事跡，見《晉書·隱逸傳》。虞翻以習儒家經典爲主，尤善《易》學；郭翻尚清靜無爲，陶弘景《真誥》錄其名，則當受道家思想。故此條，以屬《郭翻別傳》爲上。)

《婁承先傳》

《婁承先傳》，或作《婁承先別傳》，不題撰人，卷數不詳，《隋書‧經籍志》、兩《唐志》不見著錄，《太平御覽經史圖書綱目》則列有《婁承先別傳》。婁承先，《三國志》卷六十五謂「樓玄，字承先」，三國時吳國人，其事跡主要見於《三國志》卷六十五《樓玄傳》。

婁玄到廣州，遂徘徊躑躅于仲翔宅故處，哀咽悽愴，不能自勝。（《藝文類聚》卷六十四　案：婁承先，《三國志‧吳志》作樓承先。）

《婁承先別傳》

《婁承先別傳》，見《婁承先傳》條。

自云征討常著戎服，未嘗脫屬也。（《北堂書鈔》卷一百三十六）

樓玄到廣州，密求虞仲翔故宅處，遂徘徊躑躇，哀咽悽愴，不能自勝耳。（《太平御覽》卷一百八十）

昔山越民反，所過殘毀。至婁氏之里，往中庭，顧見釜甑，尚著於灶，曰：「恐他遠寇取之！」仍爲取洗，沈著井中而去。婁家後還，皆盡得之。（《太平御覽》卷七百五十七）

《車浚別傳》

《車浚別傳》不題撰人，《隋書‧經籍志》、兩《唐志》均不見著錄，佚文見於《太平御覽》。車浚，史書無傳，曾爲東吳會稽太守，在公清忠，其事跡散見於《三國志》《江表傳》《太平廣記》等。

鷃雀不能乘激風以飛。（《太平御覽》卷九百二十二）

《山陽死友傳》 三國蔣濟撰

《山陽死友傳》，蔣濟撰。蔣濟（？-249），字子通，楚國平阿（今安徽懷遠西）人，三國政論家。范式，事跡見於《後漢書》卷八十一《范式傳》。

漢范式字巨卿，山陽金郡人也，一名汜。與汝南張劭為友，劭字元伯。二人並遊太學，後告歸鄉里。式謂元伯曰：「後二年當還，將過拜尊親，見孺子焉。」乃共剋期日。後期方至，元伯具以白母，請設饌以候之。母曰：「二年之別，千里結言，爾何相信之審焉？」對曰：「巨卿信士，必不乖違。」母曰：「若然，當為爾醞酒。」至期，果到，升堂拜飲，盡歡而別。式仕為郡功曹。後元伯寢疾甚篤，同郡郅君章、殷子徵晨夜省視之。元伯臨終，歎曰：「恨不見吾死友！」子徵曰：「吾與君章盡心於子，是非死友，復欲誰求？」元伯曰：「若二君者，吾生友耳。山陽范巨卿，所謂死友也。」尋而卒。式忽夢見元伯，玄冕垂纓，屣履而呼曰：「巨卿，吾以某日死，當以爾時葬，永歸黃泉。子未我忘，豈能相及？」式恍然覺悟，悲歎泣下，便服朋友之服，投其葬日，馳往赴之。式未及到，而喪已發引，既至壙，將窆，而柩不肯進。其母撫之曰：「元伯豈有望焉？」遂停柩移時，乃見有素車白馬，號哭而來。其母撫之曰：「是必范巨卿也。」既至，叩喪言曰：「行矣元伯！死生路異，永從此辭。」會葬者千人，皆為揮涕。式因執紼而引柩，於是乃前。式遂留止塚次，為修墳樹，然後乃去。（《五朝小說》案：此文亦見於《後漢書·范式傳》，文小異，且「悲歎泣下」一句下尚有「具告太守，請往奔喪，太守雖心不信而重違其情，許之」三句。）

《會母張夫人傳》 三國鍾會撰

《鍾會母傳》，鍾會撰。鍾會，字士季，穎川長社（今河南長葛東）人，鍾繇少子。正始中為祕書郎，遷尚書、中書侍郎。高貴鄉公即位，賜爵關內侯，拜衛將軍，遷黃門侍郎，封東武亭侯。以從平毌丘儉功，遷太僕，辭不受。以討諸葛誕功，遷司隸校尉。景元中，為鎮西將軍，假節都督關

中諸軍事。以定蜀功，進司徒，封縣侯。尋謀據蜀，爲亂兵所殺。有《老子注》二卷、《芻蕘論》五卷、集十卷。詳見《三國志‧魏志‧鍾會傳》。佚文見《三國志‧鍾會傳》注徵引兩條，《北堂書鈔》、《太平御覽》亦有徵引，然均見此兩條中。姚振宗曰：「此兩節實一篇也。」（《三國藝文志》卷二）今觀其遺文，似已近全帙，或僅此一卷也。

　　夫人張氏，字昌蒲，太原茲氏人，太傅定陵成侯之命婦也。世長吏二千石。夫人少喪父母，充成侯家，修身正行，非禮不動，爲上下所稱述。貴妾孫氏，攝嫡專家，心害其賢，數讒毀無所不至。孫氏辨博有智巧，言足以飾非成過，然竟不能傷也。及姙娠，愈更嫉妬，乃置藥食中，夫人中食，覺而吐之，瞑眩者數日。或曰：「何不向公言之？」答曰：「嫡庶相害，破家危國，古今以爲鑒誡。假如公信我，眾誰能明其事？彼以心度我，謂我必言，固將先我；事由彼發，顧不快耶！」遂稱疾不見。孫氏果謂成侯曰：「妾欲其得男，故飲以得男之藥，反謂毒之！」成侯曰：「得男藥佳事，闇於食中與人，非人情也。」遂訊侍者，具服，孫氏由是得罪出。成侯問夫人何能不言，夫人言其故，成侯大驚，益以此賢之。黃初六年，生會，恩寵愈隆。成侯既出孫氏，更納正嫡賈氏。（《三國志‧魏志‧鍾會傳》注。篇首曰「會爲其母傳曰」云云。）
　　夫人性矜嚴〔一〕，明於教訓，會雖童稚，勤見規誨。年四歲授《孝經》，七歲誦《論語》，八歲誦《詩》，十歲誦《尚書》，十一誦《易》，十二誦《春秋左氏傳》《國語》，十三誦《周禮》《禮記》，十四誦《成侯易記》，〔二〕十五使入太學問四方奇文異訓〔三〕。謂會曰：「學猥則倦，倦則意怠；吾懼汝之意怠，故以漸訓汝，今可以獨學矣。」〔四〕雅好書籍，涉歷眾書，特好《易》《老子》，每讀《易》孔子說「鳴鶴在陰」、「勞謙君子」、「籍用白茅」、「不出戶庭」之義，每使會反覆讀之，曰：「《易》三百餘爻，仲尼特說此者，以謙恭愼密，樞機之發，行已至要，榮身所由故也。順斯術已往，足爲君子矣。」正始八年，會爲尚書郎，夫人執會手而誨之曰：「汝弱冠見敘，人情不能不自足，則損在其中矣，勉思其戒！」是時大將軍曹爽專朝政，日縱酒沉醉，會兄侍中毓宴還，言其事。夫人曰：「樂則樂矣，然難久也。居上不驕，制節謹度，然後乃無危溢之患。今奢僭若此，非長守富貴之道。」嘉平元年〔五〕，車駕朝高平陵，會爲中書郎，從行。相國宣文侯始舉兵〔六〕，眾人恐懼，而夫人自若。

〔七〕中書令劉放、侍郎衛瓘、夏侯和等家皆怪問：「夫人一子在危難之中，何能無憂？」答曰：「大將軍奢僭無度，吾常疑其不安。太傅義不危國，必為大將軍舉耳。吾兒在帝側，何憂？聞且出兵無他重器，其勢必不久戰。」果如其言，一時稱明。會歷機密十餘年，頗豫政謀。夫人謂曰：「昔范氏少子為趙簡子設伐邯之計，事從民悅，可謂功矣。然其母以為乘偽作詐，末業鄙事，必不能久。其識本深遠，非近人所言，吾常樂其為人。汝居心正，吾知免矣。但當脩所志以輔益時化，不忝先人耳。常言人誰能皆體自然，但力行不倦，抑亦其次。雖接鄙賤，必以言信。取與之間，分畫分明。」或問：「此無乃小乎？」答曰：「君子之行，皆積小以致高大，若以小善為無益而弗為，此乃小人之事耳。希通慕大者，吾所不好。」會自幼少，衣不過青紺，〔八〕親營家事，自知恭儉。然見得思義，臨財必讓。會前後賜錢帛數百萬計，悉送供公家之用，一無所取。年五十有九，甘露二年二月暴疾薨。比葬，天子有手詔，命大將軍高都侯厚加賵贈，喪事無巨細，一皆供給。議者以為公侯有夫人，有世婦，有妻，有妾，所謂外命婦也。依春秋成風、定姒之義，宜崇典禮，不得總稱妾名，於是稱成侯命婦。殯葬之事，有取于古制，禮也。（《三國志·魏志·鍾會傳》注。篇首曰「其母傳曰」云云。又見於《北堂書鈔》卷一百二十九、《太平御覽》卷二百二十、卷六百一十三、卷六百八十九。）

〔校記〕

〔一〕「性矜嚴」三字，《太平御覽》卷六百一十三無，「夫人」屬下讀。

〔二〕「七歲」一下至此，《太平御覽》卷六百一十三無。

〔三〕此句，《太平御覽》卷六百一十三節作「十五入太學」。

〔四〕《太平御覽》卷六百一十三引至此止。

〔五〕《太平御覽》卷二百二十自此句引起。

〔六〕相國宣文侯，《太平御覽》卷二百二十作「宣王」。

〔七〕《太平御覽》卷二百二十引至此止。

〔八〕《北堂書鈔》、《太平御覽》卷六百八十九僅引以上兩句，「會」字作「夫人」，是也。此衣為鍾會之母，非鍾會也。

《白起故事》　三國何晏撰

《白起故事》，何晏撰，見《文選》注、《史記·白起傳》集解引「何晏論起坑趙卒」，事當出此書。

　　白起之降趙卒，詐而坑其四十萬，豈徒酷暴之謂乎！後亦難以重得志矣。
向使眾人皆豫知降之必死，則張虛卷猶可畏也，況於四十萬被堅執銳哉！天
下見降秦之將頭顱似山，歸秦之眾骸積成丘，則後日之戰死當死耳，何眾肯
服何城肯下乎？是爲雖能裁四十萬之命而適足以強天下之戰，欲以要一朝之
功而乃更堅諸侯之守。故兵進而自伐其勢，軍勝而還喪其計。何者？設使趙
眾復合，馬服更生，則後日之戰必非前日之對也，況今皆使天下爲後日乎！
其所以終不敢復加兵於邯鄲者，非但憂平原之補祖，患諸侯之救至也，徒諱
之而不言耳。若不悟而不諱，則毋所以遠智也，可謂善戰而拙勝。長平之事，
秦民之十五以上者皆荷戟而向趙矣，秦王又親自賜民爵於河內。夫以秦之強，
而十五以上死傷過半者，此爲破趙之功小，傷秦之敗大，又何稱奇哉！若後
之役戍不豫其論者，則秦眾多矣，降者可致也。必不可致者，本自當戰殺，
不當受降詐也。戰殺雖難，降殺雖易，然降殺之爲害，禍大於劇戰也。（《史記·
白起傳》注）

《何晏別傳》

　　《何晏別傳》，不題撰人，《隋書·經籍志》、兩《唐志》均不見著錄，
佚文見於《初學記》《太平御覽》《北堂書鈔》。何晏，字平叔，南陽宛（今
河南南陽）人，曹魏官吏，思想家，其事跡主要見於《三國志》卷九《諸
夏侯曹傳》及裴松之注。

　　晏方年七八歲，慧心天悟，形貌絕美。出遊行，觀者盈路，咸謂神仙之
類。（《初學記》卷十九）

　　何晏，南陽人，大將軍進之孫。遇害，魏武納晏母，晏小，養於魏宮，
至七八歲，惠心天悟，形貌絕美。武帝欲以爲子，每扶將遊觀，令與諸子長
幼相次。晏微覺之，坐則專席，止則獨立，或問其故，答曰：「禮，異姓不相
貫。」（《太平御覽》卷三百八十）

　　晏時小養魏宮，七八歲便慧心大悟，眾無愚知莫不貴異之。魏武帝讀兵
書有所未解，試以問宴，晏分散所疑，無不冰釋。（《太平御覽》卷三百八十五）

晏小時，武帝雅奇之，欲以爲子。每挾將遊觀，命與諸子長幼相次。晏微覺，於是坐則專席，止則獨立。或問其故，答曰：「禮，異族不相貫坐位。」（《太平御覽》卷三百九十三）

曹爽常大集名德，長幼莫不預會。及欲論道，曹〔一〕義乃歎曰：「妙哉，平叔〔二〕之論道盡其理矣。」〔三〕既而清談雅論，辨難紛紜，不覺諸生在坐。（《北堂書鈔》卷九十八　案：《北堂書鈔》本卷兩引之，分屬「清談雅論」條與「妙哉論道盡其理」條）

〔校記〕

〔一〕「妙哉」條「曹」上有「當」字。

〔二〕「妙哉」條「平叔」上有「何」字。

〔三〕此處之後十六字「妙哉」條皆無。

《王弼別傳》

《王弼別傳》，何劭撰。何劭，字敬祖，陳國陽夏（今河南太康縣）人。少與晉武帝同年，有總角之好。晉國初立，爲太子中庶子。武帝即位，以爲散騎常侍，累遷侍中尚書。惠帝初爲太子太師，累遷尚書左僕射。永康初，遷司徒。趙王倫篡位，以爲太宰。永寧元年卒，贈司徒，謚曰康。《晉書》有傳。是書諸家史志書目皆未著錄，《三國志·魏志·鍾會傳》注曰，「弼，字輔嗣。何劭爲其傳曰」云云，王弼死之卒，何劭方十三歲，則其作年，應爲王弼卒後數年而撰也。何劭略敘生平，綜其一生，其後諸書所引，文雖偶有小異，然皆未出何劭所著，蓋僅一卷也。《太平御覽經史圖書綱目》有《王弼別傳》，則其書北宋之時或尚見存也。王弼（226-294），字輔嗣，山陽（今山東金鄉）人，三國魏學者，其事跡主要見於《三國志》卷二十八《鍾會傳》附列《王弼傳》。《三國志》注、《藝文類聚》引稱《王弼傳》，《世說新語》注、《太平御覽》引稱《王弼別傳》，則初只稱《王弼傳》，《別傳》乃後出之名也。

弼，字輔嗣。何劭爲其傳曰：〔一〕「弼幼而察慧，年十餘，好老氏，通辯能言。〔二〕父業，爲尚書郎。時裴徽爲吏部郎，〔三〕弼未弱冠，往造焉。徽一

見而異之，問弼曰：『夫無者，誠萬物之所資也。然聖人莫肯致言，而老子申之無已者何？』弼曰：『聖人體無，無又不可以訓，故不說也。老子是有者也，故恒言無所不足。』尋亦爲傳嘏所知。于時何晏爲吏部尚書，甚奇弼，歎之曰：『仲尼稱後生可畏，若斯人者，可與言天人之際乎！』正始中，黃門侍郎累缺。晏既用賈充、裴秀、朱整，又議用弼。時丁謐與晏爭衡，致高邑王黎於曹爽，爽用黎。於是以弼補臺郎。初除，覲爽，請閒，爽爲屛左右，而弼與論道，移時無所他及，爽以此嗤之。時爽專朝政，黨與共相進用，弼通儁不治名高。尋黎無幾時病亡，爽用王沈代黎，弼遂不得在門下，晏爲之歎恨。弼在臺既淺，事功亦雅非所長，益不留意焉。淮南人劉陶，善論縱橫，爲當時所推，〔四〕每與弼語，常屈弼。弼天才卓出，當其所得，莫能奪也。性和理，樂遊宴，解音律，善投壺。〔五〕其論道傳會文辭，不如何晏，自然有所拔得，多晏也，頗以所長笑人，故時爲士君子所疾。弼與鍾會善，會論議以校練爲家，然每服弼之高致。何晏以爲聖人無喜怒哀樂，其論甚精，鍾會等述之。弼與不同，以爲聖人茂於人者，神明也；同於人者，五情也，神明茂故能體沖和以通無，五情同故不能無哀樂以應物，然則聖人之情，應物而無累於物者也。今以其無累，便謂不復應物，失之多矣。弼注《易》，潁川人荀融難弼《大衍義》。弼答其意，白書以戲之曰：『夫明足以尋極幽微，而不能去自然之性。顏子之量，孔父之所預在，然遇之不能無樂，喪之不能無哀。又常狹斯人，以爲未能以情從理者也，而今乃知自然之不可革。足下之量，雖已定乎胸懷之內，然而隔踰旬朔，何其相思之多乎？故知尼父之於顏子，可以無大過矣。』弼注《老子》，爲之指略，致有理統。著《道略論》，注《易》，往往有高麗言。太原王濟好談，病《老》、《莊》，常云：『見弼《易》注，所悟者多。』然弼爲人淺而不識物情，初與王黎、荀融善，黎奪其黃門郎，於是恨黎，與融亦不終。正始十年，曹爽廢，以公事免。其秋遇癘疾亡，時年二十四，無子絕嗣。弼之卒也，晉景王聞之，嗟歎者累日，其爲高識所惜如此。
（《三國志・魏志・鍾會傳》注。案：此注所引最全，又見《三國志・魏志・劉曄傳》注《世說新語・文學》注〔兩引〕《藝文類聚》卷七十四《太平御覽》卷四百六十四、卷七百五十三《子略》卷二，諸書皆節其段落。惟《世說新語・文學》注首引文字較長，然節略過甚，不便出校，今將其附於下。）

〔校記〕

〔一〕以上之文，乃傳述之語，非本文即如此也。就《世說新語》注合觀之，其篇首蓋作「王弼，字輔嗣，山陽高平人，幼而察慧」云云，今仍其舊。

〔二〕《太平御覽》卷四百六十四引以上三句，作「弼年十餘歲，好老、莊，通辯能言者」，「者」字似不當有。

〔三〕《世說新語‧文學》注次引、《子略》引以上三句，作「弼父爲尚書郎，裴徽爲吏部郎，徽見異之，故問」，「徽見異之，故問」六字，似劉孝標注時所加。又《世說新語》注云出《弼別傳》。

〔四〕《三國志‧魏志‧劉曄傳》注引以上三句，與此同。

〔五〕《藝文類聚》、《太平御覽》卷七百五十三引以上四句，首加「弼」字；性和理，《藝文類聚》作「性好玄理」。又《藝文類聚》云出何劭《王弼傳》。

附：

《世說新語‧文學篇》注：弼，字輔嗣，山陽高平人。少而察惠，十餘歲便好莊、老，通辯能言，爲傅嘏所知。吏部尚書何晏甚奇之，題之曰：「後生可畏，若斯人者，可與言天人之際矣！」以弼補臺郎。弼事功雅非所長，益不留意，頗以所長笑人，故爲時士所嫉。又爲人淺而不識物情，初與王黎荀融善，黎奪其黃門郎，於是恨黎，與融亦不終好。正始中，以公事免，其秋遇癘疾亡，時年二十四。弼之卒也，晉景帝嗟歎之累日，曰：「天喪予！」其爲高識悼惜如此。（原云出《弼別傳》。）

《嵇康傳》　三國嵇喜撰

嵇喜（生卒年不詳），字公穆，譙國銍縣（今安徽濉溪縣）人，嵇康之兄長，史稱其「有當世才」。喜有集二卷，佚。僅存《嵇康傳》殘篇，《答嵇康詩》四首。《嵇康傳》與《嵇康別傳》，《隋書‧經籍志》不見著錄，是否爲同一篇傳記，則兩種不同的觀點：一者以章宗源、姚振宗《隋書經籍志考證》、秦榮光《補晉書藝文志》爲代表，認爲兩者爲同一篇，然而未說明原因；一者以丁國均《補晉書藝文志》、黃逢元《補晉書藝文志》、吳士鑒撰《補晉書經籍志》爲代表，在未有直接證據的情況下，將兩者並列出之。後者的做法較爲愼重，今作輯本，將《嵇康傳》與《嵇康別傳》分別列之。

家世儒學，少有儁才，曠邁不群，高亮任性，不脩名譽，寬簡有大量。學不師授，博洽多聞，長而好老、莊之業，恬靜無欲。性好服食，〔一〕嘗〔二〕

採御上藥。善屬文論，彈琴詠詩，自足於懷抱之中。〔三〕以爲神仙者〔四〕，稟之自然，非積學所致。至於導養得理，以盡性命，若安期、彭祖之倫，可以善求而得也；著《養生篇》。知自厚者所以喪其所生，其求益者必失其性，超然獨達，遂放世事，縱意於塵埃之表。撰錄上古以來聖賢、隱逸、遁心、遺名者，集爲傳贊，自混沌至于管寧，凡百一十有九人，蓋求之於宇宙之內，而發之乎千載之外者矣。故世人莫得而名焉。」（《三國志·嵇康傳》注　又見於《文選》嵇叔夜《養生論》李善注）

〔校記〕

〔一〕性好服食，《文選》上有一「康」字。

〔二〕嘗，《文選》作「常」。

〔三〕「善屬文論」以下三句，《文選》無。

〔四〕者，《文選》無。

《嵇康別傳》

《嵇康別傳》，見《嵇康傳》條。

康長七尺八寸，偉〔一〕容色，土木形骸，不加飾厲，〔二〕而〔三〕龍章鳳姿，天質自然。正爾在群形之中，便自知非常之器。（《世說新語·容止篇》注　又見於《初學記》卷十九《文選》顏延之《五君詠》李善注《錦繡萬花谷》續集卷五）

〔校記〕

〔一〕偉，《初學記》、《文選》、《錦繡萬花谷》續集皆作「好」。

〔二〕「土木形骸」二句，《文選》無，《初學記》、《錦繡萬花谷》續集作「雖土木形骸，不自飾」。

〔三〕而，《文選》無。

康性含垢藏瑕，愛惡不爭於懷，喜怒不寄於顏。所知王濬沖在襄城，面數百，未嘗見其疾聲朱顏。此亦方中之美範，人倫之勝業也。（《世說新語·德行篇》注）

山巨源爲吏部郎，遷散騎常侍，舉康，康辭之，並與山絕。豈不識山之不以一官遇己情邪？亦欲標不屈之節，以杜舉者之口耳！乃答濤書，自說不堪流俗，而非薄湯武。大將軍聞而惡之。（《世說新語·棲逸篇》注）

孫登謂康曰:「君性烈而才俊,其能免乎?」稱〔一〕康臨終之言〔二〕曰:「袁孝尼〔三〕嘗從吾學《廣陵散》,吾每固之不與。〔四〕《廣陵散》於今絕矣!〔五〕」(《三國志·嵇康傳》注 又見於《文選》向子期《思舊賦》李善注)

〔校記〕

〔一〕「稱」字當刪。《三國志》裴注引《魏氏春秋》曰:「康臨刑自若,援琴而鼓,既而歎曰:『雅音於是絕矣!』」又引《康別傳》曰:「袁孝尼嘗從吾學廣陵散,吾每固之不與。廣陵散於今絕矣!」裴注認為「與盛所記不同」,故「稱」字實於「云」同,故不是《嵇康別傳》之原文,當刪。

〔二〕之言,《文選》無。

〔三〕袁孝尼,《文選》作「袁尼」,誤。案:袁準,字孝尼,陳郡扶樂人。魏國郎中令袁渙第四子,入晉拜給事中。有《儀禮喪服經》注一卷,《袁子正論》十九卷,《正書》二十五卷,《集》二卷,皆佚。

〔四〕吾每固之不與,《文選》作「吾每靳固之,不與」

〔五〕《廣陵散》於今絕矣,《文選》後文接有「就死,命也」二句,李贄《藏書·名臣傳》卷三十一後文接有「因援琴而鼓,臨刑自若」。案:李贄所述名臣嵇康,雜引《三國志》《晉書》《嵇康別傳》等而成,「因援琴而鼓,臨刑自若」,不知是否為《嵇康別傳》原文,列之俟考。

存疑

章宗源《隋書經籍志考證》卷十三「雜傳」統計《三國志》裴注所引雜傳時,列出「嵇喜為康傳」,不列《嵇康別傳》,然《康別傳》亦為裴注首次出現,不列亦說不通,可見章氏雖未明言嵇喜作《嵇康別傳》,而實際上是將兩者等同的。姚振宗《隋書經籍志考證》卷二十史部雜傳類則引章氏之說,而將「嵇喜為康傳」徑改為《嵇康別傳》(嵇喜)。然汪師韓《文選理學權輿》卷二、丁辰《補晉書藝文志》卷二就將《嵇康別傳》與嵇喜為康傳並列,顯然是認為二者不同。《嵇康別傳》與嵇喜為康傳是否為同一篇文字,史料缺乏,無法證明,而從裴注引文之表述而言,並不能將二者等同起來;且《文選》李善注引亦標明為嵇喜為《康傳》。審慎而言,姑且存疑為上。《佩文韻府》所引內容不見於前代徵引之《嵇康別傳》,而與嵇喜《嵇康傳》內容相合,疑張玉書氏引書時標註有誤,混同《嵇康別傳》與《嵇康傳》,然典籍浩瀚,不敢妄加忖斷,姑存之。

嵇康,字叔夜,譙國銍人。父昭,字子遠。康家世儒學,少有雋才,曠邁不羣,高亮任性,不修名譽,寬簡有大量,學不師授,博洽多聞,長好老、

莊之業，恬靜無欲，性好服食，善屬文論，彈琴詠詩，自足於懷，遂放世事縱意於塵埃之表。(《語林》卷十)

康性好服食，常採御上藥，以爲安期、彭祖之倫，可以善求而得也；著《養生篇》。(《佩文韻府》卷二十三)

《孫登別傳》

《孫登別傳》，不題撰人，卷數不詳，《隋書·經籍志》、兩《唐志》不見著錄，《太平御覽經史圖書綱目》則列之。孫登，魏晉之際隱士，其事跡主要見於《晉書》卷九十四《孫登傳》。

孫登，魏末處邙北山中，以石室爲宇，編草自覆。阮嗣宗聞登而往造焉，適見苫蓋被髮，端坐巖下鼓琴，嗣宗自下趍之。既坐，莫得與言，嗣宗乃嘲嘈長嘯，與鼓琴音諧會雍雍然。登乃逌爾而笑，因嘯和之，妙響動林壑。(《藝文類聚》卷十九)

孫登字公和，汲郡人。清靜無爲，好讀《易》、彈琴，頹然自得，〔一〕觀其風神，若遊六合之外者。當魏末，居北山中，以〔一〕石窟爲宇，編草自覆。阮嗣宗見登被髮端坐巖〔二〕下，遙見鼓琴。〔三〕嗣宗自下趍進，莫〔四〕得與言，嗣宗乃長嘯，與琴音諧和，登因嘯和之，妙響動林壑。(《藝文類聚》卷四十四　又見於《太平御覽》卷五百七十九《北堂書鈔》卷一百九　案：《太平御覽》卷五百二引王隱《晉書》，小字注曰「《孫登別傳》載」，此條與王隱《晉書》所載內容相近，然文字差異頗大，未知《太平御覽》所引王隱《晉書》與《孫登別傳》是內容相近，還是文字亦相同？錄之以存疑)

〔校記〕

〔一〕《北堂書鈔》引文「登」上無「孫」字，亦無「汲郡人。清靜無爲」二句，且引文止於此。

〔二〕以，《太平御覽》無。

〔三〕巖，《太平御覽》作「岩」，巖爲岩之異體字。

〔四〕遙見鼓琴，《太平御覽》作「逍遙然皷琴」。

〔五〕莫，《太平御覽》作「冀」。

存疑

王隱《晉書》：魏末有孫登，字公和，汲郡人，無家屬。時人於汲郡北山上土窟中得之。夏則編草爲裳，冬則披髮覆面，對人無言，好讀《易》鼓琴。初，宜陽山中作炭者，忽見有人不語，精神不似常人。帝使阮籍往視與語，亦不應。籍因大嘯，野人乃笑曰：「爾復作向聲。」籍又爲嘯。籍將求出，野人不聽而去，登山並嘯，如簫韶笙簧之音，聲震山谷而還。問炭人，曰：「故是向人耳。」尋知求，不知所止。推問久之，乃知姓名。孫登別傳又載。（《太平御覽》卷五百二）

《曹志別傳》

《曹志別傳》，不題撰人，卷數不詳，卷數不詳，《隋書·經籍志》、兩《唐志》不見著錄。曹志，魏晉之際人，曹植次子，其事跡主要見於《三國志》卷十九《曹植傳》附列《曹志傳》、《晉書》卷五十《曹志傳》。《隋書·經籍志》有《曹志集》兩卷，兩《唐書·藝文志》同，《晉書·曹志傳》僅載奏議齊王攸一文，頗疑《別傳》亦本有之。

志字允恭，好學有才行。晉武帝爲中撫軍，迎常道鄉公於鄴，志夜與帝相見，帝與語，從暮至旦，甚器之。及受禪，改封鄄城公。發詔以志爲樂平太守，歷章武、趙郡，遷散騎常侍、國子博士，後轉博士祭酒。及齊王攸當之藩，下禮官議崇錫之典，志嘆曰：「安有如此之才，如此之親，而不得樹本助化，而遠出海隅者乎？」乃建議以諫，辭旨甚切。帝大怒，免志官。後復爲散騎常侍。志遭母憂，居喪盡哀，因得疾病，喜怒失常，太康九年卒，謚曰定公。（《三國志·魏志·陳思王傳》注）

《向秀別傳》

《向秀別傳》，不題撰人，卷數不詳，《隋書·經籍志》、兩《唐志》不見著錄，《太平御覽經史圖書綱目》列之。向秀，魏晉之際人，其事跡主要見於《晉書》卷四十九《向秀傳》。

　　秀字子期，河內人。少爲同郡山濤所知，又與譙國嵇康、東平呂安友善，並有拔俗之韻，其進止無不同，〔一〕而〔二〕造事營生，業亦不異。常與嵇康偶鍛於洛邑〔三〕，與〔四〕呂安灌園〔五〕於山陽，〔六〕不慮家之有無，外物不足怫其心。弱冠著《儒道論》，棄而不錄，好事者或存之。或云是其族人所作，困於不行，乃告秀，欲假其名。秀笑曰：「可復爾耳。」後康被誅，秀遂失圖。乃應歲舉，到京師，詣大將軍司馬文王，文王問曰：「聞君有箕山之志，何能自屈？」秀曰：「常謂彼人不達堯意，本非所慕也。」一坐皆說。隨次轉至黃門侍郎、散騎常侍。（《世說新語·言語篇》注　又見於《藝文類聚》卷六十五《增廣箋注簡齋詩集》卷一《太平御覽》卷一百九十七、卷四百九、卷八百三十三《文選》顏延之《五君詠》李善注《文章正宗》卷二十二）

〔校記〕

〔一〕「並有」二句，《太平御覽》卷四百九作「其趨舍進止，無不必同」。

〔二〕而，《太平御覽》無。

〔三〕「常與」句，《太平御覽》卷四百九同，《藝文類聚》卷六十五、《增廣箋注簡齋詩集》卷一、《太平御覽》卷一百九十七無，《文選》卷二十一、《太平御覽》卷八百三十三、《文章正宗》卷二十二下句前皆有「秀」字，《太平御覽》卷八百二十四則有「向秀」二字。常，《太平御覽》卷八百三十三作「嘗」，審其文意，以「嘗」爲上，當爲形近而訛。

〔四〕「與」字一句前，《藝文類聚》卷六十五有「秀常」二字，《增廣箋注簡齋詩集》卷一作「秀嘗」，《太平御覽》卷一百九十七則有一「秀」字。

〔五〕園，《太平御覽》卷八百三十三作「山」。

〔六〕「與呂安」句下，上述諸本引文皆有「收其餘利，以供酒食之費」二句，而《太平御覽》卷四百九更是在「收其餘利，以供酒食之費」後又有「或率爾相攜，觀原野極遊浪之勢，亦不計遠近；或經日乃歸，復修常業」五句。

　　秀與嵇康、呂安爲友，趣捨不同。嵇康傲世不羈，安放逸邁俗，而秀雅好讀書。二子頗以此嗤之。後秀將注《莊子》，先以告康、安，康、安咸曰：「此書詎復須注？徒棄人作樂事耳！」及成，以示二子。康曰：「爾故復勝不？」安乃驚曰：「莊周不死矣！」後注《周易》，大義可觀，而與漢世諸儒互有彼此，未若隱《莊》之絕倫也。（《世說新語·文學篇》注　又見於《子略》卷二《山谷外集詩註》卷四）

《荀彧別傳》

　　《荀彧別傳》，諸家書目皆未著錄，佚文見《三國志‧魏志‧荀彧傳》注所引三條，並稱《彧別傳》。文中稱司馬宣王，咸熙元年（264 年），司馬昭加晉王，追封司馬懿爲宣王，是書之出，必在此後也。裴松之既見此書，則其出又在裴前，蓋兩晉之時成之也。

　　太祖表曰：「臣聞慮爲功首，謀爲賞本，野績不越廟堂，戰多不踰國勳。是故曲阜之錫，不後營丘；蕭何之土，先於平陽。珍策重計，古今所尚。侍中守尚書令彧，積德累行，少長無悔，遭世紛擾，懷忠念治。臣自始舉義兵，周遊征伐，與彧勠力同心，左右王略，發言授策，無施不效。彧之功業，臣由以濟，用披浮雲，顯光日月。陛下幸許，彧左右機近，忠恪祗順，如履薄冰，研精極銳，以撫庶事。天下之定，彧之功也。宜享高爵，以彰元勳。」彧固辭無野戰之勞，不通太祖表。太祖與彧書曰：「與君共事已來，立朝廷，君之相爲匡弼，君之相爲舉人，君之相爲建計，君之相爲密謀，亦以多矣。夫功未必皆野戰也。願君勿讓。」彧乃受。（《三國志‧魏志‧荀彧傳》注。）
　　太祖又表曰：「昔袁紹侵入郊甸，戰於官渡。時兵少糧盡，圖欲還許，書與彧議，彧不聽臣。建宜住之便，恢進討之規，更起臣心，易其愚慮，遂摧大逆，覆取其眾。此彧覩勝敗之機，略不世出也。及紹破敗，臣糧亦盡，以爲河北未易圖也，欲南討劉表。彧復止臣，陳其得失，臣用反斾，遂吞凶族，克平四州。向使臣退於官渡，紹必鼓行而前，有傾覆之形，無克捷之勢。後若南征，委棄兗、豫，利既難要，將失本據。彧之二策，以亡爲存，以禍致福，謀殊功異，臣所不及也。是以先帝貴指縱之功，薄搏獲之賞；古人尚帷幄之規，下攻拔之捷。前所賞錄，未副彧巍巍之勳，乞重平議，疇其戶邑。」彧深辭讓，太祖報之曰：「君之策謀，非但所表二事。前後謙沖，欲慕魯連先生乎？此聖人達節者所不貴也。昔介子推有言『竊人之財，猶謂之盜』，況君密謀安眾，光顯於孤者以百數乎！以二事相還而復辭之，何取謙亮之多邪！」太祖欲表彧爲三公，彧使荀攸深讓，至于十數，太祖乃止。（《三國志‧魏志‧荀彧傳》注）
　　彧自爲尚書令，常以書陳事，臨薨，皆焚毀之，故奇策密謀不得盡聞也。是時征役草創，制度多所興復，彧嘗言于太祖曰：「昔舜分命禹、稷、契、皋陶，以揆庶績，教化征伐，並時而用。及高祖之初，金革方殷，猶舉民能善

教訓者，叔孫通習禮儀於戎旅之間，世祖有投戈講藝、息馬論道之事，君子無終食之閒違仁。今公外定武功，內興文學，使干戈戢睦，大道流行，國難方弭，六禮俱治，此姬旦宰周之所以速平也。既立德立功，而又兼立言，誠仲尼述作之意。顯制度於當時，揚名於後世，豈不盛哉！若須武事畢而後制作，以稽治化，於事未敏。宜集天下大才通儒，考論六經，刊定傳記，存古今之學，除其煩重，以一聖眞，並隆禮學，漸敦教化，則王道兩濟。」或從容與太祖論治道，如此之類甚眾，太祖常嘉納之。或德行周備，非正道不用心，名重天下，莫不以爲儀表，海內英雋咸宗焉。司馬宣王常稱：「書傳遠事，吾自耳目所從聞見，逮百數十年間，賢才未有及荀令君者也。」前後所舉者，命世大才，邦邑則荀攸、鍾繇、陳羣，海內則司馬宣王，及引致當世知名郗慮、華歆、王朗、荀悅、杜襲、辛毗、趙儼之儔，終爲卿相，以十數人。取士不以一揆，戲志才、郭嘉等有負俗之譏，杜畿簡傲少文，皆以智策舉之，終各顯名。荀攸後爲魏尚書令，亦推賢進士。太祖曰：「二荀令之論人，久而益信，吾沒世不忘。」鍾繇以爲顏子既沒，能備九德，不貳其過，唯荀彧然。或問繇曰：「君雅重荀君，比之顏子，自以不及，可得聞乎？」曰：「夫明君師臣，其次友之。以太祖之聰明，每有大事，常先諮之荀君，是則古師友之義也。吾等受命而行，猶或不盡，相去顧不遠邪？」（《三國志・魏志・荀彧傳》注）

《荀勗別傳》

《荀勗別傳》，諸史志書目未見著錄，可確定者，僅有《三國志》注引武帝詢三公一事。其成書在裴松之前，亦兩晉之間所著耳。亡佚時間不可知，若《太平御覽》卷八百三十引《晉書・荀勗別傳》乃《荀勗別傳》之誤，《太平御覽經史圖書綱目》亦有著錄，則似北宋時尚存也。荀勗（？-289），西晉官吏，字公曾，潁川潁陰（今河南許昌）人。

晉司徒闕〔一〕，武帝問其人於勗〔二〕，答曰〔三〕：「三公具瞻所歸，不可用非其人〔四〕。昔魏文帝用賈詡爲三公〔五〕，孫權笑之。」（《三國志・魏志・賈詡傳》注。又見《太平御覽》卷三百九十一、《職官分紀》卷二、《蒙求集註》卷下、《翰苑新書》前集卷一。事又見《太平御覽》卷二百〇八引《荀勗答詔》，文較此爲詳。）

〔校記〕

〔一〕晉,《太平御覽》無。闕,《太平御覽》作「鉷」,《職官分紀》作「缺」,「鉷」乃「缺」之訛。

〔二〕此句,《太平御覽》作「帝問其人」,《蒙求集註》作「武帝問勗」。

〔三〕此二字,《太平御覽》作「勗曰」。《群書治要》卷二十五引《三國志》,亦錄此注文,作「勗答曰」。《荀勗答詔》作「勗表」。綜其上文,此處似當有「勗」字。

〔四〕可,《職官分紀》無。人,《蒙求集註》作「次」。又以上兩句,《太平御覽》無。《翰苑新書》單引以上兩句,亦無「可」字。

〔五〕昔,《太平御覽》《職官分紀》無。帝,《太平御覽》無。爲三公,《太平御覽》《蒙求集註》無,《職官分紀》作「爲公」。

魏杜夔制律乖錯,勗知漢魏尺漸長於古四分,夔依爲律,故不諧。乃令佐著作劉恭,依周禮制古尺新律呂以諧音韻。後得古玉律,鍾磬與新律相合,詔賜古尺一具。(《太平御覽》卷八百三十　案:此原云出《晉書·荀勗別傳》,此文不見《晉書·荀勗傳》,《律曆上》有之,而與此文差異較大,故知非出房氏《晉書》也。《世說新語·術解》注引干寶《晉紀》、《太平御覽》卷十六引王隱《晉書》亦皆有此文,然文字皆有差異,且諸家著史書,故不當以《別傳》稱之也,疑「晉書」二字乃後人誤加也。今姑附於此。)

《荀粲別傳》

《荀粲別傳》,不題撰人,卷數不詳,《隋書·經籍志》、兩《唐志》不見著錄。荀粲,三國魏玄學家,荀彧之子,其事跡主要見於《世說新語》注與何劭《荀粲傳》。

粲字奉倩,穎川穎陰人,太尉彧少子也。粲諸兄儒術論議各知名。粲能言玄遠,常以子貢稱「夫子之言性與天道,不可得而聞也」,然則六籍雖存,固聖人之糠粃。能言者不能屈。(《世說新語·文學篇》注)

粲太和初到京邑,與傅嘏談,嘏善名理,而粲尚玄遠,宗致雖同,倉卒時或格而不相得意。裴徽通彼我之懷,爲二家釋。頃之,粲與嘏善。(《世說新語·文學篇》注)

　　粲常以婦人才智不足論，自宜以色爲主。驃騎將軍曹洪女有色，粲於是聘焉。容服帷帳甚麗，專房燕婉。歷年後婦病亡。未殯，傅嘏往唁粲，粲不明而神傷。嘏問曰：「婦人才色並茂爲難。子之聘也，遺才存色，非難遇也，何哀之甚？」粲曰：「佳人難再得！顧逝者不能有傾城之異，然未可易遇也。」痛悼不能已已。歲餘亦亡。亡時年二十九。粲簡貴，不與常人交接，所交者一時俊傑。至葬夕，赴期者裁十餘人，悉同年相知名士也。哭之，感慟路人。粲雖褊隘，以燕婉自喪，然有識猶追惜其能言。（《世說新語・惑溺篇》注）

《程曉別傳》

　　《程曉別傳》，不題撰人，諸家書目皆未著錄，佚文僅存《三國志・程昱傳》注一條。《隋書・經籍志》有《程曉集》兩卷，程曉詩文，散見《北堂書鈔》《初學記》《藝文類聚》諸書之中。程曉，字季明，東郡東阿（今山東陽谷東北）人，曹魏官吏。

　　曉大著文章多亡失，今之存者不能十分之一。（《三國志・魏志・程昱傳》注）

《江偉家傳》

　　《江偉家傳》，不題撰人，《隋書・經籍志》、兩《唐志》均不見著錄，佚文僅見於《太平御覽》。《太平御覽經史圖書綱目》列之，則此書北宋之時尚見存。江偉，史書無傳，陳留襄邑（今河南省睢縣）人，仕魏，官爵不詳，晉武帝時爲通事郎，《隋書・經籍志》錄有集六卷，今已佚。

　　偉性善書，人得其手跣〔一〕，莫不藏之，以爲寶。（《太平御覽》卷七百四十七）
〔校記〕
〔一〕跣，同「疏」，或爲「跡」之形誤。

《何禎別傳》

《何禎別傳》，不題撰人，《隋書·經籍志》、兩《唐志》均不見著錄，《太平御覽經史圖書綱目》列之，則是書北宋之時尚見存，後散佚，佚文見於《太平御覽》。何禎，一作何楨，西晉官吏，字元幹，廬江灊人，史書無傳，其事跡主要見於《三國志》卷十一《胡昭傳》注。

禎，廬江灊人。父他，字文奇，有儁才，早卒。禎在孕而孤，生遇荒亂，歸依舅氏。齠齔乃追行喪，哀泣合禮，鄉邑稱焉。十餘歲，耽志博覽，研精群籍，名馳淮、泗。（《太平御覽》卷三百八十五）

《江祚別傳》

《江祚別傳》，不題撰人，《隋書·經籍志》、兩《唐志》均不見著錄，《太平御覽經史圖書綱目》列之，則是書北宋之時尚見存，後散佚，佚文見於《太平御覽》《北堂書鈔》。江祚，西晉官吏，陳留圉（今河南開封東北）人，江統之父，《隋書·經籍志》載其撰《江氏家傳》七卷。

祚爲安南太守，民思〔一〕其德，生子多以江名子〔二〕。（《太平御覽》卷二百六十二、卷三百六十二《北堂書鈔》卷三十五）

〔校記〕
〔一〕思，《北堂書鈔》作「感」。
〔二〕以江名子，《太平御覽》卷三百六十二作「以爲名字」，《北堂書鈔》作「以江爲字」。

《夏侯稱夏侯榮序》　　晉夏侯湛撰

夏侯湛（243-291），字孝若，譙國譙（安徽亳縣）人，魏晉間詩人、辭賦家，其事跡主要見於《晉書》卷五十五《夏侯湛傳》。《夏侯稱夏侯榮

序》，《隋書·經籍志》、兩《唐志》皆不著錄，今存文僅見於《三國志》注，文字首尾較爲完整。

稱字叔權，自孺子而好合聚童兒，爲之渠帥，戲必爲軍旅戰陳之事，有違者，輒嚴以鞭捶，眾莫敢逆。淵陰奇之，使讀《項羽傳》及兵書，不肯，曰：「能則自爲耳，安能學人？」年十六，淵與之田，見奔虎，稱驅馬逐之，禁之不可，一箭而倒。名聞太祖，太祖把其手喜曰：「我得汝矣！」與文帝爲布衣之交，每宴會，氣陵一坐，辯士不能屈，世之高名者多從之遊，年十八卒。弟榮，字幼權。幼聰惠，七歲能屬文，誦書日千言，經目輒識之。文帝聞而請焉。賓客百餘人，人一奏刺，悉書其鄉邑名氏，世所謂爵里刺也，客示之，一寓目，使之遍談，不謬一人。帝深奇之。漢中之敗，榮年十三，左右提之走，不肯，曰：「君親在難，焉所逃死！」乃奮劍而戰，遂沒陣。（《三國志·魏志·夏侯淵傳》注）

《羊秉敘》　　晉夏侯湛撰

《羊秉敘》，《隋書·經籍志》、兩《唐志》皆不著錄，今存文僅見於《世說新語》注。夏侯湛，見《夏侯稱夏侯榮序》條。

秉字長達，太山平陽人。漢南陽太守續曾孫。大父魏郡府君，即車騎掾元子也。府君夫人鄭氏無子，乃養秉。齠齔而佳，小心敬愼。十歲而鄭夫人薨，秉思容盡哀，俄而公府掾及夫人竝卒，秉羣從父率禮相承，人不閒其親，雍雍如也。仕參撫軍將軍事，將奮千里之足，揮衝天之翼，惜乎春秋三十有二而卒。昔罕虎死，子產以爲無與爲善，自夫子之沒，有子產之歎矣！亡後有子男又不育，是何行善而禍繁也？豈非司馬生之所惑歟？（《世說新語·言語篇》注）

《辛夫人憲英傳》 晉夏侯湛撰

《辛夫人憲英傳》，《隋書·經籍志》、兩《唐志》皆不著錄，今主要存於《三國志》注，《太平御覽》徵引則作《羊太常妻辛夫人傳》。夏侯湛，見《夏侯稱夏侯榮序》條。

憲英聰明有才鑒。初文帝與陳思王爭爲太子，既而文帝得立，抱辛毗頸而喜曰：「辛君知我喜不？」毗以告憲英，憲英歎曰：「太子代君主宗廟社稷者也。代君不可以不戚，主國不可以不懼，宜戚而喜，何以能久？魏其不昌乎！」弟敞爲大將軍曹爽參軍。司馬宣王將誅爽，因爽出，閉城門。大將軍司馬魯芝將爽府兵，犯門斬關，出城門赴爽，來呼敞俱去。敞懼，問憲英曰：「天子在外，太傅閉城門，人云將不利國家，於事可得爾乎？」憲英曰：「天下事不可知，然以吾度之，太傅殆不得不爾！明皇帝臨崩，把太傅臂，以後事付之，此言猶在朝士之耳。且曹爽與太傅俱受寄託之任，而獨專權勢，行以驕奢，於王室不忠，於人道不直，此舉不過以誅曹爽耳。」敞曰：「然則事就乎？」憲英曰：「得無殆就！爽之才非太傅之偶也。」敞曰：「然則敞可以無出乎？」憲英曰：「安可以不出。職守，人之大義也。凡人在難，猶或恤之；爲人執鞭而棄其事，不祥，不可也。且爲人死，爲人任，親昵之職也。從衆而已。」敞遂出。宣王果誅爽。事定之後，敞歎曰：「吾不謀於姊，幾不獲於義。」逮鍾會爲鎮西將軍，憲英謂從子羊祜曰：「鍾士季何故西出？」祜曰：「將爲滅蜀也。」憲英曰：「會在事縱恣，非持久處下之道，吾畏其有他志也。」祜曰：「季母勿多言。」其後會請子琇爲參軍。憲英憂曰：「他日見鍾會之出，吾爲國憂之矣。今日難至吾家，此國之大事，必不得止也。」琇固請司馬文王，文王不聽。憲英語琇曰：「行矣，戒之！古之君子，入則致孝於親，出則致節於國，在職思其所司，在義思其所立，不遺父母憂患而已。軍旅之間，可以濟者，其惟仁恕乎，汝其愼之！」琇竟以全身。年至七十有九，泰始五年卒。（《三國志·魏志·辛毗傳》注）

夫人字憲英，衛尉肅侯毗之女，不好華麗琇上，夫人軀子帔，緣以錦，不肯服，從外孫胡母楊上夫人錦被，夫人反臥之。（《太平御覽》卷八百一十五）

《管輅別傳》 三國管辰撰

　　《管輅別傳》，《隋書·經籍志》、兩《唐志》並稱《管輅傳》，諸書所引，又有稱《輅別傳》《管公明別傳》《管公明傳》者。此管輅弟管辰所撰，管辰史傳未載，生平難詳。裴松之云：「辰所稱鄉里劉太常者，謂劉寔也。辰撰《輅傳》，寔時爲太常，潁川則寔弟智也。」《晉書·劉寔傳》稱寔「咸寧中爲太常，轉尚書。杜預之伐吳也，寔以本官行鎮南軍司。」杜預伐吳，在咸寧四年（278），則是書之撰，當在咸寧元年至四年間也。姚振宗曰：「《魏志傳》注載辰是《傳》特多，似全錄其文，并其序亦載之。」案：裴松之注《魏志·管輅傳》，凡正文有之者，則注文概而言之，非全錄其文也。

　　是書，《隋書·經籍志》云三卷，兩《唐志》云兩卷，則至唐時，當亡其一卷。《太平御覽經史圖書綱目》著有《管輅別傳》，其所徵引，多與《三國志·魏志·管輅傳》不同，當其時尚見存。南宋書目未見著錄者，《宋史·藝文志》亦未著錄；南宋諸書雖有見徵引者，然考其內容，多與前書徵引相類，當是轉相取用，非直見是書也，故或南宋之時已亡佚也。

　　輅年八九歲，便喜仰視星辰，得人輒問其名，夜不肯寐。父母常禁之，猶不可止。〔一〕自言：「我年雖小，然眼中喜視天文。」常云：〔二〕「家雞野鵠，猶尚知時，況於人乎？」與鄰比兒共戲土壤中〔三〕，輒畫地作天文及日月星辰。每答言說事，語皆不常，宿學者人不能折之，皆知其當有大異之才。及成人，果明《周易》，仰觀、風角、占、相之道，無不精微。體性寬大，多所含受；憎己不讐，愛己不褒，每欲以德報怨。常謂：「忠孝信義，人之根本，不可不厚；廉介細直，士之浮飾，不足爲務也。」自言：「知我者稀，則我貴矣，安能斷江漢之流，爲激石之清？樂與季主論道，不欲與漁父同舟，此吾志也。」其事父母孝，篤兄弟，順愛士友，皆仁和發中，終無所闕。臧否之士，晚亦服焉。父爲琅邪即丘長〔六〕，時年十五〔七〕，來至官舍讀書〔八〕。始讀《詩》、《論語》及《易》本〔九〕，便開淵布筆〔一〇〕，辭義斐然〔一一〕。于時黌上有遠方及國內諸生四百餘人〔一三〕，皆服其才也。〔一四〕瑯邪太守單子春雅有材度〔一五〕，聞輅一黌之儁〔一六〕，欲得見〔一七〕，輅父即遣輅造之〔一八〕。大會賓客百餘人〔一九〕，坐上有能言之士〔二〇〕，輅問子春〔二一〕：「府君名士〔二二〕，加有

雄貴之姿〔二三〕，輅既年少，膽未堅剛〔二四〕，若欲相觀〔二五〕，懼失精神，請先飲三升清酒〔二六〕，然後言之〔二七〕。」子春大喜，便酌三升清酒〔二八〕，獨使飲之。酒盡之後〔二九〕，問子春：「今欲與輅爲對者，若府君四坐之士邪〔三○〕？」子春曰：「吾欲自與卿旗鼓相當〔三一〕。」輅言〔三二〕：「始讀《詩》、《論》、《易》本〔三三〕，學問微淺，未能上引聖人之道，陳秦漢之事〔三四〕，但欲論金木水火土鬼神之情耳〔三五〕。」子春言：「此最難者，而卿以爲易邪〔三六〕？」於是唱大論之端〔三七〕，遂經於陰陽〔三八〕，文采葩流〔三九〕，枝葉橫生，少引聖籍，多發天然。子春及眾士互共攻劫〔四○〕，論難鋒起，而輅人人答對〔四一〕，言皆有餘。〔四二〕至日向暮，酒食不行〔四三〕。子春語眾人曰〔四四〕：「此年少盛有才器，聽其言論，正似司馬犬子游獵之賦〔四五〕，何其磊落雄壯〔四六〕，英神以茂〔四七〕，必能明天文地理變化之數，不徒有言也〔四八〕。」於是發聲徐州〔四九〕，號之神童。(《三國志‧魏志‧管輅傳》注　又見於《藝文類聚》卷十七《太平御覽》卷三百七十六、卷三百八十五、卷六百一十七。《三國志‧魏志‧管輅傳》注、《太平御覽》卷六百一十七云出《輅別傳》。)

〔校記〕

〔一〕以上兩句，《太平御覽》卷三百八十五無。

〔二〕「我年雖小」以下十三字，《太平御覽》卷三百八十五無。

〔三〕鄰比，《太平御覽》卷三百八十五作「比鄰」。案：《冊府元龜》卷七百七十三、《通志‧藝術傳》、《續後漢書‧管輅傳》皆迻錄此文，皆作「鄰比」，「鄰比」即「比鄰」也，嵇康《家誡》有「自非知九鄰比」之句，此當作「鄰比」爲上；作「比鄰」者，習聞而誤倒。

〔四〕畫，《太平御覽》卷三百八十五誤作「書」。文，《太平御覽》卷三百八十五脫。

〔五〕「之」字下，《太平御覽》卷三百八十五注「中闕」，自「皆知其當有大異之才」至「父爲琅邪即丘長」數句無，而以「時年十五」承之。

〔六〕《太平御覽》卷六百一十七自此句引起，「即丘」二字喻兩空格。

〔七〕《藝文類聚》、《太平御覽》卷三百八十五自此句引起，「時」作「輅」。《太平御覽》卷六百一十七「時」上有「輅」字。

〔八〕「讀書」二字，《太平御覽》卷三百八十五無。

〔九〕「詩」、「本」二字，《太平御覽》卷三百八十五無。

〔一○〕此句，《太平御覽》卷三百八十五作「便開源布華」。《通志‧藝術傳》、《續後漢書‧管輅傳》皆作「開淵布筆」，「淵」、「源」音近，「華」、「筆」形似，然二者皆通，未詳孰是。

〔一一〕辭，《太平御覽》卷三百八十五作「辤」，「辤」爲「辭」之異體字。

〔一二〕「有遠方及國內」六字，《太平御覽》卷三百八十五無。

〔一三〕也，《太平御覽》卷三百八十五無。

〔一四〕自「時年五十」至此句，《藝文類聚》、《太平御覽》卷三百七十六、卷六百一十七
　　　　皆無。

〔一五〕琅邪，《太平御覽》卷三百八十五作「琅瑘」，「瑘」即「邪」，「邪」、「瑘」通。材，
　　　　《藝文類聚》、《太平御覽》卷三百七十六、卷三百八十五、卷六百一十七皆作
　　　　「才」，「材」、「才」通。

〔一六〕嚳，《太平御覽》卷六百一十七作「時」，此作「嚳」爲上，承前「嚳上有遠方及
　　　　國內諸生四百餘人，皆服其才」而來。儁，《太平御覽》卷六百一十七作「俊」，
　　　　「儁」、「俊」通。此句，《藝文類聚》、《太平御覽》卷三百七十六無。

〔一七〕此句，《藝文類聚》、《太平御覽》卷三百七十六作「欲見輅」，《太平御覽》卷三百
　　　　八十五作「欲見之」，《太平御覽》卷六百一十七作「欲得相見」。

〔一八〕「輅父即遣」四字，《藝文類聚》、《太平御覽》卷三百七十六無。「輅」、「即」二字，
　　　　《太平御覽》卷三百八十五無。

〔一九〕「大會賓客」四字，《藝文類聚》、《太平御覽》卷三百八十五無。

〔二〇〕「坐上」二字，《藝文類聚》、《太平御覽》卷三百八十五無。此句，《太平御覽》卷
　　　　三百八十五無。

〔二一〕問，《藝文類聚》、《太平御覽》卷三百七十六作「謂」。「春」下，《藝文類聚》、《太
　　　　平御覽》卷三百七十六有「曰」字。此句，《太平御覽》卷三百八十五無。

〔二二〕此句，《太平御覽》卷六百一十七作「府君多嘉客」，「多」當是「名」之形訛，「嘉」
　　　　當是「加」之形訛而誤移上，「客」乃「名」、「加」既訛，後人補之也。此句，《太
　　　　平御覽》卷三百八十五無。

〔二三〕加，《太平御覽》卷六百一十七無，此因「加」訛作「嘉」，上屬也。此句，《太平
　　　　御覽》卷三百八十五無。

〔二四〕此句，《太平御覽》卷三百八十五無，《太平御覽》卷六百一十七作「膽志未剛」。
　　　　「志」或「堅」之訛而誤移前也。

〔二五〕欲，《太平御覽》卷六百一十七無。此句，《太平御覽》卷三百八十五無。

〔二六〕請，《太平御覽》卷三百七十六、卷六百一十七無。飲三升清酒，《藝文類聚》作
　　　　「飲酒三斗」，「斗」爲「升」之訛，「升」或作「斗」（隋《龍藏寺碑》）、「斗」（魏
　　　　《元昭墓誌》），與「斗」相近，因訛。

〔二七〕「然」上，《太平御覽》卷六百一十七有「盡之」二字。言之，《藝文類聚》、《太平
　　　　御覽》卷三百八十五、卷六百一十七作「而言」，《太平御覽》卷三百八十五作「與
　　　　言」。

〔二八〕此句，《藝文類聚》作「酌三斗」，《太平御覽》卷三百七十六作「酌三斗」，卷三
　　　　百八十五作「便酌酒」，卷六百一十七作「便酌三升酒」，「斗」乃「升」之訛。

〔二九〕自此句至下「若府君四坐之士邪」二十二字，《太平御覽》卷三百八十五無。自此
　　　　句至下「論難鋒起」一百二十六字，《藝文類聚》、《太平御覽》卷三百七十六無。

〔三〇〕此句，《太平御覽》卷六百一十七作「府君耶？四坐之士耶」，義爲上。

〔三一〕欲自，《太平御覽》卷三百八十五、卷六百一十七作「自欲」，義爲上。卿，《太平御覽》卷三百八十五作「輅」，「輅」乃管輅自稱，「卿」爲太守稱輅，作「卿」字爲上。

〔三二〕自此句至下「而卿以爲易邪」五十一字，《太平御覽》卷三百八十五無。

〔三三〕本，《太平御覽》卷六百一十七無。

〔三四〕秦，《太平御覽》卷六百一十七作「周」。

〔三五〕土，《太平御覽》卷六百一十七脫。

〔三六〕邪，《太平御覽》卷六百一十七「耶」，「邪」、「耶」通。

〔三七〕論，《太平御覽》卷三百八十五作「語」，作「論」爲上。

〔三八〕經，《太平御覽》卷六百一十七作「造」。於，《太平御覽》卷三百八十五作「乎」，卷六百一十七無。陰，《太平御覽》卷三百八十五、卷六百一十七作「隂」，「隂」爲「陰」之異體字。

〔三九〕芘，《太平御覽》卷六百一十七作「汎」。又自此至「多發天然」四句，《太平御覽》卷三百八十五無。

〔四〇〕互，《太平御覽》卷三百八十五作「卒」，卷六百一十七誤作「牙」。劫，《太平御覽》卷六百一十七作「刧」，「刧」爲「劫」之異體字。

〔四一〕而，《藝文類聚》、《太平御覽》卷三八七十六作「於是」。此「於是」又或是承上「於是唱大論之端」之「於是」而來，中間復省之也。

〔四二〕《藝文類聚》、《太平御覽》卷三百七十六引至此止。

〔四三〕行，《太平御覽》卷三百八十五作「得」，「行」字爲上。

〔四四〕自此句至下「不徒有言也」五十三字，《太平御覽》卷六百一十七無。

〔四五〕犬，《太平御覽》卷三百八十五脫。

〔四六〕磊落，《太平御覽》卷三百八十五作「礫硌」，「磊落」、「礫硌」通。

〔四七〕以，《太平御覽》卷三百八十五作「秀」，義上。

〔四八〕此句，《太平御覽》卷三百八十五無。

〔四九〕「發聲」二字，《太平御覽》卷三百八十五無，注云「中闕」。

　　利漕民郭恩，字義博，有才學，善《周易》《春秋》，又能仰觀。輅就義博讀《易》，數十日中，意便開發，言難踰師。於此分著下卦，用思精妙，占鬒上諸生疾病死亡貧富喪衰，初無差錯，莫不驚怪，謂之神人也。又從義博學仰觀，三十日中通夜不臥，語義博：「君但相語墟落處所耳，至於推運會，論災異，自當出吾天分。」學未一年，義博反從輅問《易》及天文事要。義博每聽輅語，未嘗不推几慷慨。自言：「登聞君至論之時，忘我篤疾，明闇之不相逮，何其遠也！」義博設主人，獨請輅，具告辛苦，自說：「兄弟三人俱得躄疾，不知何故？試相爲作卦，知其所由。若有咎殃者，天道赦人，當爲吾祈福於神明，勿有所愛。兄弟俱行，此爲更生。」輅便作卦，思之未詳。

會日夕，因留宿，至中夜，語義博曰：「吾以此得之。」既言其事，義博悲涕沾衣，曰：「皇漢之末，實有斯事。君不名主，諱也。我不得言，禮也。兄弟躄來三十餘載，腳如棘子，不可復治，但願不及子孫耳。」輅言火形不絕，水形無餘，不及後也。（《三國志・魏志・管輅傳》注。原云出《輅別傳》。）

〔校記〕

〔一〕此處有省文，因正文已錄其事，此故略之也。今附《三國志・魏志・管輅傳》所載此事於此：「父為利漕，利漕民郭恩兄弟三人，皆得躄疾，使輅筮其所由。輅曰：『卦中有君本墓，墓中有女鬼，非君伯母，當叔母也。昔饑荒之世，當有利其數升米者，排著井中，嘖嘖有聲，推一大石，下破其頭。孤魂冤痛，自訴於天。』於是恩涕泣服罪。」「於是恩涕泣服罪」即此文「義博悲涕沾衣」句。

義博從輅學鳥鳴之候，輅言：「君雖好道，天才既少，又不解音律，恐難為師也。」輅為說八風之變，五音之數，以律呂為眾鳥之商，六甲為時日之端，反覆譴曲，出入無窮。義博靜然沉思，馳精數日，卒無所得，義博言：「才不出位，難以追徵於此。」遂止。（《三國志・魏志・管輅傳》注。原云出《輅別傳》。）

鮑子春為列人令，有明思才理，與輅相見，曰：「聞君為劉奉林卜婦死亡日〔一〕，何其詳妙！試為論其意義。」輅論爻象之旨，說變化之義，若規圓矩方，無不合也。子春自言：「吾少好譚《易》，又喜分蓍，可謂盲者欲視白黑，聾者欲聽清濁，苦而無功也。聽君語後，自視體中，真為憒憒者也。」（《三國志・魏志・管輅傳》注。原云出《輅別傳》。）

〔校記〕

〔一〕據此句，《管輅別傳》中必當有為劉奉林占卜之事，此即承之。今附《三國志・魏志・管輅傳》所載此事於此：「廣平劉奉林婦病困，已買棺器。時正月也，使輅占，曰：『命在八月辛卯日，日中之時。』林謂必不然，而婦漸差。至秋發動，一如輅言。」

基與輅共論《易》，數日中，大以為喜樂，語輅言：「俱相聞善卜，定共清論。君一時異才，當上竹帛也。」輅為基出卦，知其無咎，因謂基曰：「昔高宗之鼎，非雉所雊；殷之階庭，非木所生。而野鳥一雊，武丁為高宗；桑穀暫生，太戊以興焉。知三事不為吉祥，願府君安身養德，從容光大，勿以知神奸汙累天真。」（《三國志・魏志・管輅傳》注。原云出《輅別傳》。事又見《搜神記》卷三。）

信都令家中婦女盡驚〔一〕，更牙疾病〔二〕。使公明為占之，卦成，語曰：〔三〕「君北室床西頭當有兩死男人，一鬼持矛，一鬼持弓箭〔五〕，頭在壁中，腳在壁外。持矛者主刺頭，故頭重痛不得舉；持弓箭者主射胷腹〔六〕，故心中

懸痛不得飲食。晝則浮遊，夜還病人，故驚恐。若徙其屍柩，便皆丁強。」於是令歸室中，果得兩楸棺，中有角弓及數箭，物已久遠，木消爛。徙骸埋之，合家皆愈。（《太平御覽》卷三百四十七。又見《北堂書鈔》卷一百二十三。二書皆云出《管公明別傳》。事又見《三國志・魏志・管輅傳》、《搜神記》卷三。）

〔校記〕

〔一〕中，《北堂書鈔》作「內」。盡，《北堂書鈔》誤作「善」。

〔二〕牙，《北堂書鈔》作「互」，「牙」乃「互」之形訛。

〔三〕以上三句，《北堂書鈔》作「公明筮之曰」。

〔四〕「君」、「當」、「兩」、「男」四字，《北堂書鈔》無。

〔五〕自此句至下「持矛者」十六字，《北堂書鈔》無。

〔六〕自此句至下「便皆丁強」三十七字，《北堂書鈔》無。

〔七〕歸，當是「掘」之誤。

〔八〕以上兩句，《北堂書鈔》作「掘室內，果得」。又《北堂書鈔》引至此止。

王基即遣信都令遷掘其室中，入地八尺，果得二棺，一棺中有矛，一棺中有角弓及箭，箭久遠，木皆消爛，但有鐵及角完耳。及徙骸骨，去城一十里埋之，無復疾病。基曰：「吾少好讀《易》，玩之以久，不謂神明之數，其妙如此。」便從輅學《易》，推論天文。輅每開變化之象，演吉凶之兆，未嘗不纖微委曲，盡其精神。基曰：「始聞君言，如何可得，終以皆亂，此自天授，非人力也。」於是藏《周易》，絕思慮，不復學卜筮之事。輅鄉里乃太原問輅：「君往者爲王府君論怪，云老書佐爲蛇，老鈴下爲鳥，此本皆人，何化之微賤乎？爲見於爻象，出君意乎？」輅言：「苟非性與天道，何由背爻象而任胸心者乎？夫萬物之化，無有常形，人之變異，無有常體，或大爲小，或小爲大，固無優劣。夫萬物之化，一例之道也。是以夏鯀，天子之父，趙王如意，漢祖之子，而鯀爲黃熊，如意爲蒼狗，斯亦至尊之位而爲黔喙之類也。況蛇者協辰巳之位，鳥者棲太陽之精，此乃騰黑之明象，白日之流景，如書佐、鈴下，各以微軀化爲蛇、鳥，不亦過乎！」（《三國志・魏志・管輅傳》注。原云出《輅別傳》。案：此乃承前事，《管輅別傳》原本爲一處之文。）

〔校記〕

〔一〕據此，此似當有王基問蛇之事，《北堂書鈔》引《管輅傳》載之，見下存疑。

經欲使輅卜，而有疑難之言。輅笑而答之曰：「君侯州里達人，何言之鄙！昔司馬季主有言，夫卜者必法天地，象四時，順仁義。伏羲作八卦，周文王三百八十四爻，而天下治。病者或以愈，且死或以生，患或以免，事或以成，

嫁女娶妻或以生長，豈直數千錢哉？以此推之，急務也。苟道之明，聖賢不讓，況吾小人，敢以爲難！」彥緯斂手謝輅〔一〕：「前言戲之耳。」於是輅爲作卦，其言皆驗。經每論輅，以爲得龍雲之精，能養和通幽者，非徒合會之才也。（《三國志・魏志・管輅傳》注。原云出《輅別傳》。）

〔校記〕

〔一〕王經，字彥緯，然前作「經」，此作「彥緯」，中間無轉承之語，知此文之前必有「王經，字彥緯」一類語，且有一事未載；由「而有疑難之言」，此前一段乃敘王經難管輅之事也。

勃海劉長仁有辯才，初雖聞輅能曉鳥鳴，後每見難輅曰：「夫生民之音曰言，鳥獸之聲曰鳴，故言者則有知之貴靈，鳴者則無知之賤名，何由以鳥鳴爲語，亂神明之所異也？孔子曰：『吾不與鳥獸同群。』明其賤也。」輅答曰：「夫天雖有大象而不能言，故運星精於上，流神明於下，驗風雲以表異〔一〕，役鳥獸以通靈。表異者必有浮沉之候，通靈者必有宮商之應，是以宋襄失德，六鶂並退；伯姬將焚，鳥唱其災；四國未火，融風已發；赤鳥夾日，殃在荊楚。此乃上天之所使，自然之明符。考之律呂則音聲有本；求之人事則吉凶不失。昔在秦祖，以功受封；葛盧聽音，著在《春秋》，斯皆典謨之實，非聖賢之虛名也。商之將興，由一燕卵也。文王受命，丹鳥銜書，此乃聖人之靈祥，周室之休祚，何賤之有乎？夫鳥鳴之聽，精在鶉火，妙在八神，自非斯倫，猶子路之於死生也。」長仁言：「君辭雖茂，華而不實，未敢之信。」須臾有鳴鵲之驗，長仁乃服。（《三國志・魏志・管輅傳》注。原云出《輅別傳》。）

〔校記〕

〔一〕驗，《通志・藝術傳》錄此文作「驅」，《長短經・正論》注亦有此文，未云出處，亦作「驅」，「驅」、「役」義近，作「驅」爲上；作「驗」者，「驅」之形訛也。

管輅聞有鳴鵲來，在閣屋上，其聲甚急。輅曰：「東北一婦昨殺夫，牽引西家父離婁，候不過日，在虞皋之際，告者至矣。」到時，果有東北五人，來告隣婦手殺其夫，詐言西家人與夫有嫌，來殺我聟。（高似孫《緯略》卷一。此即上文之「有鳴鵲之驗」，當在上文「未敢之信」下。）

輅又曰：「夫風以時動，爻以象應。時者神之驅使，象者時之形表，一時其道，不足爲難。」王弘直亦大學問，有道術，皆不能精。問輅：「風之推變，乃可爾乎？」輅言：「此但風之毛髮，何足爲異？若夫列宿不守，眾

神亂行，八風橫起，怒氣電飛，山崩石飛，樹木摧傾，揚塵萬里，仰不見天，鳥獸藏竄，兆民駭驚，於是使梓愼之徒，登高臺，望風氣，分災異，刻期日，然後知神思遐幽，靈風可懼。」（《三國志・魏志・管輅傳》注。原云出《輅別傳》。）

〔校記〕

〔一〕據此句「又曰」二字，《管輅別傳》原文當有論風之事，蓋正文引之，裴注略之也。今附《三國志・魏志・管輅傳》所載此事於此：「輅至列人典農王弘直許，有飄風高三尺餘，從申上來，在庭中幢幢回轉，息以復起，良久乃止。直以問輅，輅曰：『東方當有馬吏至，恐父哭子，如何！』明日膠東吏到，直子果亡。直問其故，輅曰：『其日乙卯，則長子之候也。木落於申，斗建申，申破寅，死喪之候也。日加午而風發，則馬之候也。離爲文章，則吏之候也。申未爲虎，虎爲大人，則父之候也。』有雄雉飛來，登直內鈴柱頭，直大以不安，令輅作卦。輅曰：『到五月必遷。』時三月也，至期，直果爲勃海太守。」此文當在「有雄雉飛來」之上。

　　諸葛原〔一〕字景春，亦學士。好卜筮，數與輅共射覆，不能窮之。景春與輅有榮辱之分，因輅餞之，大有高譚之客。〔二〕諸人多聞其善卜、仰觀，不知其有大異之才，〔三〕於是先與輅共論聖人著作之原，又敍五帝、三王受命之符。輅解景春微旨，遂開張戰地，示以不固；藏匿孤虛，以待來攻。景春奔北，軍師摧衂，自言吾覘卿旌旗，城池已壞也。其欲戰之士，於此鳴鼓角，舉雲梯，弓弩大起，牙旗雨集。然後登城曜威，開門受敵，上論五帝，如江如漢，下論三王，如翩如翰；其英者若春華之俱發，其攻者若秋風之落葉。聽者眩惑，不達其義，言者收聲，莫不心服，雖白起之坑趙卒，項羽之塞濉水，無以尙之。于時客皆欲面縛銜璧，求束手於軍鼓之下。輅猶總干山立，未便許之。至明日，離別之際，然後有腹心始終。一時海內俊士，八九人矣。蔡元才在朋友中最有清才，在眾人中言：「本聞卿作狗，何意爲龍？」輅言：「潛陽未變，非卿所知，焉有狗耳，得聞龍聲乎！」景春言：「今當遠別，後會何期。且復共一射覆。」輅占既皆中〔四〕。景春大笑，「卿爲我論此卦意，紓我心懷」。輅爲開爻散理，分賦形象，言徵辭合，妙不可述。景春及眾客莫不言聽後論之美，勝於射覆之樂。景春與輅別〔五〕，戒以二事〔六〕，言：「卿性樂酒〔七〕，量雖溫克〔八〕，然不可保，寧當節之〔九〕。卿有水鏡之才〔一〇〕，所見者妙〔一一〕，仰觀雖神〔一二〕，禍如膏火〔一三〕，不可不愼〔一四〕。持卿叡才〔一五〕，遊於雲漢之閒〔一六〕，不憂不富貴也〔一七〕。」輅言〔一八〕：「酒不可極，才不可盡，〔一九〕吾欲持酒以禮〔二〇〕，持才以愚，何患之有也〔二一〕？」

（《三國志・魏志・管輅傳》注。原云出《輅別傳》。事又見《北堂書鈔》卷九十八、

《初學記》卷十八、《藝文類聚》卷二十、《太平御覽》卷三百八十、卷四百八十九、
《酒譜》、《書敘指南》卷十。《事文類聚》續集卷十五、《事類備要》外集卷四十四引
此，云出《別傳》，即《管輅別傳》也，因以之參校。諸書皆節引，《書敘指南》僅引
「水鏡之才」四字，云出《管輅傳》。）

〔校記〕

〔一〕原，《北堂書鈔》作「元」，《冊府元龜》卷八百三十三作「源」，《異苑》卷九作「原」。
　　　春者，一元之始，則作「元」為上，《春秋繁露·重政》：「春秋變一謂之元，元猶原
　　　也，其義以隨天地終始也。」是作「原」與作「元」同。惟作「源」者，當是誤字。

〔二〕「亦學士」以下至此，《北堂書鈔》節作「與輅射覆」四字。

〔三〕《北堂書鈔》引至此止。

〔四〕據此句，《管輅別傳》當有管輅射覆之事，蓋正文引之，裴注略之也。今附《三國志·
　　　魏志·管輅傳》所載此事於此：「館陶令諸葛原遷新興太守，輅往祖餞之，賓客並會。
　　　原自起取燕卵、蠭窠、蜘蛛著器中，使射覆。卦成，輅曰：『第一物，含氣須變，依
　　　乎宇堂，雄雌以形，翅翼舒張，此燕卵也。第二物，家室倒縣，門戶眾多，藏精育
　　　毒，得秋乃化，此蠭窠也。第三物，觳觫長足，吐絲成羅，尋網求食，利在昏夜，
　　　此蜘蛛也。』舉坐驚喜。」

〔五〕《初學記》、《藝文類聚》、《太平御覽》卷三百八十、卷四百八十九、《酒譜》、《事文
　　　類聚》皆自此引起。景春，《初學記》《藝文類聚》《事文類聚》《事類備要》作「諸
　　　葛樂」，《太平御覽》卷三百八十、卷四百八十九作「諸葛原」，《酒譜》作「諸葛景」。
　　　「樂」、「景」當皆是「原」之誤，「原」字或下從水，作「厡」（隋《郭王墓誌》），「樂」
　　　字或書作「桨」（見魏《臨潼造像》）、「楽」（見宋《爨龍顏碑》），字形相近；「原」
　　　字又或作「厵」（見《隸辨》引《華山廟碑》），亦與「景」相近，又因諸葛原字景
　　　春，而誤作「景」也。「輅」上，《太平御覽》卷三百八十、《事文類聚》《事類備要》
　　　有「管」字。

〔六〕戒，《酒譜》作「誡」，「戒」、「誡」通。以，《太平御覽》卷三百八十脫。事，《初學
　　　記》、《藝文類聚》、《太平御覽》卷四百八十九、《事文類聚》、《事類備要》無，下「言」
　　　字連上讀。

〔七〕性，《太平御覽》卷三百八十無。

〔八〕量，《初學記》、《藝文類聚》、《太平御覽》卷四百八十九、《事文類聚》、《事類備要》
　　　無。案：《詩經·小雅·小宛》：「人之齊聖，飲酒溫克。」毛《傳》：「克，勝也。」
　　　鄭《箋》：「中正通知之人，飲酒雖醉，猶能溫藉自持以勝。」此即用《小宛》義。
　　　溫克者，言人也，非言酒量也，似無「量」字為上。

〔九〕寧，《初學記》無。之，《太平御覽》卷四百八十九無。

〔一〇〕「卿」上，《太平御覽》卷三百八十有「即」字，當即「卿」之誤訛而增。「卿」下，
　　　《太平御覽》卷四百八十九有「相」字，衍也。鏡，《太平御覽》卷三百八十作「鑒」。

〔一一〕自此句至「不憂不富貴也」三十二字，《酒譜》無。

〔一二〕雖，《太平御覽》卷四百八十九無。此句，《初學記》、《藝文類聚》、《太平御覽》卷三百八十、《事文類聚》、《事類備要》無。

〔一三〕禍，《太平御覽》卷四百八十九誤作「福」。

〔一四〕不，《事文類聚》《事類備要》脫。「慎」下，《太平御覽》卷三百八十有「也」字。又，《藝文類聚》、《太平御覽》卷三百八十引至此止。

〔一五〕持卿，《太平御覽》卷四百八十九誤作「侍節」。叡，《初學記》、《太平御覽》卷四百八十九、《事文類聚》、《事類備要》誤作「散」，形訛也。

〔一六〕「遊」上，《初學記》《事文類聚》《事類備要》有「以」字。

〔一七〕此句，《太平御覽》卷四百八十九作「不受富貴也」，「受」即「憂」之形訛，又脫「不」字。

〔一八〕言，《酒譜》作「曰」。

〔一九〕以上兩句，《酒譜》作「酒不可盡」，當脫「極才不可」四字。

〔二〇〕「持酒以禮」四字，《酒譜》無。

〔二一〕也，《初學記》、《太平御覽》卷四百八十九作「耶」，《事文類聚》《事類備要》作「邪」，「也」、「耶」、「邪」並爲疑問詞。

　　輅又曰：「厚味腊毒，天精幽夕，坎爲棺槨，兌爲喪車。」（《三國志·魏志·管輅傳》注。原云出《輅別傳》。）

　　〔校記〕

〔一〕《三國志·魏志·管輅傳》云：「輅族兄孝國居在斥丘，輅往從之，與二客會。客去後，輅謂孝國曰：『此二人天庭及口耳之間同有凶氣，異變俱起，雙魂無宅。流魂于海，骨歸於家，少許時，當並死也。』復數十日，二人飲酒醉，夜共載車，牛驚下道，入漳河中，皆即溺死也。」此注在「雙魂無宅」下，觀其卦辭，曰坎曰兌，當是以《周易》卜之，則《管輅別傳》中原文當有觀相、卜卦之文也。

　　輅爲華清河所召，爲北黌文學，一時士友，無不歡慕。安平趙孔曜明敏有思識，與輅有管鮑之分，故從發干來，就郡黌上與輅相見，言：「卿腹中汪汪，故時死人半，今生人無雙，當去俗騰飛，翱翔昊蒼，云何在此？聞卿消息，使吾食不甘味也。冀州裴使君才理清明，能釋玄虛，每論《易》及老、莊之道，未嘗不注精於嚴、瞿之徒也。又眷吾意重，能相明信者。今當故往，爲卿陳感虎開石之誠。」輅言：「吾非四淵之龍，安能使白日晝陰？卿若能動東風，興朝雲，吾志所不讓也。」於是遂至冀州見裴使君〔一〕。使君言：「君顏色何以消減於故邪？」〔二〕孔曜言〔三〕：「體中無藥石之疾〔四〕，然見清河郡內有一騏驥〔五〕，拘縶後廄歷年，去王良、伯樂百八十里，不得騁天骨〔六〕，起風塵〔七〕，以此憔悴耳。」使君言：「騏驥今何在也〔八〕？」孔曜言：「平原管輅字公明，年三十六，雅性寬大，與世無忌，可謂士雄〔九〕。仰觀天文〔一

○〕，則能同妙甘公、石申，俯覽《周易》〔一一〕，則能思齊季主〔一二〕。游步道
術，開神無窮，可謂士英〔一三〕。抱荊山之璞，懷夜光之寶〔一四〕，而爲清河
郡所錄北黌文學，可爲痛心疾首也〔一五〕。使君方欲流精九皋，垂神幽藪，欲
令明主不獨治，逸才不久滯，高風遐被，莫不草靡，宜使輅特蒙陰和之應，
得及羽儀之時，必能翼宣隆化，揚聲九圍也。」〔一六〕裴使君聞言，則慷慨曰
〔一六〕：「何乃爾邪！雖在大州，未見異才可用釋人鬱悶者，思還京師，得共
論道耳。況草間自有清妙之才乎？如此便相爲取之，莫使騏驥更爲凡馬，荆
山反成凡石。」〔一七〕即檄召輅爲文學從事〔一八〕。一相見〔一九〕，清論終日〔二
○〕，不覺罷倦。天時大熱〔二一〕，移牀在庭前樹下〔二二〕，乃至雞向晨〔二三〕，
然後出〔二四〕。再相見，便轉爲鉅鹿從事〔二五〕。三見〔二六〕，轉治中〔二七〕。
四見〔二八〕，轉爲別駕〔二九〕。至十月〔三○〕，舉爲秀才。〔三一〕輅辭裴使君，
使君言：「丁何、鄧二尚書〔三二〕，有經國才略，於物理〔無〕不精也。何尚
書神明精微，言皆巧妙，巧妙之志，殆破秋毫，君當愼之！自言不解《易》
九事，必當以相問。比至洛，宜善精其理也。」輅言：「何若巧妙，以攻難之
才，游形之表，未入於神。夫入神者，當步天元，推陰陽，探玄虛，極幽明，
然後覽道無窮，未暇細言。若欲差次老、莊而參爻、象，愛微辯而興浮藻，
可謂射侯之巧，非能破秋毫之妙也。若九事皆至義者，不足勞思也。若陰陽
者，精之以久。輅去之後，歲朝當有時刑大風，風必摧破樹木。若發於乾者，
必有天威，不足共清譚者。」（《三國志・魏志・管輅傳》注。原云出《輅別傳》。
又見《北堂書鈔》卷七十三〔兩引〕、《藝文類聚》卷五十五、《太平御覽》卷二百六
十三、卷六百一十七、卷六百三十二。又《北堂書鈔》卷三十四節引此事，云出《管
輅傳》，當即《管輅別傳》也。又《北堂書鈔》三引皆節引，文字差異較大，爲便於
省覽，今附於下，僅以《藝文類聚》《太平御覽》所引出校。）

〔校記〕
〔一〕《太平御覽》卷六百三十二自此句引起，作「趙孔耀至冀州見裴使君」。
〔二〕以上兩句，《太平御覽》卷六百三十二作「問顏色何以清減」。
〔三〕曜，《太平御覽》卷六百三十二作「耀」，「曜」、「耀」通。言，《太平御覽》卷六百
　　　三十二作「曰」。
〔四〕中，《太平御覽》卷六百三十二作「本」。
〔五〕郡，《太平御覽》卷六百三十二無。
〔六〕天骨，《太平御覽》卷六百三十二作「其足」。
〔七〕「起」上，《太平御覽》卷六百三十二有「以」字。

〔八〕今何在也，《太平御覽》卷六百三十二作「今所安在」。

〔九〕此句，《太平御覽》卷六百三十二無。

〔一〇〕「仰」、「文」二字，《太平御覽》卷六百三十二脫。

〔一一〕周易，《太平御覽》卷六百三十二作「同異」，「同」乃「周」之形訛，「異」乃「易」之音訛。

〔一二〕「季主」上，《太平御覽》卷六百三十二有「司馬」二字。有「司馬」為上，此句與上句為對文，上「甘公石申」四字，此亦當四字。司馬季主，見《史記・日者列傳》。又「同妙」與「思齊」相對，「同」與「齊」相對，則或「同妙」當作「妙同」、或「思齊」當作「齊思」，以前說為上。

〔一三〕此四字，《太平御覽》卷六百三十二無。

〔一四〕夜，《太平御覽》卷六百三十二作「衣」，「衣」乃「夜」之形訛，「夜」或作「衣」（《廣碑別字》引唐《張善墓誌》）、「衣」（《偏類碑別字》引隋《楊秀墓誌》），與「衣」形近。

〔一五〕也，《太平御覽》卷六百三十二無。

〔一六〕自「使君方欲」以下至此，《太平御覽》卷六百三十二無。

〔一六〕此句，《太平御覽》卷六百三十二作「悅慨曰」。

〔一七〕以上裴徽之言，《太平御覽》卷六百三十二僅引「如此便相為取之」一句。

〔一八〕《藝文類聚》、《太平御覽》卷二百六十三、卷六百三十二皆自此引起。《藝文類聚》作「冀州刺史裴徽召為文學從事」，「召」下當脫「輅」字；《太平御覽》卷二百六十三作「趙孔耀言輅於冀州刺史裴徽，即撽召輅」，「撽」為「檄」之訛；《太平御覽》卷六百一十七作「冀州刺史裴徽召輅為文學從事」。

〔一九〕一，《太平御覽》卷六百一十七脫。

〔二〇〕論，《藝文類聚》作「談」。

〔二一〕自此句至「然後出」十九字，《藝文類聚》、《太平御覽》卷六百一十七無。

〔二二〕在，《太平御覽》卷六百三十二作「於」。庭，《太平御覽》卷六百三十二作「廷」。

〔二三〕雞，《太平御覽》卷六百三十二作「鷄」，「雞」為「鷄」之異體字。「雞」下，《太平御覽》卷二百六十三、卷六百三十二皆有「鳴」字，此蓋脫之。

〔二四〕然後，《太平御覽》卷六百三十二作「復」。

〔二五〕便，《藝文類聚》無。此句，《太平御覽》卷六百一十七脫。

〔二六〕「見」上，《藝文類聚》、《太平御覽》卷六百三十二有「相」字。此句，《太平御覽》卷六百一十七脫。

〔二七〕「轉」下，《藝文類聚》、《太平御覽》卷六百一十七、卷六百三十二有「為」字，上下「轉為鉅鹿從事」、「轉為別駕」、「舉為秀才」皆有「為」字，此疑脫。

〔二八〕「見」上，《藝文類聚》、《太平御覽》卷六百一十七、卷六百三十二有「相」字。

〔二九〕為，《太平御覽》卷六百三十二無。又自「再相見」以下至此，《太平御覽》卷二百六十三節作「自爾四見，引輅為別駕」，並引至此止。

〔三〇〕「至」上，《太平御覽》卷六百一十七、卷六百三十二有「前」字，《藝文類聚》亦
　　　有之，然在「至」後。月，《藝文類聚》誤作「日」。

〔三一〕《藝文類聚》、《太平御覽》卷六百一十七、卷六百三十二引至此止。

〔三二〕「丁」字當衍，見《世說新語·規箴篇》注。

附：

趙孔曜薦輅於冀州刺史裴微，曰：「輅雅性寬大，與世無忌。」於是檄爲
文學。（《北堂書鈔》卷三十四，「微」乃「徽」之形訛）

趙孔耀言輅於冀州刺史裴使君，即檄爲文學從事。（《北堂書鈔》卷七十三）

刺史裴徽，名輅爲文學從事，一相見清談，爲治中；再相見轉別駕。（《北
堂書鈔》卷七十三，「名」乃「召」之形訛。）

輅爲何晏所請，果共論《易》九事，九事皆明。〔一〕晏曰：「君論陰陽，
此世無雙。」時鄧颺與晏共坐，颺言：「君見謂善《易》，而語初不及《易》
中辭義，何故也？」輅尋聲答之曰：「夫善《易》者不論《易》也。」晏含笑
而讚之「可謂要言不煩也」。因請輅爲卦。輅既稱引鑒戒，晏謝之曰：「知幾
其神乎，古人以爲難；交疏而吐其誠，今人以爲難。今君一面而盡二難之道，
可謂明德惟馨。《詩》不云乎：『中心藏之，何日忘之。』」（《三國志·魏志·管
輅傳》注。原云出《輅別傳》。）

〔校記〕

〔一〕據此句，《管輅別傳》原疑當有何晏問《易》、管輅答之之事，下《世說新語·規箴
　　　篇》注亦未載之。

輅字公明，平原人也。明《周易》，聲發徐州。冀州刺史裴徽舉秀才，謂
曰：「何、鄧二尚書有經國才略，於物理無不精也。何尚書神明清徹，殆破秋
豪，君當愼之。自言不解《易》中九事，必當相問。比至洛，宜善精其理。」
輅曰：「若九事皆至義，不足勞思。若陰陽者，精之久矣。」輅至洛陽，果爲
何尚書問，九事皆明。何曰：「君論陰陽，此世無雙也。」時鄧尚書在，曰：
「此君善《易》，而語初不論《易》中辭義，何邪？」輅答曰：「夫善《易》
者，不論《易》也。」何尚書含笑贊之曰：「可謂要言不煩也。」因謂輅曰：
「聞君非徒善論《易》，至於分蓍思爻，亦爲神妙，試爲作一卦，知位當至三
公不？又頃夢青蠅數十來鼻頭上，驅之不去，有何意故？」輅曰：「鴟鴞，天
下賤鳥也。及其在林食桑椹，則懷我好音。況輅心過草木，注情葵藿，敢不
盡忠？唯察之爾。昔元、凱之相重華，宣慈惠和，仁義之至也。周公之翼成

王，坐以待旦，敬慎之至也。故能流光六合，萬國咸寧，然後據鼎足而登金鉉，調陰陽而濟兆民，此履道之休應，非卜筮之所明也。今君侯位重山岳，勢若雷霆，望雲赴景，萬里馳風。而懷德者少，畏威者眾。殆非小心翼翼，多福之士。又鼻者，艮也，此天中之山，高而不危，所以長守貴也。今青蠅臭惡之物，而集之焉，位峻者顛，輕豪者亡，必至之分也。夫變化雖相生，極則有害；虛滿雖相受，溢則有竭。聖人見陰陽之性，明存亡之理，損益以爲衰，抑進以爲退。是故山在地中曰《謙》，雷在天上曰《大壯》。《謙》則裒多益寡，《大壯》則非礼不履。伏願君侯上尋文王《六爻》之旨，下思尼父《彖》《象》之義，則三公可決，青蠅可驅。」鄧曰：「此老生之常談。」輅曰：「夫老生者見不生，常談者見不談也。」（《世說新語‧規箴篇》注。原云出《輅別傳》。又見《世說新語‧排調篇》注、《太平御覽》卷四百，乃節引，今附於後。）

附：

鼻者，天中之山。（《世說新語‧排調篇》篇注）

輅見何尚書。何曰：「頃連夢青蠅數十，來在鼻上，驅之不肯去，何也？」輅曰：「夫鼻者，艮也。天中之山而蠅集之，位峻者危，輕豪者亡。」後遂被誅。（《太平御覽》卷四百）

舅夏大夫問輅：「前見何、鄧之日，爲已有凶氣未也？」輅言：「與禍人共會，然後知神明交錯；與吉人相近，又知聖賢求精之妙。夫鄧之行步，則筋不束骨，脈不制肉，起立傾倚，若無手足，謂之鬼躁。何之視候，則魂不守宅，血不華色，精爽烟浮，容若槁木，謂之鬼幽。故鬼躁者爲風所收，鬼幽者爲火所燒，自然之符，不可以蔽也。」輅後因得休。裴使君問：「何平叔一代才名，其實何如？」輅曰：「其才若盆盎之水，所見者清，所不見者濁。神在廣博，志不務學，弗能成才。欲以盆盎之水，求一山之形，形不可得，則智由此惑。故說老、莊則巧而多華，說《易》生義則美而多僞；華則道浮，僞則神虛；得上才則淺而流絕，得中才則游精而獨出，輅以爲少功之才也。」裴使君曰：「誠如來論。吾數與平叔共說老、莊及《易》，常覺其辭妙於理，不能折之。又時人吸習，皆歸服之焉，益令不了。相見得清言，然後灼灼耳。」（《三國志‧魏志‧管輅傳》注。原云出《輅別傳》。《長短經‧察相》注有論鬼躁、鬼幽是，文極似，或即出《管輅別傳》也。又《宋書‧五行志》云：「魏尚書鄧颺行步弛縱，筋不束體，坐起傾倚，若無手足。此貌之不恭也，管輅謂之鬼躁。鬼躁者，凶終之徵，後卒誅死。」即論鄧颺事，可相參。）

　　魏郡太守鍾毓，清逸有才，難輅《易》二十餘事，自以爲難之至精也。輅尋聲投響，言無留滯，分張爻象，義皆殊妙。毓即謝輅。輅卜知毓生日月，毓愕然曰：「聖人運神通化，連屬事物，何聰明乃爾！」輅言：「幽明同化，死生一道，悠悠太極，終而復始。文王損命，不以爲憂；仲尼曳杖，不以爲懼，緒煩著筮，宜盡其意。」毓曰：「生者好事，死者惡事，哀樂之分，吾所不能齊。且以付天，不以付君也。」石苞爲鄴典農，與輅相見，問曰：「聞君鄉里翟文耀能隱形，其事可信乎？」輅言：「此但陰陽蔽匿之數，苟得其數，則四嶽可藏，河海可逃。況以七尺之形，游變化之內，散雲霧以幽身，布金水以滅迹。術足數成，不足爲難。」苞曰：「欲聞其妙，君且善論其數也。」輅言：「夫物不精不爲神，數不妙不爲術，故精者神之所合；妙者，智之所遇。合之幾微，可以性通，難以言論。是故魯班不能說其手，離朱不能說其目。非言之難，孔子曰『書不盡言』，言之細也，『言不盡意』，意之微也，斯皆神妙之謂也。請舉其大體以驗之。夫白日登天，運景萬里，無物不照，及其入地，一炭之光，不可得見。三五盈月，清耀燭夜，可以遠望，及其在晝，明不如鏡。今逃日月者必陰陽之數，陰陽之數通於萬類，鳥獸猶化，況於人乎！夫得數者妙，得神者靈，非徒生者有驗，死亦有徵。是以杜伯乘火氣以流精，彭生託水變以立形。是故生者能出亦能入，死者能顯亦能幽，此物之精氣，化之游魂，人鬼相感，數使之然也。」苞曰：「目見陰陽之理，不過於君，君何以不隱？」輅曰：「夫陵虛之鳥，愛其清高，不願江漢之魚；淵沼之魚，樂其濡淫，不易騰風之鳥：由性異而分不同也。僕自欲正身以明道，直己以親義，見數不以爲異，知術不以爲奇，夙夜研幾，孳孳溫故，而素隱行怪，未暇斯務也。」（《三國志·魏志·管輅傳》注。原云出《輅別傳》。《白氏六帖》卷九略載石苞與管輅問對之事，未云出處，或即出《管輅別傳》也。）

　　故郡將劉邠字令元，清和有思理，好《易》而不能精。與輅相見，意甚喜歡，自說注《易》向訖也。輅言：「今明府欲勞不世之神，經緯大道，誠富美之秋。然輅以爲注《易》之急，急於水火；水火之難，登時之驗，《易》之清濁，延于萬代，不可不先定其神而後垂明思也。自旦至今，聽采聖論，未有《易》之一分，《易》安可注也！輅不解古之聖人，何以處乾位於西北，坤位於西南。夫乾坤者天地之象，然天地至大，爲神明君父，覆載萬物，生長無首，何以安處二位與六卦同列？乾之象象曰：『大哉乾元，萬物資始，乃統天。』夫統者，屬也，尊莫大焉，何由有別位也？」邠依《易繫詞》，諸爲之

理以爲注，不得其要。輅尋聲下難，事皆窮析。曰：「夫乾坤者，易之祖宗，變化之根源，今明府論清濁者有疑，疑則無神，恐非注《易》之符也。」輅於此爲論八卦之道及爻象之精，大論開廓，眾化相連。邠所解者，皆以爲妙，所不解者，皆以爲神。自說：「欲注《易》八年，用思勤苦，歷載靡寧，定相得至論，此才不及《易》，不愛久勞，喜承雅言，如此相爲高枕偃息矣。」欲從輅學射覆，輅言：「今明府以虛神於注《易》，亦宜絕思於靈蓍。靈蓍者，二儀之明數，陰陽之幽契，施之於道則定天下吉凶，用之於術則收天下豪纖，纖微，未可以爲《易》也。」邠曰：「以爲術者《易》之近數，欲求其端耳。若如來論，何事於斯？」留輅五日，不遑恤官，但共清譚。邠自言：「數與何平叔論《易》及老、莊之道，至於精神遐流，與化周旋，清若金水，鬱若山林，非君侶也。」邠又曰：「此郡官舍，連有變怪，變怪多形，使人怖恐，君似當達此數者，其理何由也？」輅言：「此郡所以名平原者，本有原，山無木石，與地自然；含陰不能吐雲，含陽不能激風，陰陽雖弱，猶有微神；微神不眞，多聚凶奸，以類相求，魍魉成羣。或因漢末兵馬擾攘，軍屍流血，汙染丘嶽，彊魂相感，變化無常，故因昏夕之時，多有怪形也。昔夏禹文明，不怪於黃龍，周武信時，不惑於暴風。今明府道德高妙，神不懼妖，自天祐之，吉無不利，願安百祿以光休寵也。」邠曰：「聽雅論爲近其理，每有變怪，輒聞鼓角聲音，或見弓劍形象。夫以土山之精，伯有之魂，實能合會，干犯明靈也。」邠問輅：「《易》言剛健篤實，輝光日新，斯爲同不也？」輅曰：「不同之名，朝旦爲輝，日中爲光。」（《三國志・魏志・管輅傳》注。原云出《輅別傳》。）

清河令徐季龍，字開明，有才機。與輅相見，共論龍動則景雲起，〔一〕虎嘯則谷風至，以爲火星者龍，參星者虎，火出則雲應，參出則風到，此乃陰陽之感化，非龍虎之所致也。輅言：「夫論難當先審其本，然後求其理，理失則機謬，機謬則榮辱之主。〔二〕若以參星爲虎，則谷風更爲寒霜之風，寒霜之風〔三〕，非東風之名。是以龍者陽精〔四〕，以潛爲陰〔五〕，幽靈上通，和氣感神，二物相扶，故能興雲〔六〕。夫虎者，陰精而居於陽〔八〕，依木長嘯，動於巽林〔九〕，二氣相感，故能運風。〔一一〕若磁石之取鐵，不見其神而金自來，有徵應以相感也。〔一二〕況龍有潛飛之化，虎有文明之變，招雲召風，何足爲疑？」季龍言：「夫龍之在淵〔一三〕，不過一井之底，虎之悲嘯，不過百步之中。形氣淺弱，所通者近，何能測景雲而馳東風〔一四〕？」輅言：「君不見陰

陽燧在掌握之中，形不出手，乃上引太陽之火，下引太陰之水，噓吸之間，煙景以集。苟精氣相感，縣象應乎二燧；苟不相感，則二女同居，志不相得。〔一五〕自然之道，無有遠近。」〔一六〕季龍言：「世有軍事，則感雞雉先鳴，其道何由？復有他占，惟在雞雉而已？」輅言：「貴人有事，其應在天，在天則日月星辰也。兵動民憂，其應在物，在物則山林鳥獸也。夫雞者兌之畜，金者兵之精，雉者離之鳥，獸者武之神，故太白揚輝則雞鳴，熒惑流行則雉驚，各感數而動。又兵之神道，布在六甲，六甲推移，其占無常。是以晉樞牛呴，果有西軍，鴻嘉石鼓，鳴則有兵，不專近在於雞雉也。」季龍言：「魯昭公八年，有石言於晉，師曠以爲作事不時，怨讟動於民，則有非言之物而言，於理爲合不？」輅言：「晉平奢泰，崇飾宮室，斬伐林木，殘破金石，民力既盡，怨及山澤，神痛人感，二精並作，金石同氣，則兌爲口舌，口舌之妖，動于靈石。傳曰輕百姓，飾城郭，則金不從革，此之謂也。季龍欽嘉，留輅經數日。輅占獵既驗〔一七〕，季龍曰：「君雖神妙，但不多藏物耳，何能皆得之？」輅言：「吾與天地參神，蓍龜通靈，抱日月而游杳冥，極變化而覽未然。況茲近物，能蔽聰明？」季龍大笑：「君既不謙，又念窮在近矣！」輅言：「君尙未識謙言，焉能論道。夫天地者則乾坤之卦，蓍龜者則卜筮之數，日月者離坎之象，變化者陰陽之爻，杳冥者神化之源，未然者則幽冥之先，此皆《周易》之紀綱，何僕之不謙？」季龍於是取十三種物，欲以窮之，輅射之皆中。〔一八〕季龍乃嘆曰：「作者之謂聖，述者之謂明，豈此之謂乎！」（《三國志·魏志·管輅傳》注。原云出《輅別傳》。又見《楚辭·七諫·哀命》洪興祖補注、《文選·王襃〈聖主得賢臣頌〉》注、《太平御覽》卷九百三十，諸書皆節引。）

〔校記〕

〔一〕以上諸句，《楚辭補注》節作「徐季龍與輅共論龍動則景雲起」。

〔二〕「夫論難」以下至此句，《楚辭補註》無。

〔三〕此句，《楚辭補註》無。

〔四〕《文選》注、《太平御覽》皆自此句引起，無「是以」二字。

〔五〕爲，《文選》注、《太平御覽》作「于」。

〔六〕雲，《太平御覽》脫。又《太平御覽》引至此止。

〔七〕夫，《文選》注無。

〔八〕於，《楚辭補註》作「于」，「於」、「于」同。

〔九〕於，《文選》注作「于」，「於」、「于」同。

〔一〇〕氣，《文選》注、《楚辭補註》作「數」。

〔一一〕《文選》注引至此止。

〔一二〕以上三句，《楚辭補註》無。

〔一三〕夫，《楚辭補註》無。

〔一四〕溮，《楚辭補註》作「漂」，「溮」、「漂」通。

〔一五〕「苟精氣」以下至此，《楚辭補註》無。

〔一六〕《楚辭補註》引至此止。

〔一七〕據此句，《管輅別傳》原文應有管輅占行獵之事，因正文有之，裴注略之也。今附《三國志・魏志・管輅傳》所載此事於此：「清河令徐季龍使人行獵，令輅筮其所得。輅曰：『當獲小獸，復非食禽，雖有爪牙，微而不彊，雖有文章，蔚而不明。非虎非雉，其名曰狸。』獵人暮歸，果如輅言。」

〔一八〕據以上三句，《管輅別傳》當有占十三種物之經過，今《三國志・魏志・管輅傳》作：「季龍取十三種物，著大篋中，使輅射。云：『器中藉藉有十三種物。』先說雞子，後道蠶蛹，遂一一名之，惟以梳爲枇耳。」僅存雞子、蠶蛹、梳三物，亦當爲略引，諸書亦未見載者。

輅與倪清河相見，既刻雨期，倪猶未信。輅曰：「夫造化之所以爲神，不疾而速，不行而至。十六日壬子，直滿，畢星中已有水氣。水氣之發，動於卯辰，此必至之應也。又天昨檄召五星，宣布星符，刺下東井，告命南箕，使召雷公、電母、風伯、雨師，群嶽吐陰，眾川激精，雲漢垂澤，蛟龍含靈，爗爗朱電，吐咀杳冥，殷殷雷聲，噓吸雨靈，習習谷風，六合皆同，欻唾之間，品物流形。天有常期，道有自然，不足爲難也。」倪曰：「譚高信寡，相爲憂之。」於是便留輅，往請府丞及清河令，若夜雨者當爲啖二百斤犢肉，若不雨當住十日。輅曰：「言念費損。」至日向暮，了無雲氣，眾人並嗤輅。輅言：「樹上已有少女微風，樹間又有陰鳥和鳴。又少男風起，眾鳥和翔，其應至矣。」須臾，果有艮風鳴鳥。日未入，東南有山雲樓起。黃昏之後，雷聲動天。到鼓一中，星月皆沒，風雲並興，玄氣四合，大雨河傾。倪調輅言：「誤中耳，不爲神也。」輅曰：「誤中與天期，不亦工乎？」（《三國志・魏志・管輅傳》注。原云出《輅別傳》。《牧菜膡語》卷十七引《管輅傳》有「檄五星而解旱」五字，「檄五星」即用上文「檄召五星」語，「解旱」則總言其結果，則《管輅傳》即《管輅別傳》也。又管輅末論少女微風之事，多見它書，然文字多有不同，且皆節引，今別爲一條，以《初學記》所載爲底本，參以眾書校之。）

公明在清河〔一〕，于時大旱〔二〕，問：「何時雨？」〔三〕言〔四〕：「今夜當大雨〔五〕。」至日向暮〔六〕，了無雲氣，眾人並讙嗤公明〔七〕。公明言〔八〕：「樹上已有少女微風〔九〕，樹間陰鳥和鳴〔一○〕，若少女反風〔一一〕，陰鳥亂翔〔一二〕，其應至矣〔一三〕。」須臾〔一四〕，玄雲四集〔一五〕，大雨注傾。（《初學記》

卷一。又見《編珠》卷一、《北堂書鈔》卷一百五十一、《藝文類聚》卷一、卷二、《白氏六帖》卷一、《歲華紀麗》卷二、《緯略》卷一、《事文類聚》前集卷三、《事類備要》前集卷二。《北堂書鈔》、《初學記》云出《管公明別傳》,《藝文類聚》卷一、《事文類聚》、《事類備要》云出《管公明傳》,《白氏六帖》《歲華紀麗》云出《管輅傳》。)

〔校記〕

〔一〕此句,《編珠》作「輅遇清河太守」,《藝文類聚》卷二、《緯略》作「輅過清河太守」,《北堂書鈔》《白氏六帖》《歲華紀麗》《事文類聚》《事類備要》皆自下句引起。

〔二〕于,諸書皆無,《三國志·魏志·管輅傳》亦無,或爲衍文。大,《編珠》、《藝文類聚》卷二、《緯略》作「天」。

〔三〕「問」下四字,《編珠》、《北堂書鈔》、《藝文類聚》卷二、《白氏六帖》、《歲華紀麗》、《緯略》無,《事文類聚》作「有問何日當雨」,《事類備要》作「有問何當雨」。

〔四〕言,《編珠》、《藝文類聚》卷二、《白氏六帖》、《緯略》作「輅曰」,《北堂書鈔》作「公明曰」,《歲華紀麗》作「輅云」。

〔五〕「今」上,《歲華紀麗》有「即」字。夜,《編珠》、《藝文類聚》卷二、《白氏六帖》、《歲華紀麗》作「夕」,《歲華紀麗》脫。大,《編珠》、《北堂書鈔》、《藝文類聚》卷二、《白氏六帖》、《歲華紀麗》、《緯略》無。

〔六〕向,《北堂書鈔》無。又自此句至下「公明言」十八字,《編珠》、《藝文類聚》卷二、《白氏六帖》、《歲華紀麗》、《緯略》無。

〔七〕此句,《北堂書鈔》作「衆人皆欲咄輅」,《事文類聚》《事類備要》作「衆人並欲嗤公明」,作「嗤」字是,「咄」乃「嗤」之形訛。

〔八〕此句,《北堂書鈔》作「輅曰」。

〔九〕樹,《緯略》上有「時」字。上,《編珠》《緯略》作「中」。微,《北堂書鈔》、《白氏六帖》脫,《白氏六帖》《歲華紀麗》作「微」,「微」爲「微」之異體字。「風」下,《白氏六帖》有「矣」字。

〔一〇〕「樹間」二字,《緯略》無。「陰」上,《編珠》、《藝文類聚》卷二、《緯略》有「又有」二字,《北堂書鈔》作「已有」。此句,《藝文類聚》卷一、《白氏六帖》、《歲華紀麗》無。

〔一一〕此句,《編珠》、《藝文類聚》卷二、《緯略》作「又少年風起」,《事類備要》作「若少男反風」,《北堂書鈔》、《白氏六帖》、《歲華紀麗》無。案:上《管輅傳》引此作「須臾,果有艮風鳴鳥」,艮爲少男,當作「少男」是。

〔一二〕陰,《編珠》、《藝文類聚》卷二、《緯略》作「眾」。此句,《北堂書鈔》、《白氏六帖》、《歲華紀麗》無。

〔一三〕其,《北堂書鈔》作「雲」。應至,《事文類聚》《事類備要》作「雨至」,《藝文類聚》卷一作「雨應至」。此句,《白氏六帖》《歲華紀麗》無。又《藝文類聚》卷一引至此止。

〔一四〕「須臾」下,《歲華紀麗》有「之間」二字,《藝文類聚》卷二、《緯略》有「風雲興」三字。此二字,《編珠》無。

〔一五〕此句，《編珠》《歲華紀麗》無，《北堂書鈔》作「乃見玄雲四集」，《藝文類聚》卷
　　　二、《緯略》作「玄氣四合」。
〔一六〕此句，《編珠》作「果大雨」，《歲華紀麗》作「雨果至」，《事文類聚》《事類備要》
　　　作「大雨河傾」，「河」蓋「注」之形訛。又「須臾」以下十字，《白氏六帖》節
　　　作「而須臾雨至」。

　　既有明才，遭朱陽之運，于時名勢赫奕，若火猛風疾。當塗之士，莫不
枝附葉連。賓客如雲，無多少皆爲設食。賓無貴賤，候之以禮。京城紛紛，
非徒歸其名勢而已，然亦懷其德焉。向不夭命，輅之榮華，非世所測也。弟
辰嘗欲從輅學卜及仰觀事〔一〕，輅言：「卿不可教耳。夫卜非至精不能見其數，
非至妙不能覩其道，《孝經》《詩》《論》，足爲三公，無用知之也。」於是遂
止。子弟無能傳其術者。（《三國志‧魏志‧管輅傳》注。原云出《輅別傳》。）

〔校記〕
〔一〕此管辰所撰，管辰文中不當復有「弟」字，「弟」蓋裴松之所加也。

　　辰敍曰：「夫晉、魏之士，見輅道術神妙，占侯無錯。以爲有隱書及象甲
之數。辰每觀輅書傳，惟有《易林》、《風角》及《鳥鳴》、《仰觀星書》三十
餘卷，世所共有。然輅獨在少府官舍，無家人子弟隨之，其亡沒之際，好奇
不哀喪者，盜輅書，惟餘《易林》、《風角》及《鳥鳴書》還耳。夫術數有百
數十家，其書有數千卷，書不少也。然而世鮮名人，皆由無才，不由無書也。
裴冀州、何、鄧二尚書及鄉里劉太常、潁川兄弟〔一〕，以輅稟受天才，明陰陽
之道、吉凶之情，一得其源，遂涉其流，亦不爲難，〔二〕常歸服之。輅自言〔三〕
與此五君共語〔四〕使人精神清發，昏不暇寐〔五〕。自此以下〔六〕，殆白日欲寢
矣〔七〕。」又自言當世無所願，欲得與魯梓愼、鄭神竈、晉卜偃、宋子韋、楚
甘公、魏石申共登靈臺，披神圖，步三光，明災異，運著龜，決狐疑，無所
復恨也。辰不以闇淺，得因孔懷之親，數與輅有所諮論。至於辨人物，析臧
否，說近義，彈曲直，拙而不工也。若敷皇、羲之典，揚文、孔之辭，周流
五曜，經緯三度，口滿聲溢，微言風集，若仰眺飛鴻，漂漂兮景沒，若俯臨
深溪，杳杳兮精絕。偪以攻難，而失其端，欲受學求道，尋以迷昏，無不扼
腕椎指，追響長歎也。昔京房雖善卜及風律之占，卒不免禍，而輅自知四十
八當亡，可謂明哲相殊。又京房目見邁讒之黨，耳聽青蠅之聲，面諫不從，
而猶道路紛紜。輅處魏、晉之際，藏智以樸，卷舒有時，妙不見求，愚不見
遺，可謂知幾相邈也。京房上不量萬乘之主，下不避佞諂之徒，欲以天文、

洪範，利國利身，困不能用，卒陷大刑，可謂枯龜之餘智，膏燭之末景，豈不哀哉！世人多以輅疇之京房，辰不敢許也。至於仰察星辰，俯定吉凶，遠期不失年歲，近期不失日月，辰以甘、石之妙不先也。射覆名物，見術流速，東方朔不過也。觀骨形而審貴賤，覽形色而知生死，許負、唐舉不超也。若夫疏風氣而探微候，聽鳥鳴而識神機，亦一代之奇也。向使輅官達爲宰相大臣，膏腴流於明世，華曜列乎竹帛，使幽驗皆舉，祕言不遺，千載之後，有道者必信而貴之，無道者必疑而怪之。信者以妙過眞，夫妙與神合者，得神則無所惑也。恨輅才長命短，道貴時賤，親賢遐潛，不宣於良史，而爲鄙弟所見追述，既自闇濁，又從來久遠，所載卜占事，雖不識本卦，捃拾殘餘，十得二焉。至於仰觀靈曜，說魏、晉興衰，及五運浮沉，兵革災異，十不收一。無源何以成河？無根何以垂榮？雖秋菊可採，不及春英，臨文慷慨，伏用哀慚。將來君子，幸以高明求其義焉。往孟荊州爲列人典農，嘗問亡兄，昔東方朔射覆得何卦，正知守宮、蜥蜴二物者。亡兄於此爲安卦生象，辭喻交錯，微義豪起，變化相推，會於辰巳，分別龍蛇，各使有理。言絕之後，孟荊州長歎息曰：『吾聞君論，精神騰躍，殆欲飛散，何其汪汪乃至於斯邪！』」（《三國志・魏志・管輅傳》注。原云出《輅別傳》。此乃敘文，原文「辰敘曰」三字或裴松之所加。又見《太平御覽》卷三百九十，乃節引。）

〔校記〕
〔一〕《太平御覽》自此句引起。
〔二〕「以輅」以下二十七字，《太平御覽》無。
〔三〕此三字，《太平御覽》作「輅曰」。
〔四〕「與」上，《太平御覽》有「自」字，當即上「輅自言」之「自」字誤在此。語，《太平御覽》作「言談」。
〔五〕「昏」上，《太平御覽》有「至」字。
〔六〕以，《太平御覽》作「已」，「以」、「已」通。
〔七〕矣，《太平御覽》無。又《太平御覽》引至此止。

　　本命在寅。（《三國志・魏志・管輅傳》注。裴松之案語曰：「輅自說云『本命在寅』，則建安十五年生也，至正始九年，應三十九，而傳云『三十六』，以正元三年卒，應四十七，傳云『四十八』，皆爲不相應也。」是知「本命在寅」、「三十六」、「四十八」皆《管輅別傳》中語也。「三十六」在孔曜薦管輅語中，《四十八》見管辰敘中，惟此未見。）

　　輅過母丘儉墓下，倚松哀吟，人問其故。曰：〔一〕「材木雖茂，無形可久。碑誄雖美，無復可守。〔二〕玄武藏頭，蒼龍無足。白虎銜尸，朱雀悲哭。四危

以備，法當滅族。」不過二載，其應至矣。(《北堂書鈔》卷九十四。又見《水經注·穀水注》。事又見《三國志·魏志·管輅傳》。)

〔校記〕

〔一〕以上數句，《水經注》作「輅嘗隨軍西征，過其墓而歎，謂士友曰」。

〔二〕以上四句，《水經注》無。

〔三〕蒼，《水經注》作「青」。

〔四〕當，《水經注》作「應」。

〔五〕以上兩句，《水經注》作「果如其言」。

存疑

安平太守王基令作卦，輅曰：「床上當有一大蛇銜筆，小大共視。」基大驚，問其吉凶。輅曰：「大蛇銜筆，直老書佐耳。無所憂。」(《北堂書鈔》卷一百〇四。原云出《管輅傳》。今見《三國志·魏志·管輅傳》。《隋書·經籍志》、兩《唐志》稱《管輅別傳》為《管輅傳》，諸書引《管輅別傳》亦有稱《管輅傳》者；此難詳究為《魏志·管輅傳》抑或《管輅別傳》之文，今姑置此。)

裴使君有高才逸度，善言玄妙也。(《世說新語·文學篇》注。原云出《管輅傳》，此語見《魏志·裴潛傳》裴松之案曰：「潛少弟徽，字文季，冀州刺史。有高才遠度，善言玄妙。事見荀粲、傅嘏、王弼、管輅諸傳。」上《管輅別傳》云：「冀州裴使君才理清明，能釋玄虛，每論易及老、莊之道，未嘗不注精於嚴、瞿之徒也。」裴松之即概括此一段，然既非《管輅傳》，亦非《管輅別傳》之文也。)

夜有二小物如獸，手持火，以口吹之。書生舉刀斫斷腰，視之狐也，自此無火災。(《初學記》卷二十九。又見《白氏六帖》卷二十九、《太平御覽》卷九百〇九、《事文類聚》後集卷三十七、《事類備要》別集卷七十八、《韻府群玉》卷三。案：諸書並云出《管輅傳》，然據裴松之案語，此輅鄉里人紀玄龍所述，本非《管輅別傳》之文也。因不出校。)

《吳猛別傳》

《吳猛別傳》，不題撰人，《隋書·經籍志》兩《唐志》均不見著錄，佚文見於《北堂書鈔》，《天中記》、《淵鑒類函》所引皆本於《書鈔》。吳猛，豫章（今江西南昌）人，晉代道士，其事跡見於《晉書》卷九十五和《道

學傳》卷四，猛有孝行，今傳二十四孝之「恣蚊飽血」，即敘其至孝。《吳猛別傳》所記內容皆與本傳不同，率多怪誕靈異之事。

豫章縣東鄉呂里山中有石笥，歷代〔一〕不能開。吳猛往〔二〕，遂得發之，多有石牒古字，弟子莫有曉者，猛亦不言。弟子數十人合力舉蓋，不動如山，猛一手〔二〕提若無重焉。（《北堂書鈔》卷一百六十）

豫章縣南山有石直立水中，峻崿千仞，猴猿不能至。猛乃策杖升之，令二弟子隨後，忽若平路。（《北堂書鈔》卷一百六十）

猛性至孝，入山採薪，還，忽失其九歲妹，乃尋逐十三日，踰難險，絕無飲食。於大石岩下息，因得眼夢見一老公，語之曰：「君妹當已還。」驚覺歸，妹果在家。（《北堂書鈔》卷一百六十）

《王祥別傳》

《王祥別傳》，不題撰人，卷數不詳，《隋書·經籍志》、兩《唐志》不見著錄。王祥，西晉初著名孝子，其事跡主要見於《晉書》卷三十三《王祥傳》。

晉受禪。時廊廟之士。莫不懼容，而祥色不加怡。時人為之語曰：「王公恨恨，有送故之情也。」（《太平御覽》卷四百九十六）

《王祥世家》

《王祥世家》，不題撰人，卷數不詳，《隋書·經籍志》、兩《唐志》不見著錄，今見於《世說新語》注，內容當主要記載王祥一族人物事跡。

祥父融，娶高平薛氏，生祥。繼室以廬江朱氏，生覽。（《世說新語·德行篇》注　又見於《緯略》卷六）

《羊祜別傳》

《羊祜別傳》，不題撰人，卷數不詳，《隋書‧經籍志》、兩《唐志》不見著錄，《太平御覽經史圖書綱目》列之。羊祜，西晉初重臣，其事跡主要見於《晉書》卷三十四《羊祜傳》。

先時，吳有童謠曰：「阿童復阿童，銜刀浮渡江。不畏岸上獸，〔一〕但畏水中龍。」祜聞之曰：「此必水軍有力〔二〕。」即表王璿〔三〕爲龍驤將軍，謀伐之〔四〕。璿小字阿童也。〔五〕（《職官分紀》卷三十四　又見於《北堂書鈔》卷六十四）

〔校記〕

〔一〕獸，《北堂書鈔》作「龍」。

〔二〕力，《北堂書鈔》作「功」。

〔三〕王璿，《北堂書鈔》作「王濬」，當爲王璿，小字阿童。

〔四〕之，《北堂書鈔》作「吳」。

〔五〕璿小字阿童也，《北堂書鈔》無。

昔有攘羊遺叔向母，母埋之。後事發檢羊，肉盡唯舌存，遂以羊舌爲氏族，祜其後也。（《太平御覽》卷四百二十六）

祜周行賊境七百餘里，往反四十餘日，刈賊穀以爲軍糧，皆計頃畝送絹，還直使如穀價。（《太平御覽》八百三十七百）

《趙泰傳》

《趙泰傳》，不題撰人，卷數不詳，諸家史志目錄未著錄，佚文見於《法苑珠林》卷六，云出《趙泰傳》，引文頗爲簡略。《法苑珠林》卷七、《太平廣記》卷三百七十七引有趙泰傳記，未標明出於《趙泰傳》。然《法苑珠林》卷六所引內容與《法苑珠林》卷七、《太平廣記》頗有相同之處，《法苑珠林》與《太平廣記》所引趙泰傳記，或並出於《趙泰傳》，疑不能定，謹將《法苑珠林》卷七、《太平廣記》所引趙泰傳記附列於後。

　　泰曾死而絕。有使二人扶而從西入趣宮治。合有三重黑門，周匝數十里。高梁瓦屋。是日亦有同死者男女五六千人，皆在門外。有吏著帛單衣，持筆抄人姓名，男女左右別記。謂曰：莫動！當將汝入呈太山府君，名簿在第二十。須臾便至。府君西向坐，邊有持刀直衛。左右至者按名一一呼入，至府君所依罪輕重斷之入獄。（《法苑珠林》卷六）

　　晉趙泰，字文和，清河貝丘人也。祖父京兆太守。泰郡察孝廉；公府辟不就。精思典籍，有譽鄉里。嘗（《太平廣記》引作「當」）晚乃膺仕，終於中散大夫。泰年三十五時，嘗卒心痛，須臾而死。下屍於地，心煖不已，屈伸隨人。留屍十日。平旦（《廣記》引作「忽然」）喉中有聲如雨。俄而穌活。說：初死之時，夢有一人，來近心下。復有二人，乘黃馬。從者二人，夾扶泰腋。徑將東行，不知可幾里。至一大城，崔嵬高峻。城色青黑，狀錫。將泰向城門入。經兩重門。有瓦屋可數千閒。男女大小亦數千人，行列而立。吏著皂衣。有五六人，條疏姓字，云：當以科呈府君。泰名在三十。須臾將泰與數千人男女一時俱進。府君西向坐，簡視名簿訖，復遣泰南入黑門。有人著絳衣，坐大屋下，以次呼名，問生時所事，作何罪，（《廣記》「罪」上有「尊」字）行何福善，諦汝等辭以實言也。此恆遣六部使者常在人閒，疏記善惡，具有條狀。不可得虛。泰答：父兄仕宦皆二千石。我少在家，修學而已，無所事也，亦不犯惡。乃遣泰爲水官監作使（《廣記》引作「吏」），將二千餘人，運沙裨岸，晝夜勤苦。後轉泰水官都督，知諸獄事。給泰馬兵，令案行地獄。所至諸獄，楚毒各殊。或針貫其舌，流血竟體。或被頭露髮，裸形徒跣，相牽而行。有持大杖，從後催促。鐵床銅柱，燒之洞然。驅迫此人，抱臥其上。赴即焦爛，尋復還生。或炎爐巨鑊，焚煮罪人。身首碎墮，隨沸翻轉。有鬼持叉，倚於其側。有三四百人立於一面，次當入鑊，相抱悲泣。或劍樹高廣，不知限量（《廣記》引作「極」）。根莖枝葉，皆劍爲之。人眾相訾，自登自攀，若有欣意競。而身首割截，尺寸離斷。泰見祖父母及二弟在此獄中，相見涕泣。泰出獄門，見有二人齎文書來，語獄吏言：有三人，其家爲其於塔寺中懸旛燒香，救解其罪，可出福舍。俄見三人自獄而出；已有自然衣服，完整在身。南詣一門，云名開光大舍。有三重門，朱彩照發。見此三人即入舍中，泰亦隨入。前有大殿珍寶周飾，精光耀目。金玉爲牀。見一神人，姿容偉異，殊好非常，坐此座上。邊有沙門，立侍甚眾。見府君來，恭敬作禮。泰問：此是何人，府君致敬。吏曰，號名世尊，度人之師。有頃令惡道中人，皆出聽經。時云：有百萬九千人（「云」「百」《廣記》並無），皆出地獄，入百里城。

在此到者，奉法眾生也。行雖虧殆，尚當得度，故開經法，七日之中，隨本城作善惡多少，差次免脫。泰未出之頃，已見十人昇虛而去。出此舍，復見一城，方二百餘里，名爲受變形城。地獄考治已畢者，當於此城，更受變報。泰入其城，見有土瓦屋數千區，各有坊巷。正中有瓦屋高壯，欄檻采飾。有數百局吏，對校文書，云：殺生者當作蜉蝣，朝生暮死；劫盜者當作豬羊，受人屠割；淫泆者作鶴鶩獐麋；兩舌者作鴟梟鵂鶹，捍債者爲驢騾牛馬。泰案行畢，還水官處。主者語泰：卿是長者子，以何罪過，而來在此？泰答：祖父兄弟皆二千石。我舉孝廉（「廉」字據《廣記》補）；公府辟不行。修志念善，不染眾惡。主者曰：卿無罪過，故相使爲水官都督。不爾，與地獄中人無以異也。泰問主者曰：人有何行，死得樂報？主者言：唯（「言唯」原作「唯言」，據《廣記》改）奉法弟子，精進持戒，得樂報，無有謫罰也。泰復問曰：人未事法時，所行罪過，事法之後，得以除不？答曰：皆除也。語畢，主者開藤篋，檢泰年紀，尚有餘算三十年在。乃遣泰還。臨別，主者曰：已見地獄罪報如是，當告世人，皆令作善。善惡隨人，其猶影響，可不慎乎！」時親表內外候視泰者五六十人，同聞泰說。泰自書記，以示時人。時晉泰始五年七月十三日也。乃爲祖父母二弟延請僧眾，大設福會。皆命子孫改意奉法，課勸精進。時人聞泰死而復生，多見罪福，互來訪問。時有太中大夫武城孫豐，關內侯常山郝伯平等十人，同集泰舍，款曲尋問，莫不懼然，皆即奉法也。（《法苑珠林》卷七《太平廣記》卷三百七十七）

《馬鈞別傳》

《馬鈞別傳》，不題撰人，卷數不詳，《隋書·經籍志》、兩《唐志》皆不著錄。馬鈞，字德衡，漢末三國時發明家，其事跡主要見於傅玄所撰《馬先生傳》。《御覽》所引內容，皆見於《馬先生傳》，則《馬鈞別傳》或即是傅玄《馬先生傳》，疑不能明，姑兩列之。

鈞，字德衡，扶風人。巧思絕世，不自知其爲巧也。居貧。舊綾機五十綜者五十躡，六十綜者六十躡，鈞乃易以十二躡。其奇文異變，因感而作，猶自然而成形，陰陽之無窮。（《太平御覽》卷七百五十二）

《馬先生傳》　晉傅玄撰

《馬先生傳》，《隋書・經籍志》、兩《唐志》皆不著錄，今見於《三國志》注，傳記篇幅較長，相對完整。傅玄（217-278），字休奕，魏晉之際人，其事跡主要見於《晉書》卷四十七《傅玄傳》。

馬先生，天下之名巧也。少而游豫，不自知其爲巧也。當此之時，言不及巧，焉可以言知乎？爲博士居貧，乃思綾機之變，不言而世人知其巧矣。舊綾機五十綜者五十躡，六十綜者六十躡，先生患其喪功費日，乃皆易以十二躡。其奇文異變，因感而作者，猶自然之成形，陰陽之無窮，此輪扁之對不可以言言者，又焉可以言校也。先生爲給事中，與常侍高堂隆、驍騎將軍秦朗爭論於朝，言及指南車，二子謂古無指南車，記言之虛也。先生曰：「古有之，未之思耳，夫何遠之有！」二子哂之曰：「先生名鈞字德衡，鈞者器之模，而衡者所以定物之輕重；輕重無準而莫不模哉！」先生曰：「虛爭空言，不如試之易效也。」於是二子遂以白明帝，詔先生作之，而指南車成。此一異也，又不可以言者也，從是天下服其巧矣。

居京都，城內有地，可以爲園，患無水以漑，乃作翻車，令童兒轉之，而灌水自覆，更入更出，其功百倍於常。此二異也。

其後人有上百戲者，能設而不能動也。帝以問先生：「可動否？」對曰：「可動。」帝曰：「其巧可益否？」對曰：「可益。」受詔作之。以大木彫構，使其形若輪，平地施之，潛以水發焉。設爲女樂舞象，至令木人擊鼓吹簫；作山嶽，使木人跳丸擲劍，緣絙倒立，出入自在；百官行署，舂磨鬥雞，變巧百端。此三異也。

先生見諸葛亮連弩，曰：「巧則巧矣，未盡善也。」言作之可令加五倍。又患發石車，敵人之於樓邊縣濕牛皮，中之則墮，石不能連屬而至。欲作一輪，縣大石數十，以機鼓輪爲常，則以斷縣石飛擊敵城，使首尾電至。嘗試以車輪縣瓴甓數十，飛之數百步矣。

有裴子者，上國之士也。精通見理，聞而哂之。乃難先生，先生口屈不對。裴子自以爲難得其要，言之不已。傅子謂裴子曰：「子所長者言也；所短者巧也。馬氏所長者巧也；所短者言也。以子所長，擊彼所短，則不得不屈。以子所短，

難彼所長，則必有所不解者。夫巧，天下之微事也，有所不解而難之不已，其相擊刺，必已遠矣。心乖於內，口屈於外，此馬氏所以不對也。」

傅子見安鄉侯，言及裴子之論，安鄉侯又與裴子同。傅子曰：「聖人具體備物，取人不以一揆也：有以神取之者，有以言取之者，有以事取之者。有以神取之者，不言而誠心先達，德行顏淵之倫是也。以言取之者，以變辯是非，言語宰我、子貢是也。以事取之者，若政事冉有、季路，文學子游、子夏。雖聖人之明盡物，如有所用，必有所試，然則試冉、季以政，試游、夏以學矣。游、夏猶然，況自此而降者乎！何者？縣言物理，不可以言盡也，施之於事，言之難盡而試之易知也。今若馬氏所欲作者，國之精器，軍之要用也。費十尋之木，勞二人之力，不經時而是非定。難試易驗之事而輕以言抑人異能，此猶以己智任天下之事，不易其道以御難盡之物，此所以多廢也。馬氏所作，因變而得是，則初所言者不皆是矣。其不皆是，因不用之，是不世之巧無由出也。夫同情者相妒，同事者相害，中人所不能免也。故君子不以人害人，必以考試為衡石；廢衡石而不用，此美玉所以見誣為石，荊和所以抱璞而哭之也。」於是安鄉侯悟，遂言之武安侯，武安侯忽之，不果試也。

此既易試之事，又馬氏巧名已定，猶忽而不察，況幽深之才，無名之璞乎？後之君子其鑒之哉！馬先生之巧，雖古公輸般、墨翟、王爾，近漢世張平子，不能過也。公輸般、墨翟皆見用於時，乃有益於世。平子雖為侍中，馬先生雖給事省中，俱不典工官，巧無益於世。用人不當其才，聞賢不試以事，良可恨也。（《三國志·魏志·杜夔傳》注）

《張錡狀》　晉蔡洪撰

《張錡狀》，蔡洪撰，卷數不詳，諸史志目錄未著錄，佚文見於《文選》李善注。

錡資氣早茂，才幹足任。（《文選》任彥昇《為蕭揚州薦士表》李善注）

《趙至別傳》

　　《趙至別傳》，不題撰人，卷數不詳，《隋書·經籍志》、兩《唐志》不見著錄。趙至，字景眞，西晉初人，其事跡主要見於《晉書》卷九十二《趙至傳》。

　　至字景眞，代郡人，流客緱氏。令新之官，至年十三，與母共道傍觀。母曰：「汝先世本非微賤家也，世亂流離，遂爲士伍耳。後能至此不？」至答曰：「可耳。」便求就師讀書。早起聞父耕叱牛聲，釋書而泣。師問其故，答曰：「自傷不能致榮，使老父不免勤苦。」師大異之，稱其當爲奇器。(《太平御覽》第三百八十五卷)

《石崇本事》

　　《石崇本事》，不題撰人，《隋書·經籍志》、兩《唐志》均不見著錄。石崇，字季倫，渤海南皮（今河北南皮東北）人，主要事跡見於《晉書》卷三十三《石崇傳》。

　　崇有珊瑚如意，長三尺二寸。(《藝文類聚》卷七十　《太平御覽》卷七百三原云出《石季倫本事》。)

《裴楷別傳》

　　《裴楷別傳》，不題撰人，卷數不詳，《隋書·經籍志》、兩《唐志》不見著錄，《太平御覽經史圖書綱目》則列之。裴楷，字叔則，魏晉名士，其事跡主要見於《晉書》卷三十五《裴秀傳》附列之《裴楷傳》。

　　楷營新宅，基宇甚麗，當移住，與兄共遊行，牀帳儼然，櫺軒疏朗，兄心甚願之，而口不言，楷心知其意，便使兄住。(《藝文類聚》卷六十四)

裴楷少知名，而風情朗悟。初，陳留阮籍遭母喪，〔一〕楷弱冠〔二〕往弔，籍乃離喪位，神志〔三〕晏然。至乃〔四〕縱情嘯詠，傍若無人。楷不爲改容，行止自若，〔五〕遂便〔六〕率情獨哭；哭畢而退，〔七〕威容舉動無異。（《太平御覽》卷五百六十一　又略見於《北堂書鈔》卷八十五）

〔校記〕

〔一〕陳留阮籍遭母喪，《北堂書鈔》無「陳留」二字，且引文起於此。

〔二〕弱冠，《北堂書鈔》無。

〔三〕神志，《北堂書鈔》作「神氣」。

〔四〕至乃，《北堂書鈔》無。

〔五〕「楷不爲改容」二句，《北堂書鈔》無。

〔六〕遂便，《北堂書鈔》作「楷便」。

〔七〕《北堂書鈔》引文止此。

石崇嘗與裴楷、孫綽酣宴，〔一〕而綽慢節過度，崇責之〔二〕。楷曰：「季舒酒狂，四海所知。足下飲人狂藥，責人正禮。〔三〕」（《太平御覽》卷七百三十九　又見於《酒譜》）

〔校記〕

〔一〕嘗與裴楷、孫綽酣宴，《酒譜》作「與楷、孫綽宴酣」。

〔二〕崇責之，《酒譜》作「崇欲表之」。

〔三〕責人正禮，《酒譜》作「而責人正禮乎？」案：孫綽，字興公，故裴楷之語前後文不能銜接，而《職官分紀》詳載其事，乃裴綽非爲孫綽也，《御覽》、《酒譜》引文有誤。

賈充等治法律，楷亦參典其事。事畢，詔專讀奏平章當否，楷善能諷誦，音聲解暢，執刑書，穆若清詠焉。（《太平御覽》卷三百八十八）

裴綽字季舒，爲中書郎。曾往石崇家，聽女妓，至沈醉，因止妓屋中眠。明旦，輒車來迎，直乃自內遙上車去。崇性暴妬，即殺妓婢，抗表言之。裴兄叔則與書曰：「季舒狂酒，四海所知。足下飲人以狂藥，責人以正禮。」石得書釋然。（《職官分紀》卷七）

《張華別傳》

《張華別傳》，不題撰人，卷數不詳，《隋書·經籍志》、兩《唐志》不見著錄，《太平御覽經史圖書綱目》則列之。張華，西晉時人，其事跡主要見於《晉書》卷三十六《張華傳》。

大〔一〕駕西征鍾會，至長安，〔二〕華兼中書侍郎，〔三〕從行，掌軍事中書疏表檄，〔四〕文帝善之。〔五〕（《藝文類聚》卷五十八卷　又見於《北堂書鈔》卷五十七卷《太平御覽》卷五百九十七《職官分紀》卷七）

〔校記〕

〔一〕大，《太平御覽》無。

〔二〕至長安，《北堂書鈔》卷五十七無，《太平御覽》作「次長安」。

〔三〕華兼中書侍郎，《職官分紀》作「兼中書郎」。

〔四〕「從行」二句，《北堂書鈔》作「掌軍事中書疏表檄」，《太平御覽》無「事」字，《職官分紀》無「軍事中」三字。

〔五〕文帝善之，《北堂書鈔》下有「還即眞者也」一句，《職官分紀》下則有「還即眞」一句。

陳壽好學，善著述，師事同郡譙周。少仕蜀，在觀閣爲郎，除中書著作郎，撰《三國志》。（《初學記》卷十二）

陳壽好學〔一〕，善著述，除著作〔二〕佐郎。當〔三〕時，夏侯湛等多欲〔四〕作「魏書」，見壽〔五〕所作，即壞己書。〔六〕（《初學記》卷十二卷　又見於《太平御覽》卷二百三十四《職官分紀》卷十六《事類備要》後集卷三十七《事文類聚》新集卷三十）

〔校記〕

〔一〕好學，《事類備要》後集、《事文類聚》新集無。

〔二〕除，《太平御覽》作「論」；著作，《職官分紀》無。

〔三〕當，《事類備要》後集、《事文類聚》新集無。

〔四〕多欲，《職官分紀》無。

〔五〕壽，《職官分紀》作「陳壽」。

〔六〕即壞己書，《職官分紀》作「壞已書也」。

《雷煥別傳》

《雷煥別傳》，不題撰人，卷數不詳，《隋書·經籍志》、兩《唐志》等史志目錄不見著錄，《太平御覽經史圖書綱目》列之。佚文見於《北堂書鈔》《太平御覽》。《雷煥別傳》記載寶劍干將、莫邪（一說龍泉、太阿）神異之事。雷煥，字孔章，西晉時人，曾爲豐城縣令。

煥爲豐城令，至縣移獄，掘得雙城，文采未明，煥取南昌西山白土，用拭劍，光豔曜照，乃送一劍與張華，自留一劍，華甚喜曰：「此乃干將也，莫邪已復不至也。」（《北堂書鈔》卷一百二十二）

雷煥，字孔章，善占星，曾共司空張華夜見異氣起牛斗餘。（《北堂書鈔》卷一百二十二）

煥爲豐城食，掘得雙劍，一與張華，一自留。後煥子爽帶劍經延平津，劍無故墜水，令人投水逐之，見二龍長數丈盤交。（《北堂書鈔》卷一百二十二）

煥與張華見異氣起牛斗之間。煥曰：「此寶劍也。」拜煥豐城令，到縣掘屋基入四十餘尺，得一石函，中有雙劍，琢錯文采，翳而未明。君初經南昌，遣人取西山北岩下土二升，黃白色，拭劍，光豔照耀，莫不驚愕。張公得劍，喜置坐側。曰：「此土南昌西山北岩土也，不如華陰山赤土，封一斤與君。」答書云：「詳觀劍體，眞干將也。君更用赤土磨拭，逾益精明。」（《太平御覽》卷三十七）

煥爲豐城令，至縣移獄，掘得雙劍，文采未明。煥拭以南昌西山黃土，光豔照耀，乃送一劍並少土與張華，華得劍喜甚，乃更磨以華陰赤土，以一斤送與煥。煥得磨劍，鮮光愈亮。（《北堂書鈔》卷一百二十二）

煥字孔章，鄱陽人。善星曆卜占。晉司空張華夜見異氣起牛斗，華問煥：「見之乎？」煥曰：「此謂寶劍氣。」華曰：「時有相吾者云：君當貴繞身佩寶劍。此言欲效矣。」乃以煥爲豐城令。煥至縣，移獄掘入三十餘尺，得青石函一枚，中有雙劍，文采未甚明。煥取南昌西山黃白土用拭劍，光豔照曜。乃送一劍並少黃土與華，自留一劍。華得劍並土曰：「此干將也，莫耶已復不至，而天生神物，終當合耳。」乃更以華陰赤土一斤送與煥。煥得磨劍，鮮光愈亮。及華誅，劍亡，玉匣莫知所在。後煥亡，煥子爽帶劍經延平津，劍無故墜水。令人沒水逐覓，見二龍長數丈盤交，須臾，光彩微發，曜日映川。（《太平御覽》卷三百四十三）

張華以煥爲豐城令，得雙寶劍，乃送一劍與華，自留一劍。華得劍甚喜，曰：「此干將也！」（《太平御覽》卷四百六十七）

《賈充別傳》

　　《賈充別傳》，不題撰人，《隋書・經籍志》、兩《唐志》均不見著錄，佚文見於《世說新語》注兩條。賈充，字公閭，平陽襄陵（今山西襄汾東北）人，魏晉間重臣，其事跡主要見於《晉書》四十《賈充傳》。

　　充父逵，晚有子，故名曰充，字公閭，言後必有充閭之異。（《世說新語・惑溺篇》注）

　　李氏有淑性令才也。（《世說新語・容止篇》注）

《荀粲傳》　　晉何劭撰

　　何劭（236-301），字敬祖，陳國陽夏（今河南太康）人。西晉大成，曾任侍中尚書、中書監、司徒等職，驕奢簡貴，同其父曾，卻能優遊自足，不貪權勢，故得終天年，諡爲「康」。劭有集二卷，佚，僅存文三篇，詩五首。其詩《文選》錄有三首。《荀粲傳》，《隋書・經籍志》、兩《唐志》不見著錄。荀粲，三國魏玄學家，荀彧之子，其事跡主要見於《世說新語》與何劭《荀粲傳》。

　　粲字奉倩。粲諸兄並以儒術論議，而粲獨好言道，常以爲子貢稱夫子之言性與天道，不可得聞，然則六籍雖存，固聖人之糠秕。〔一〕粲兄俁難曰：「《易》亦云聖人立象以盡意，繫辭焉以盡言，則微言胡爲不可得而聞見哉？」粲答曰：「蓋理之微者，非物象之所舉也。今稱立象以盡意，此非通于意外者也，繫辭焉以盡言，此非言乎繫表者也；斯則象外之意，繫表之言，固蘊而不出矣。」及當時能言者不能屈也。又論父彧不如從兄攸。彧立德高整，軌儀以訓物，而攸不治外形，愼密自居而已。粲以此言善攸，諸兄怒而不能迴也。太和初，到京邑與傅嘏談。嘏善名理而粲尙玄遠，宗致雖同，倉卒時或有格而不相得意。裴徽通彼我之懷，爲二家騎驛，頃之，粲與嘏善。夏侯玄亦親。常〔二〕謂嘏、玄曰：「子等在世塗間，功名必勝我，但識劣我耳！」嘏難曰：「能盛功名者，識也。天下孰有本不足而末有餘者邪？」粲曰：「功名者，志

局之所獎也。然則志局自一物耳，固非識之所獨濟也。我以能使子等爲貴，然未必齊子等所爲也。」粲常以婦人者，〔三〕才智不足論，自宜以色爲主。驃騎將軍曹洪女有美色，粲於是娉〔四〕焉，容服帷帳甚麗，專房歡宴。歷年後，婦〔五〕病亡，未殯，傅嘏往唁〔六〕粲；粲不哭而神傷。嘏問曰：「婦人才色並茂爲難。子之娶也，遺才而好色。〔七〕此自易遇，今何哀之甚？」粲曰：「佳人難再得！顧逝者不能有傾國之色，然〔八〕未可謂之易遇。」痛悼不能已，歲餘亦亡，時年二十九。粲簡貴，不能與常人交接，所交皆一時俊傑。至葬夕，赴者裁十餘人，皆同時知名士也，哭之，感動路人。（《三國志·魏志·荀彧傳》注　又略見於《北堂書鈔》卷一百《蒙求集註》卷下）

〔校記〕

〔一〕「然則六籍雖存」二句，《北堂書鈔》作「粲嘗以六籍雖存，固聖人之糟粕也」。《書鈔》引文只此二句。

〔二〕常，循其文意，似當作嘗。《冊府元龜》卷八百二十三引此句作「嘗」，當爲形近而訛。

〔三〕常，《蒙求集注》上有「粲字奉倩」一句；者，《蒙求集注》無。

〔四〕於是，《蒙求集注》無；娉，《蒙求集注》作「聘」，二字意通，今通作「聘」。

〔五〕婦，《蒙求集注》作「氏」，語意不通，誤。

〔六〕唁，《蒙求集注》作「喧」。

〔七〕「子之娶也」二句，《蒙求集注》作「子遺才而好色」。

〔八〕然，《蒙求集注》無。

仲尼稱「有德者有言」。而荀粲減於是，力顧所言有餘，而識不足。（《世說新語·惑溺篇》注　案：此條劉孝標引並未標示爲《荀粲傳》，然既以「何劭論粲」爲始，當爲何劭《荀粲傳》後之論也，故列於此。）

《司馬無忌別傳》

《司馬無忌別傳》，不題撰人，《隋書·經籍志》、兩《唐志》均不見著錄，佚文見於《世說新語》注一條。司馬無忌，字公壽，河內溫縣（今河南溫縣）人，晉宣帝司馬懿之後，其事跡主要見於《晉書》卷三十七。

無忌字公壽，丞子也。才器兼濟，有文武幹。襲封譙王，衛軍將軍。（《說新語·仇隙篇》注）

《王湛別傳》

　　《王湛別傳》，不題撰人，卷數不詳。王湛的別傳，今見者有三種《王湛別傳》《王處沖別傳》《汝南別傳》，《隋書·經籍志》、兩《唐志》皆不見著錄，《太平御覽經史圖書綱目》則列有《王處沖別傳》。王湛，字處沖，西晉時人，官至汝南內史，其事跡主要見於《晉書》卷七十五《王湛傳》。王湛三傳是否爲同一傳記，已不可考，故分別列之。

　　湛爲尚書郎，外望簡捷，若有遺漏，然事要機會，輒大小之問，無所不辨明，臺閣益歸重之。（《北堂書鈔》卷六十）

　　王處沖身長八尺，龍煩大鼻。（《太平御覽》卷三百六十七）

《處沖別傳》

　　處沖爲尚書郎，外望簡縱，若有遺漏，然事要機〔一〕輒執其中，中外之間亡所辨明，〔二〕臺閣益歸重之〔三〕。（《太平御覽》卷二百一十五　又見於《職官分紀》卷八）

　〔校記〕

　〔一〕機，《職官分紀》無。

　〔二〕中外之間亡所辨明，《職官分紀》作「外之雖無所辨明」。《職官分紀》所引，似有遺漏，以《御覽》引文爲上。

　〔三〕閣，《職官分紀》作「閤」。

《汝南別傳》

　　襄城郝仲將，門至孤陋，非其所偶也。君嘗見其女，便求聘焉。果高朗英邁，母儀冠族。其通識餘裕，皆此類。（《世説新語·賢媛篇》注）

《顧譚傳》 晉陸機撰

《顧譚傳》，陸機撰。陸機（261-303），字士衡，吳郡吳縣（今江蘇蘇州）人。祖遜，吳丞相。父抗，吳大司馬。少有異才，文章冠世。抗卒，領父兵爲牙門將。領父吳亡歸晉。太康十年，與弟雲入洛，爲張華所識。歷任太傅祭酒、吳國郎中令、著作郎等職。趙王司馬倫掌權，引爲相國參軍，封關中侯，于其篡位時受僞職。司馬倫被誅，險遭處死，賴成都王司馬穎救免，其後委身依之，爲平原內史。太安二年，任後將軍、河北大都督，率軍討伐長沙王司馬乂，敗於七里澗，遭讒遇害，被夷三族。宋徐民瞻輯爲《晉二俊文集》，明張溥《陸平原集》，清嚴可均輯有文七十四篇，近人逯欽立輯其存詩近百篇并殘句。顧譚，三國時東吳人，顧雍之孫，《三國志》卷五十二《顧雍傳》附列《顧譚傳》。此書《三國志·顧譚傳》注曰「陸機爲譚傳」云云，則是書本稱《顧譚傳》；《何氏語林》卷一引《三國傳》注事，已云出《顧譚別傳》。《太平御覽》又有《顧譚別傳》，當即後世所改也。《文選·任昉〈爲范尙書讓吏部封侯〉》注引陸機所作《顧譚誄》，當亦《顧譚傳》之內容，今一併錄之。諸家史志書目皆未著錄，《太平御覽經史圖書綱目》錄之，則北宋時或尙存也。

　　宣太子正位東宮。天子方隆訓導之義，妙簡俊彥，講學左右。時四方之傑畢集，太傅諸葛恪等雄奇蓋眾，而譚以清識絕倫，獨見推重。自太尉范愼、謝景、羊徽之徒，皆以秀稱其名，而悉在譚下。（《三國志·吳志·顧譚傳》注。原云「陸機爲譚傳曰」云云。）

　　遷吏部尙書，才長于銓衡，而綜核人物。（《文選·任昉〈爲范尙書讓吏部封侯〉》注。原注云「陸機顧譚誄曰」云云。）

　　譚，字子嘿，吳人。常慕賈誼之爲人。身長七尺八寸，少言笑，容兒矜整，有珪璋，威重，未常失色於物。非其人，或終日不言。（《太平御覽》卷三百八十九。原云出《顧譚別傳》。四庫本《御覽》作《顧譚傳》。）

　　譚時爲太常〔一〕，錄尙書事，後徙交阯〔二〕。初，吳以罪徙者，皆收家財入官。及君下獄，簿其資，唯有犢車一乘、牛數頭，奴婢不滿十人，無尺帛、珠金之寶。〔三〕上聞而嘉之，皆以君財付叔父穆。（《太平御覽》卷七百七十五。又見《太平御覽》卷五百，俱云出《顧譚別傳》。）

〔校記〕

〔一〕時，《太平御覽》卷五百無。

〔二〕後，《太平御覽》卷五百無。阯，《太平御覽》卷五百作「州」，據《三國志‧吳志‧顧譚傳》，作「州」是。

〔三〕「初」字以下至此，《太平御覽》卷五百節作「家無私積，奴婢不滿十人」，並引至此止。

《陸機別傳》

　　《陸機別傳》，不題撰人，卷數不詳，《隋書‧經籍志》、兩《唐志》不見著錄，《太平御覽經史圖書綱目》則列之。陸機，西晉時著名文學家，其事跡主要見於《晉書》卷五十四《陸機傳》。

　　博學善屬文，非禮不動。入晉，仕著作郎，至平原內史。(《世說新語‧言語篇》注)

　　成都王長史盧志，與機弟雲趣舍不同。又黃門孟玖求爲邯鄲令於穎，穎教付雲，雲時爲左司馬，曰：「刑餘之人，不可以君民！」玖聞此怨雲，與志讒構日至。及機於七里澗大敗，玖誣機謀反所致，穎乃使牽秀斬機。先是，夕〔一〕夢黑幰繞車，手決不開，〔二〕惡之。明旦，秀兵奄至，機解戎服，箸衣帢見秀，容貌自若，遂見害。時年四十三。軍士莫不流涕。是日〔一〕，天地霧合，大風折木，〔二〕平地尺雪。(《世說新語‧尤悔篇》注　又見於《唐開元占經》卷一百一《太平御覽》卷六百九十九、卷八百七十八)

〔校記〕

〔一〕夕，《太平御覽》卷六百九十九作「機」。

〔二〕「手決不開」一句，《太平御覽》卷六百九十九下有「至明見誅」。

〔三〕是日，《唐開元占經》、《太平御覽》卷八百七十八作「機被誅日」

〔四〕「天地」二句，《唐開元占經》《太平御覽》皆作「大風折木，天地霧合」。

　　機誅日，平地尺雪，時人以爲冤。(《太平御覽》卷十二)

　　孟玖欺成都王穎曰：「陸機司馬孫承，備知機情，可考驗也。」穎於是收承父子五人，考掠備加，踝骨皆脫出，終不誣機。(《太平御覽》卷三百七十二)

《機雲別傳》

《機雲別傳》，諸家書目未見著錄。今見《三國志・吳志・陸抗傳》注、《文選》任昉《爲蕭揚州薦士表》注，然實僅一條。又別有《陸機別傳》《陸雲別傳》，所載事跡皆見《晉書》。

晉太康末，俱入洛。造司空張華，華一見而奇之，曰：「伐吳之役，利在獲二儁。」遂爲之延譽，薦之諸公。太傅楊駿辟機爲祭酒，轉太子洗馬、尚書著作郎。雲爲吳王郎中令，出宰浚儀，甚有惠政，吏民懷之，生爲立祠。後並歷顯位。機天才綺練，文藻之美，獨冠於時。雲亦善屬文，清新不及機，而口辯持論過之。于時，朝廷多故，機、雲並自結於成都王穎。穎用機爲平原相，雲清河內史。尋轉雲右司馬，甚見委仗。無幾而與長沙王搆隙，遂舉兵攻洛，以機行後將軍，督王粹、牽秀等諸軍二十萬，士龍著《南征賦》以美其事。機吳人，羇旅單宦，頓居羣士之右，多不厭服。機屢戰失利，死散過半。初，宦人孟玖，穎所嬖幸，乘寵豫權，雲數言其短，穎不能納，玖又從而毀之。是役也，玖弟超亦領眾配機，不奉軍令。機繩之以法，超宣言曰：「陸機將反。」及牽秀等譖機於穎，以爲持兩端。玖又搆之於內，穎信之，遣收機，并收雲及弟耽，並伏法。機兄弟既江南之秀，亦著名諸夏，並以無罪夷滅，天下痛惜之。機文章爲世所重，雲所著亦傳於世。初，抗之克步闡也，誅及嬰孩，識道者尤之曰：「後世必受其殃。」及機之誅，三族無遺。孫惠與朱誕書曰：「馬援擇君，凡人所聞，不意三陸相攜暴朝，殺身傷名，可爲悼歎。」事亦並在《晉書》。(《三國志・吳志・陸抗傳》注 又見於《文選》任昉《爲蕭揚州薦士表》注。《文選》注云出《陸機陸雲別傳》。事詳《晉書・陸機陸雲傳》。)

〔校記〕

〔一〕《文選》注僅引以上三句，文同。

〔二〕此六字，似裴注之語。

《陸雲別傳》

《陸雲別傳》，諸家書目未見著錄。今僅存《世說新語・賞譽》注一條。

雲，字士龍，吳大司馬抗之第五子，機同母之弟也。儒雅有俊才，容貌瑰偉，口敏能談，博聞彊記。善著述，六歲便能賦詩，時人以爲項託、揚烏之疇也。年十八，刺史周俊命爲主簿，俊常嘆曰：「陸士龍，當今之顏淵也。」累遷太子舍人、清河內史，爲成都王所害。（《世說新語·賞譽篇》注。事詳《晉書·陸機陸雲傳》。）

《左思別傳》

《左思別傳》，不題撰人，卷數不詳，《隋書·經籍志》、兩《唐志》不見著錄，《太平御覽經史圖書綱目》列之。左思，西晉時著名文學家，其事跡主要見於《晉書》卷九十二《左思傳》。

思字太沖，齊國臨淄人。父雍起於筆箚，多所掌練，爲殿中御史。思蚤喪母，雍憐之，不甚教其書學。及長，博覽名文，遍閱百家。司空張華辟爲祭酒，賈謐舉爲秘書郎。謐誅，歸鄉里，專思著述。齊王冏請爲記室參軍，不起。時爲《三都賦》未成也。後數年疾終。其《三都賦》改定，至終乃上。初，作《蜀都賦》云：「金馬電發于高岡，碧雞振翼而雲披。鬼彈飛丸以礔礰，火井騰光以赫曦。」今無鬼彈，故其賦往往不同。思爲人無吏幹而有文才，又頗以椒房自矜，故齊人不重也。（《世說新語·文學篇》注）

思造張載，問嶓、蜀事，交接亦疏。皇甫謐西州高士，摯仲治宿儒知名，非思倫匹。劉淵林、衛伯輿並蚤終，皆不爲思《賦》序注也。凡諸注解，皆思自爲，欲重其文，故假時人名姓也。（《世說新語·文學篇》注）

《曹攄別傳》

《曹攄別傳》，不題撰人，卷數不詳，《隋書·經籍志》、兩《唐志》不見著錄，《太平御覽經史圖書綱目》列之。曹攄，西晉時人，其事跡主要見於《晉書》卷九十《曹攄傳》。

擄爲洛陽令，于時大雪，而宮門夜忽失行馬。擄曰：「此非他竊，理可保明，必是門士以療寒。」驗之而具服。（《太平御覽》卷十二）

《潘岳別傳》

《潘岳別傳》，不題撰人，諸家書目皆未著錄，佚文見《三國志·衛覬傳》注、《世說新語·容止》注所引兩條。《世說新語》注之「姿容甚美，風儀閑暢」，即《三國志》注之「美姿容」也，裴注所徵引，節略其文，非原本如此也。潘岳其人，名亦甚揚，所以《別傳》之文甚寡者，蓋不出正史所記。

岳美姿容，夙以才穎發名。其所著述，清綺絕倫。爲黃門侍郎，爲孫秀所殺。尼、岳文翰，並見重於世。（《三國志·魏志·衛覬傳》注）

岳姿容甚美，風儀閑暢。（《世說新語·容止篇》注）

《潘尼別傳》

《潘尼別傳》，不題撰人，卷數不詳，《隋書·經籍志》、兩《唐志》不見著錄。潘尼，西晉時人，潘岳從子，其事跡主要見於《晉書》卷五十五《潘岳傳》附列《潘尼傳》。

尼少有清才，文辭溫雅。初應州辟，後以父老歸供養。居家十餘年，父終，晚乃出仕。尼嘗贈陸機詩，機答之，其四句曰：「猗歟潘生，世篤其藻，仰儀前文，丕隆祖考。」位終太常。（《三國志·魏志·衛覬傳》注）

《傅宣別傳》

　　《傅宣別傳》，不題撰人，卷數不詳，《隋書·經籍志》、兩《唐志》不見著錄。傅宣，字世弘，傅祗之子，其事跡略見於《晉書》卷四十七《傅玄傳》附列《傅宣傳》。

　　宣字世和，北地泥陽人，年十三而著《河橋賦》，有文義。（《太平御覽》卷三百八十五　案：《晉書》傅宣字世弘，《御覽》作世和，乃因避諱改字也。）

　　宣爲御史中丞，明法執繩，內外震肅，甚有威風。（《北堂書鈔》卷六十二又見於《初學記》卷十二）

　〔校記〕
　〔一〕執，《初學記》作「直」，直繩乃謂其依法制裁，執繩則無義，故以直繩爲上。

《孫惠別傳》

　　《孫惠別傳》，不題撰人，卷數不詳，《隋書·經籍志》、兩《唐志》不見著錄。孫惠，西晉時人，其事跡主要見於《晉書》卷七十一《孫惠傳》。

　　惠好學有才智，晉永寧元年，赴齊王冏義，以功封晉興侯，辟大司馬賊曹屬。冏驕矜僭侈，天下失望。惠獻言於冏，諷以五難、四不可。勸令委讓萬機，歸藩青岱，辭甚深切。冏不能納，頃之果敗。成都王穎召爲大將軍參軍。是時穎將有事於長沙，以陸機爲前鋒都督。惠與機鄉里親厚，憂其致禍，謂之曰：「子盍讓都督於王粹乎？」機曰：「將謂吾避賊首鼠，更速其害。」機尋被戮，二弟雲、耽亦見殺，惠甚傷恨之。永興元年，乘輿幸鄴。司空東海王越治兵下邳，惠以書干越，詭其姓名，自稱南嶽逸民秦秘之，勉以勤王匡世之略，辭義甚美。越省其書，牓題道衢，招求其人。惠乃出見，越即以爲記室參軍，專掌文疏，豫參謀議。每造書檄，越或驛馬催之，應命立成，皆有辭旨。累遷顯職，後爲廣武將軍、安豐內史。年四十七，卒。惠文翰凡數十首。（《三國志·吳志·孫賁傳》注）

《潘京別傳》

《潘京別傳》，不題撰人，《隋書・經籍志》、兩《唐志》均不見著錄，《太平御覽經史圖書綱目》列之，則是書北宋之時尚見存，後散佚，佚文見於《太平御覽》所引一條。潘京，字世長，武陵漢壽（今湖南省常德市）人，官至桂林太守，事跡主要見於《晉書》卷九十《潘京傳》。

陳軌初爲州主簿，司空何次道帢偏岸，誚軌頓帢有所蔽也。應聲報曰：「軌頓以蔽有，明府岸以示無。」（《太平御覽》卷六百八十八）

《郭文舉別傳》

《郭文舉別傳》，不題撰人，卷數不詳，《隋書・經籍志》、兩《唐志》不見著錄。郭文，字文舉，西晉至東晉初人，其事跡主要見於《晉書》卷九十四《郭文傳》。

先生每遊山林，輒旬月忘歸。隱華陰之崖，以觀石室之石函焉。（《北堂書鈔》卷一百六十）

文舉，河內人也，懷帝未濟江至餘杭，市賣箭箬易鹽米。以樹皮作囊，得米鹽以內囊中。（《太平御覽》卷七百四）

《夏仲御別傳》

《夏仲御別傳》，不題撰人，卷數不詳，《隋書・經籍志》、兩《唐志》不見著錄，《太平御覽經史圖書綱目》則列之。夏統，字仲御，西晉時隱士，其事跡主要見於《晉書》卷九十四《夏統傳》。

仲御〔一〕詣洛，到三月三日，洛中公王以下，莫不方軌連軫〔二〕，並至〔三〕南浮橋邊禊。男則朱服耀路，女則錦綺粲爛，仲御時在船〔四〕中，曝所市藥，雖見此輩，穩坐不搖。賈公望見之〔五〕，深奇其節，願〔六〕相與語，此人有心膽，有似冀缺。走〔七〕問船中安坐者爲誰。仲御不應，重問，徐乃答曰：「會稽北海間民夏仲御。」（《藝文類聚》卷四　又見於《初學記》卷四《太平御覽》卷三十）

〔校記〕

〔一〕仲御」《太平御覽》作「夏仲御」。

〔二〕軫，《太平御覽》作「軨」。

〔三〕《太平御覽》無「至」字。

〔四〕船，《太平御覽》作「舡」，二字通。

〔五〕賈公望見之，《太平御覽》作「賈充望見」。

〔六〕願，《太平御覽》作「顧」。聯繫下文，當爲賈充與左右相語，言其似郤缺，「顧」字於義爲長。冀缺，即郤缺也。

〔七〕走，《太平御覽》下有「往」字。

激南楚，吹胡笳。風雲爲之搖動，星辰爲之變度。（《初學記》卷十五卷《太平御覽》卷五百八十一）

仲御從父家女巫章舟、陳殊二人〔一〕，妍姿洽〔二〕媚，清歌妙舞，狀若飛仙。（《初學記》卷十五　又見於《太平御覽》卷五百六十八）

〔校記〕

〔一〕章舟、陳殊二人，《太平御覽》卷五百六十八作「章丹、陳珠二女」。

〔二〕洽，《太平御覽》卷五百六十八作「冶」，於義更長，當形近而訛。

仲御徒父〔一〕敬寧祠祝，祀先祖，有女巫章丹、陳珠二人，並有國色，乃拔刀破〔二〕，吞刀吐火，雲霧杳冥。（《北堂書鈔》卷一百一十二）

〔校記〕

〔一〕徒父，當爲「從父」，《晉書》本傳亦載此事作「從父」，因形近而訛。

〔二〕參《晉書》本傳，此處當遺「舌」字，殆因與下「吞」字形近而遺。

女巫章、陳二人，並有國色，能隱形匿影，眩惑人目。（《北堂書鈔》卷一百一十二）

爰有天水玄酎，長安醽清，雜以東酃，碧素苾馨，客望棔而乾咽，杯觸口而已傾。（《北堂書鈔》卷一百四十八　案《北堂書鈔》兩引之，一引至「雜以東酃」止。）

仲御詣洛，到三月三日，洛下王公以下，並至南浮橋邊禊，仲御亦往。問仲御海濱頜，能隨戲舡子乎？若〔一〕曰：「先父所職，敢有二事。」公給檝，仲御遂操，移正折施，中氣鱄踊，後作鮮鱒鮋鮮之引。（《北堂書鈔》卷一百五十五）

〔校記〕

〔一〕「若」字無義，當爲「答」。

夏統，字仲御，永興人，與母兄弟居，恒星行夜歸，採桔求食。母老病，不惊家事，仲御鼓四起，洒掃庭內，鑽火炊爨之後，徑便入野。（《太平御覽》卷四百三十一）

仲御當正會，宗弟承問御曰：「黃帳之裏，西施之孫，鄭袖之子，膚如凝脂，顏如桃李，徘徊容與，載進載止。彈琴而奏清角，翔風至而玄雲起。若乃携手交舞，流眄頡頏，足踊韗鼓，口銜笙簧；丹裙赫以四序，素耀煥以揚光，赴急絃而折倒，應緩節以相伴；遠望而雲，近視而雪，舒紅顏而微笑，啓朱唇而揚聲。」（《太平御覽》卷五百六十八）

《夏統別傳》

《夏統別傳》，不題撰人，卷數不詳，《隋書·經籍志》、兩《唐志》不見著錄，《太平御覽經史圖書綱目》列之。《夏統別傳》散佚，佚文所記內容與《晉書》本傳大致相同，爲洛中曝藥事。《太平御覽》卷八百五十二引有一條作《夏統別傳注》，則是書原有人作注，今已不可詳考。

統字仲御，母病詣洛中藥。會三月三日，洛中公卿以下莫不方軌連軫，並至南浮橋邊脩禊。男則朱服耀，路女則錦綺粲爛。仲御在舟中曝所市藥，危坐不顧。賈充望見，深奇其節，願相與語，此人有心膽，有似冀缺。走問船中安坐者爲誰，仲御不應，重問，乃徐答曰：「會稽北海閒民夏仲御。」（陳元靚《歲時廣記》卷十八 案：陳氏所引題爲《晉書·夏統別傳》，然檢之《晉書》本傳，所載與今本又有差異，疑陳氏誤以《夏統別傳》出於《晉書》而題之，實應爲《夏統別傳》之內容，姑列之。）

統詣洛，三月三日洛中公卿已下，莫不方軌連軫，並至南浮橋邊被禊。統時在船中暴所市藥，穩坐不搖。賈充望見，深奇其節，使問船中安坐者爲誰。徐答曰：「會稽民間夏仲御。」（《事類賦》卷四）

蘇初生合米擣作粃。（《太平御覽》卷八百五十二　原云出《夏統別傳》注。）

《衛玠別傳》

《衛玠別傳》，不題撰人，卷數不詳，《隋書・經籍志》、兩《唐志》不見著錄，《太平御覽經史圖書綱目》則列之。衛玠，兩晉之際時人，其事跡主要見於《晉書》卷三十六《衛瓘傳》附列《衛玠傳》。

玠穎識通達，天韻標令，陳郡謝幼輿敬以亞父之禮。論者以爲出王眉子、平子、武子之右。世咸謂「諸王三子，不如衛家一兒」。娶樂廣女。裴叔道曰：「妻父有冰清之姿，壻有璧潤之望，所謂秦晉之匹也。」爲太子洗馬。永嘉四年，南至江夏，與兄別于梁里澗，語曰：「在三之義，人之所重，今日忠臣致身之道，可不勉乎？」行至豫章，乃卒。（《世說新語・言語篇》注）

玠少有名理，善《易》、《老》，自抱羸疾，初不於外擅相酬對。時友歎曰：「衛君不言，言必入眞。」武昌見大將軍王敦，敦與談論，咨嗟不能自已。（《世說新語・文學篇》注）

玠有虛令之秀，清勝之氣，在群伍之中，有異人之望。祖太保見玠五歲曰：「此兒神爽聰令，與眾大異，恐吾年老，不及見爾。」（《世說新語・識鑒篇》注）

玠少有名理，善通《莊》、《老》。琅邪王平子高氣不群，邁世獨傲，每聞玠之語議，至於理會之間，要妙之際，輒絕倒於坐。前後三聞，爲之三倒。時人遂曰：「衛君談道，平子三倒。」（《世說新語・賞譽篇》注）

玠至〔一〕武昌見王敦〔二〕，敦與之談論，彌日信宿。〔三〕敦顧謂僚屬曰：「昔王輔嗣吐金聲於中朝，此子今復玉振于江表，微言之緒，絕而復續。不悟永嘉之中，復聞正始之音。阿平若在，當復絕倒。」（《世說新語・賞譽篇》注）

〔校記〕

〔一〕至，《北堂書鈔》卷九十八作「於」，《太平御覽》卷六百一十七引《世說新語》原文亦作「於」，然《御覽》所引之《世說》原文，大部分見之於今本之劉孝標注，爲《衛玠別傳》之文，不知《御覽》爲別有所本抑或是混淆原文與注文所致？

〔二〕王敦，《北堂書鈔》前有有「大將軍」三字。

〔三〕「敦與之」二句，《北堂書鈔》作「與之談論彌日」。

永和中〔一〕，劉眞長、謝仁祖共商略中朝人。〔二〕或問：「杜弘〔三〕治可〔四〕方衛洗馬不？」謝曰：「安得比！〔五〕其間可容數人。」（《世說新語·品藻篇》注 又見於《太平御覽》卷四百四十四、卷四百四十六）

〔校記〕

〔一〕永和中，《太平御覽》卷四百四十四無。

〔二〕「劉眞長、謝仁祖」句，《太平御覽》卷四百四十四別有兩句，作「劉眞長、謝仁祖並知名，時人商略中朝人士」，而《太平御覽》卷四百四十六則作「丹陽尹劉眞長、鎮西將軍謝仁祖商略中朝士人，遂及於玠」，略見其差別。

〔三〕杜弘，《太平御覽》卷四百四十四無「杜」字。

〔四〕治可，《太平御覽》卷四百四十四作「可得」，卷四百四十六作「治得」。

〔五〕安得比，《太平御覽》作「安得相比」。

驃騎王濟，玠之舅也。〔一〕嘗與同遊，〔二〕語人〔三〕曰：「昨日吾與外生共坐，〔四〕若明珠之在側，〔五〕朗然來照人。〔六〕」（《世說新語·容止篇》注 又見於《初學記》卷十九《太平御覽》卷五百二十一、卷八百三《事類賦》卷九）

〔校記〕

〔一〕「驃騎」二句，武子與玠之舅甥關係之表述，諸本稍異，列之如下：「王武子，玠之舅也」（《初學記》）；「玠，王武子甥也」（《太平御覽》卷五百二十一）；「驃騎王武子，君之舅也」（《太平御覽》卷八百三、《事類賦》）。又「驃騎」二句後，《太平御覽》又載有「武子常與乘白羊車入市，舉市曰：『誰家璧人？』曰：『武子甥也。』」數句，爲別本所無。

〔二〕嘗與同遊，《太平御覽》卷五百二十一作「武子常與同遊」，卷八百三作「常與君同語」，《事類賦》則作「常與君同遊」，詞語稍異；嘗，《御覽》與《事類賦》皆作「常」，審其文意，當爲「嘗」，是爲傳抄中形近而訛。

〔三〕人，《太平御覽》卷五百二十一無。

〔四〕「昨日」一句，諸家引文皆不同，雖如此，實大同而小異也，列之如下：「昨與吾外甥並坐」（《初學記》），「昨與外甥玠並出」（《太平御覽》卷五百二十一），「昨日與吾外甥並坐」（《太平御覽》卷八百三），「昨與吾甥並坐」（《事類賦》）。

〔五〕若，《初學記》作「炯然若」，《太平御覽》《事類賦》皆作「罔若」。在側，《初學記》、《太平御覽》卷八百三、《事類賦》皆作「在我側」。

〔六〕來，《事類賦》注無。「照人」，《初學記》、《事類賦》注皆作「映人」，《太平御覽》
卷八百三作「暎人」，映與暎同。

珧素抱羸疾。（《世說新語‧容止篇》注）

珧在群伍之中，寔有異人之望。齠齓時〔一〕，乘白羊車〔二〕於洛陽市上〔三〕，
咸曰〔四〕：「誰家璧人〔五〕？」於是家門〔六〕州黨，號爲〔七〕「璧人」。（《世說
新語‧容止篇》注 又見於《藝文類聚》卷九十四《初學記》卷十九《太平御覽》卷
九百二《錦繡萬花谷》續集卷五《五百家注昌黎文集》卷四）

〔校記〕

〔一〕齠齓時，《藝文類聚》卷九十四作「衛珧少時」，《太平御覽》卷九百二作「珧少時」，
《初學記》卷十九、《五百家注昌黎文集》卷四皆作「珧在齠齓中」，《錦繡萬花谷》
續集則作「衛珧在齠齓中」。案：《藝文類聚》卷九十四之引文雖未註明出於《衛珧
別傳》，然其與《太平御覽》所引之文大致不差，謂其爲《衛珧別傳》之佚文，當離
事實不遠矣。

〔二〕乘白羊車，《藝文類聚》作「乘白羊」，與諸本引文不同，以情理度之，當以「乘白
羊車」爲是。

〔三〕上，《藝文類聚》、《初學記》、《錦繡萬花谷》續集均無。「市上」二字，《太平御覽》
卷九百二無。

〔四〕咸曰，《藝文類聚》前有「市人觀之」一句，《初學記》作「舉市咸曰」，《太平御覽》
前則有「市共觀」一句。

〔五〕璧人，《初學記》、《錦繡萬花谷》續集作「玉人」，《晉書》本傳亦稱衛珧爲「玉人」。

〔六〕門，《藝文類聚》作「聞」。

〔七〕號爲，《藝文類聚》作「遂號曰」。

珧咸和中改遷于江寧。〔一〕丞相王公教曰：「洗馬〔二〕明當改葬。此君風
流名士，海內民望，可修三牲之祭，以敦舊好。」（《世說新語‧傷逝篇》注 又
見於《太平御覽》卷五百五十五）

〔校記〕

〔一〕「珧咸和中」一句，《太平御覽》卷五百五十五無，而作「君卒」。

〔二〕洗馬，《太平御覽》作「衛洗馬」。

珧，字叔寶。陳留阮千里有令聞，〔一〕當年〔二〕太尉王君〔三〕見〔四〕而問
曰：「老莊與聖教同〔五〕異？」阮曰：「將無同。」太尉善其言而〔六〕辟之爲掾，
世號〔七〕曰：「三語掾。」君見而謔之曰〔八〕：「一言可〔九〕辟，何假〔一〇〕三？」
阮曰：「苟是〔一一〕天下民望，可〔一二〕無言而辟，復〔一三〕何假於一言〔一四〕！」
（《藝文類聚》卷十九 又見於《太平御覽》卷二百九、卷三百九十《職官分紀》卷五）

〔校記〕

〔一〕「陳留」句，《職官分紀》卷五作「阮千里字宣子，有令問」，聞與問通假。

〔二〕當年，《藝文類聚》、《太平御覽》卷三百九十、《職官分紀》皆無。

〔三〕王君，《職官分紀》作「王公」。

〔四〕見，《引文類聚》、《太平御覽》卷三百九十皆作「見阮千里」。

〔五〕同，《藝文類聚》無。

〔六〕而，《藝文類聚》、《太平御覽》卷三百九十、《職官分紀》皆無。

〔七〕世號，《藝文類聚》後有「阮瞻」二字。

〔八〕君，《藝文類聚》、《太平御覽》卷三百九十作「王君」，《職官分紀》作「衛玠」。見而，《太平御覽》卷三百九十無。「謿」，諸本作「嘲」，謿與嘲同。

〔九〕可，《藝文類聚》作「可以」。

〔一〇〕假，諸本後皆有「於」字，循其語氣，以有「於」字爲優。

〔一一〕是，《太平御覽》卷三百九十作「足」。

〔一二〕可，《藝文類聚》、《太平御覽》卷三百九十、《職官分紀》皆作「亦可」。

〔一三〕復，《職官分紀》無。

〔一四〕言，《藝文類聚》、《太平御覽》卷三百九十皆無。

《郭璞別傳》

《郭璞別傳》，不題撰人，卷數不詳，《隋書·經籍志》、兩《唐志》不見著錄。郭璞，西晉之際時人，其事跡主要見於《晉書》卷七十二《郭璞傳》。

璞奇博多通，文藻粲麗，才學賞豫，足參上流。其詩賦誄頌，並傳於世，而訥於言。造次詠語，常人無異。又不持儀檢，形質頹索，縱情嫚惰，時有醉飽之失。友人干令昇戒之曰：「此伐性之斧也。」璞曰：「吾所受有分，恒恐用之不盡，豈酒色之能害！」王敦取爲參軍。敦縱兵都輦，乃咨以大事，璞極言成敗，不爲回屈。敦忌而害之。(《世說新語·文學篇》注)

璞少好經術，明解卜筮。永嘉中，海內將亂，璞投策歎曰：「黔黎將同異類矣！」便結親暱十餘家，南渡江，居於暨陽。(《世說新語·術解篇》注)

《趙至敍》　晉嵇紹撰

　　《趙至敍》，《隋書·經籍志》、兩《唐志》皆不著錄，今佚文僅見於《世說新語》注，內容相對較完整，可與《趙至自敍》想參照。嵇紹（252-304），字延祖，晉譙國銍（今安徽宿縣）人，父康，忤逆典午被殺。紹於戰亂中以身衛惠帝，被殺，元帝時諡爲「忠穆」。《隋書·經籍志》錄《嵇紹集》二卷，佚。今存詩一首，文五篇。

　　至字景眞，代郡人。漢末，其祖流宕客緱氏。令新之官，至年十二，與母共道傍看，母曰：「汝先世非微賤家也，汝後能如此不？」至曰：「可爾耳。」歸便求師誦書，蚤聞父耕叱牛聲，釋書而泣。師問之，答曰：「自傷不能致榮華，而使老父不免勤苦。」年十四，入太學觀，時先君在學寫石經古文，事訖去。遂隨車問先君姓名。先君曰：「年少何以問我？」至曰：「觀君風器非常，故問耳。」先君具告之。至年十五，陽病，數數狂走五里三里，爲家追得，又炙身體十數處。年十六，遂亡命，徑至洛陽，求索先君不得。至鄴，沛國史仲和是魏領軍史渙孫也，至便依之，遂名翼，字陽和。先君到鄴，至具道太學中事，便逐先君歸山陽經年。至長七尺三寸，潔白黑髮，赤唇明目，鬢鬚不多，閒詳安諦，體若不勝衣。先君嘗謂之曰：「卿頭小而銳，瞳子白黑分明，視瞻停諦，有白起風。」至論議清辯，有從橫才，然亦不以自長也。孟元基辟爲遼東從事，在郡斷九獄，見稱清當。自痛棄親遠遊，母亡不見，吐血發病，服未竟而亡。（《世說新語·言語篇》注）

《許肅別傳》

　　《許肅別傳》，不題撰人，卷數不詳，《隋書·經籍志》、兩《唐志》不見著錄。《太平御覽經史圖書綱目》列之，則是書北宋之時尙見存，後散佚，今主要見於《初學記》、《太平御覽》。許肅，汝南人，西晉官吏，乃許遜之父。

　　肅爲愍帝侍中，左衛將軍麴武將與肅齊心拒守。而外救已退，城遂陷沒，逼愍帝，〔一〕送于平陽。〔二〕肅後冒難侍左右，劉載乃以帝爲歸漢王，〔三〕頃之，陰行〔四〕鴆毒。帝因食心悶，欲見許侍中〔五〕。肅馳詣賊相見〔六〕，帝已不復〔七〕能語。肅曰：「不審陛下尙識臣不？」〔八〕帝猶能〔九〕執肅手流涕。肅歔欷登牀，帝遂殂於扶抱之中，晝夜號泣，哀感異類。〔一〇〕載外欲明己不害，乃僞責諸臣欲盡誅之。群臣迸竄，唯肅獨曰：「備位故臣願乞得殯殮，然後就戮。」載特聽許。事訖，詣載曰：「國亂不能匡，君亡弗能死，舉目莫非愧耻，將何顔以存？所以忍辱，正以山陵未畢故耳！微情已敘，甘就刑戮。」賊議之曰：「此晉之忠臣，宜加甄賞。」載遂從議，故得全免。（《太平御覽》卷四百八十一　又見於《初學記》卷十七）

　　〔校記〕

　　〔一〕「左衛將軍麴武將」以下三句，《初學記》無。

　　〔二〕送于平陽，《初學記》作「帝送平陽」。

　　〔三〕「肅後冒難侍左右」二句，《初學記》無。

　　〔四〕陰行，《初學記》上有「劉聰」二字。

　　〔五〕許侍中，《初學記》作「許肅」。

　　〔六〕詣賊相見，《初學記》作「詣前」。

　　〔七〕復，《初學記》無。

　　〔八〕「肅曰」二句，《初學記》無。

　　〔九〕帝猶能，《初學記》無。

　　〔一〇〕《初學記》引文止此。

《許遜別傳》

　　《許遜別傳》，不題撰人，卷數不詳，《隋書·經籍志》、兩《唐志》不見著錄。許遜，字敬之，西晉道士，晉太康元年出任旌陽令，世稱許旌陽，又稱許眞君，拜吳猛爲師，傳三清法要，道教淨明派託始許遜，《雲笈七籤》卷一百六有《許遜傳》。

　　遜年七歲，無父，躬耕負薪以養母，盡孝敬之道。與寡嫂共田桑，推讓好者，自取其荒，〔一〕不營榮〔二〕利，母常譴〔三〕之：「如此，當乞食無處。」

君笑〔四〕應母曰：「但願老母〔五〕壽耳。」（《藝文類聚》卷二十一　又見於《太平御覽》卷四百二十四）

〔校記〕

〔一〕自取其荒，《太平御覽》作「取其荒者」。

〔二〕榮，《太平御覽》無。

〔三〕譴，《太平御覽》作「隨」。

〔四〕君笑，《太平御覽》作「遜嘆」。

〔五〕老母，《太平御覽》作「母老」。

《杜祭酒別傳》

《杜祭酒別傳》，不題撰人，《隋書·經籍志》、兩《唐志》均不見著錄，《太平御覽經史圖書綱目》列之，則是書北宋之時尚見存，後散佚，佚文主要見於《太平御覽》《北堂書鈔》。杜夷，字行齊，兩晉間學者，廬江灊（今安徽霍山東北）人，晉元帝爲丞相時以夷爲祭酒，後又除國子祭酒，其事跡主要見於《晉書》卷九十一《杜夷傳》。

君在孩抱之中，異於凡童，舉宗奇之。年六七歲，在縣北郭與小兒輩爲行竹馬戲，有車行老公停車視之，歎曰：「此有奇相，吾恨不見。」（《太平御覽》卷三百八十五）

君曾新作被，暖眠不覺〔一〕，晏起。弟子不敢驚君，起乃嘆息〔二〕：「暖眠使人忘起。〔三〕」因着陌上寒苦之人〔四〕，舉被乞之，常眠布被中。（《北堂書鈔》卷一百三十四　又見於《太平御覽》卷三百九十三、卷七百七）

〔校記〕

〔一〕此句，《太平御覽》卷三百九十三作「腰眠覺」，卷七百七作「煖眠不覺」。「暖」、「煖」二字相同。

〔二〕《太平御覽》卷三百九十三、七百七無「弟子不敢驚君」句，「起乃嘆息」作「乃歎」。

〔三〕此句，《太平御覽》卷三百九十三、七百七分別作「腰便眠使人不起異事」、「煖眠使人忘起異事」。

〔四〕此句，《太平御覽》卷三百九十三、七百七分別作「因令看陌上有寒人」、「因命著陌上有寒苦人」。

　　君年五十二，當其終亡，安厝先塋，帛布轜車，喪儀儉約。執引者皆三吳令望及北人賢流。(《太平御覽》卷五百五十五)

　　郡弟子三人，隨道士邢邁入宣城涇縣白水山，去縣七十里，餌术黃精。經歷年所，有鹿走依舍邊伏眠。邁等怪之，乃爲虎所逼。邁乃呪虎退，鹿經日乃去。(《太平御覽》卷九百六)

《張載別傳》

　　《張載別傳》，不題撰人，卷數不詳，《隋書·經籍志》、兩《唐志》不見著錄。張載，西晉詩人，其事跡主要見於《晉書》卷五十五《張載傳》。

　　張載文章殊妙，〔一〕嘗爲《蒙汜池賦》，〔二〕傅玄見之，歎息稱妙，〔三〕以車〔四〕迎載，言談終日。(《藝文類聚》卷五十五　又見於《北堂書鈔》卷九十八、卷一百)

　〔校記〕

　〔一〕張載文章殊妙，《北堂書鈔》卷九十八無，《北堂書鈔》卷一百則作「載素有清才」。
　〔二〕嘗爲，《北堂書鈔》卷九十八作「載作」，卷一百作「曾爲」；《蒙汜池賦》，《北堂書鈔》卷九十八作「蒙汜池賦」，卷一百作「濛汜池賦」。
　〔三〕歎息稱妙，《北堂書鈔》卷一百「歎息稱爲妙賦」。
　〔四〕車，《北堂書鈔》卷九十八作「事」

《盧諶別傳》

　　《盧諶別傳》，不題撰人，卷數不詳，《隋書·經籍志》、兩《唐志》不見著錄。盧諶，字子諒，兩晉之際人，其事跡主要見於《晉書》卷四十四《盧諶傳》。別傳中有「妖賊帥盧循」一語，隆安三年（399 年），孫恩作亂，盧循從之。元興二年（402 年），恩自殺，殘衆以盧循爲首。義熙六年，盧循兵敗自殺。則是書之作，當在東晉末也。

諶善著文章。洛陽傾覆，北投劉琨，琨以爲司空從事中郎。琨敗，諶歸段末波。元帝之初，累召爲散騎中書侍郎，不得南赴。永和六年，卒于胡（胡）中，子孫過江。妖賊帥盧循，諶之曾孫。(《三國志·魏志·盧毓傳》注)

《阮裕別傳》

《阮裕別傳》，不題撰人，卷數不詳，《隋書·經籍志》、兩《唐志》不見著錄。阮裕，字思曠，其事跡主要見於《晉書》卷四十九《阮裕傳》。《阮裕別傳》，或作《阮光祿別傳》，疑不能定，今別條出之。

裕居會稽剡山，志存肥遁。(《世說新語·棲逸篇》注)

《阮光祿別傳》

《阮光祿別傳》，見《阮裕別傳》條。

裕字思曠，陳留尉氏人。祖略，齊國內史。父顗，汝南太守。裕淹通有理識，累遷侍中。以疾築室會稽剡山。徵金紫光祿大夫，不就。年六十一卒。(《世說新語·德行篇》注)

淹通有理識〔一〕，居〔二〕會稽剡縣，志尙〔三〕肥遁。(《（嘉定）剡錄》卷三又見於《世說新語·棲逸篇》注《（嘉定）剡錄》卷四)

〔校記〕

〔一〕淹通有理識，《世說新語》、《（嘉定）剡錄》卷四皆無。

〔二〕《世說新語》、《（嘉定）剡錄》卷四「居」上有「裕」字。

〔三〕尙，《世說新語》、《（嘉定）剡錄》卷四皆作「存」。

《庾珉別傳》

《庾珉別傳》，不題撰人，卷數不詳，《隋書·經籍志》、兩《唐志》不見著錄，《太平御覽經史圖書綱目》列之。庾珉，字子琚，西晉時人，其事跡主要見於《晉書》卷五十《庾峻傳》附列《庾珉傳》，所記與《庾珉別傳》大致相同。

珉字子居，位列侍中。劉曜作亂，京都傾覆。珉時直在省，謂僚佐曰：「吾必死此屋內。」既天子蒙塵，珉與許遐等侍從，曜設會，使帝行酒。珉至帝前，乃慨然流涕。曜曰：「此動人心。」即時遇害。（《太平御覽》卷四百一十八　案：《晉書》：庾珉字子琚。）

《周顗別傳》

《周顗別傳》，不題撰人，卷數不詳，《隋書·經籍志》、兩《唐志》不見著錄。周顗，字伯仁，兩晉之際名士，周浚之子，其事跡主要見於《晉書》卷六十九《周顗傳》。

王敦討劉隗，時溫太眞爲東宮庶子，在承華門外，與顗相見，曰：「大將軍此舉有在，義無有濫。」顗曰：「君年少，希更事，未有人臣若此而不作亂，共相推戴數年而爲此者乎？處仲狼抗而強忌，平子何在？」（《世說新語·方正篇》注）

《王乂別傳》

《王乂別傳》，不題撰人，卷數不詳，《隋書·經籍志》、兩《唐志》不見著錄，佚文存於《世說新語》注。王乂，字叔元，王衍之父，其事跡略見於《晉書》卷四十三《王衍傳》。

乂字叔元，琅邪臨沂人。時蜀新平，二將作亂，文帝西之長安，乃徵爲相國司馬，遷大尙書、出督幽州諸軍事、平北將軍。(《世說新語‧德行篇》注)

《石勒傳》

《石勒傳》，不題撰人，佚文較早見於《世說新語》注。石勒，十六國時期後趙首領。

勒字世龍，上黨武鄉人，匈奴之苗裔也。雄勇好騎射。晉元康中，流宕山東，與平原茌平人師歡家庸，耳恒聞鼓角鞞鐸之音，勒私異之。初，勒鄉里原上地中生石日長，類鐵騎之象。國中生人參，苗葉甚盛。于時父老相者皆云：「此胡體貌奇異，有不可知。」勸邑人厚遇之，人多哂而不信。永嘉初，豪傑並起，與胡王陽等十八騎詣汲桑，爲左前督。桑敗，共推勒爲主。攻下州縣，都於襄國。後僭正號，死，謚明皇帝。(《世說新語‧識鑒篇》注)

莊〔一〕平民師懽，上黑兔，令曰：「按記應白兔爲瑞，此黑兔曰祥。」外撿典舊，議者以爲黑兔見，水德之祥，往公孫臣以爲漢家土行，當有黃龍爲瑞，後黃龍見於成紀，遂從土德，今大趙革命，以水受金，夫兔陰獸，玄水色，黑色見，以表應行，以推之，黑兔上應。(《藝文類聚》卷九十九)

〔校記〕
〔一〕原注曰：「《太平御覽》九百零七引《晉書》作『茌』。」

《石勒別傳》

石勒永康中流宕山東，寄旅平原師勸家傭耕，耳恒聞鼓角鞞鐸之音，勒私異之。(《太平御覽》卷三百三十八)

勒治門閣至峻。時有醉胡乘馬徑入府門，勒問門吏馮翥：「門閣有限，走向馬入門爲是何人而不彈白？」時號胡曰「國人。」翥見問，懼設對忘諱，稱：「向有醉胡乘馬馳來，向即呵制，不可與語。胡人難與言，非小吏所制。」勒歡曰：「故正自難與言。」恕翥不問，鞭犯門者，沒所乘。(《太平御覽》卷四百六十九)

勒微時居與邑人李陽相近，陽性剛愎，每輕勒，與爭漚麻池，共相打樸，互有勝負。（《太平御覽》卷四百九十六）

石勒，元康中流宕山東，寄旅平原茌平界，與師歡家傭耕，耳恒聞鼓角鞞鐸之音，勒私異之。（《太平御覽》卷八百二十二）

冬十一月大雪，平地三尺。勒主簿程朗諫，勒不從。出獵墜馬，顧左右曰：「不從主簿之言，而致墜馬。」賜朗絹百匹，以旌忠亮。（《太平御覽》卷八百三十二）

初，勒家園中生人參，葩茂甚盛。于時父老、相者皆云：「此胡體奇貌異，有大志量，其終不可知！」勸邑人厚遇之。（《太平御覽》卷九百九十一）

《石虎別傳》

《石虎別傳》，不題撰人，卷數不詳，《隋書·經籍志》、兩《唐志》不見著錄，《太平御覽經史圖書綱目》列之。石虎，石勒子，十六國時期後趙首領。

十三年春二月，虎率三公九卿躬耕籍田，後率二夫人命婦，先蠶近郊。是歲八月雨雪大寒，行旅凍死。（《太平御覽》卷三十四）

虎字季龍，勒從弟，年十七八，身長七尺五寸，好弓馬射獵，迅健有勇力。同時等類多畏憚之。（《太平御覽》卷三百八十六）

武鄉長城縣民韓強，在長城西山岩石間得玄璽一，方四寸，厚二寸，與璽同，文曰「授命於天，既壽永昌」，虎以爲瑞。（《太平御覽》卷六百八十二）

《張駿傳》

《張駿傳》，不題撰人，卷數不詳，《隋書·經籍志》、兩《唐志》不見著錄。張駿，字公庭，前涼君主，其事跡主要見於《晉書》卷八十六《張駿傳》。

駿境內漸平，使其將楊宣帥眾越流沙，伐龜茲、鄯善，於是西域並降。鄯善王元孟獻女，號曰美人，立賓遐觀以處之。（《太平御覽》卷一百七十九）

《張鴻傳》

《張鴻傳》，不題撰人，卷數不詳，《隋書·經籍志》、兩《唐志》不見著錄，佚文見於《太平御覽》。張鴻，爵里不詳，《晉書》有慕容皝之列卿將帥張泓，或是同音而訛。

鴻為慕容晃黃門，初，刑鴻不熟。頤下生黃鬚三根，長寸餘。乃遣出宮看鵝鴨。（《太平御覽》九百一十九）

《陳武別傳》

《陳武別傳》，不題撰人，《隋書·經籍志》、兩《唐志》均不見著錄，《太平御覽經史圖書綱目》列之，則是書北宋之時尚見存，後散佚，佚文見於《藝文類聚》《太平御覽》《樂府詩集》。陳武，字國武，本為胡人，十六國後趙人，事跡見於崔鴻《十六國春秋》卷二十二《陳武傳》。

陳武，字國，本休屠胡人〔一〕，常騎驢牧羊，諸家牧豎十數人，或有知歌謠〔二〕者，武遂學《太山梁父吟》《幽州馬客吟》〔三〕及《行路難》之屬〔四〕。（《藝文類聚》卷十九《太平御覽》卷八百三十三　案：另有《藝文類聚》卷九十四、《太平御覽》卷三百九十二、《樂府詩集》卷四十一卷七十亦載此條，文字從簡，故略而不引）

〔校記〕

〔一〕此句《太平御覽》卷八百三十三作「武，休屠胡人也」。

〔二〕知歌謠，《太平御覽》卷八百三十三作「和歌」。

〔三〕《太平御覽》卷八百三十三無「幽州馬客吟」五字。

〔四〕《太平御覽》卷八百三十三「屬」後有「也」字。

武，胡人，育於臨水令陳君，君奇之，起議欲易其故字。武長跪自啓曰：「里語有之，都亭鼠，數聞長者語，今當易字，寔有私心。嘗聞長卿慕藺相如之行，故字相如。往在鄉里，久聞故老之說，稱漢使蘇武，執忠守志，不服單于，流放漠北，擁節牧羊，寄秋鴈以訴心，因行雲而託誠。高山仰止，意竊慕之。」陳氏嘉其志，遂名之曰武。又欲令字仲，顯其本是胡人，而石勒石虎諱胡曰國人，故因字之曰國武。（《太平御覽》卷三百六十三）

武，時人無察者，頓丘閭遐薦之於軍府，或問武當今可與誰爲輩，遐曰：「方謝道堅不足，比徐世璋有餘。道堅世璋皆同時知名士也。」武聞之，笑曰：「乃處我季孟之間乎？」（《太平御覽》卷四百四十六）

《王含別傳》

《王含別傳》，不題撰人，卷數不詳，《隋書‧經籍志》、兩《唐志》不見著錄，佚文見於《世說新語》注。王含，字處弘，王敦之兄，其事跡主要見於《晉書》卷九十八《王含傳》。

含字處弘，琅邪臨沂人。累遷徐州刺史、光祿勳，與弟敦作逆，伏誅。（《世說新語‧言語篇》注）

《王敦別傳》

《王敦別傳》，不題撰人，卷數不詳，《隋書‧經籍志》、兩《唐志》不見著錄，《太平御覽經史圖書綱目》則列之。王敦，字處仲，西晉至東晉初人，其事跡主要見於《晉書》卷九十八《王敦傳》。

敦字處仲，琅邪臨沂人。少有名理，累遷青州刺史。避地江左，歷侍中、丞相、大將軍、揚州牧。以罪伏誅。（《世說新語‧文學篇》注）

敦子應，字安期，官至武衛將軍。（《太平御覽》卷二百三十七）

《王丞相別傳》

　　《王丞相別傳》，不題撰人，卷數不詳，《隋書・經籍志》、兩《唐志》不見著錄。王丞相，即王導，字茂弘，瑯琊臨沂（今屬山東）人，東晉著名政治家。事跡見於《晉書》卷六十五《王導傳》。

　　王導字茂弘，琅邪人。祖覽，以德行稱。父裁，侍御史。導少知名，家世貧約，恬暢樂道，未嘗以風塵經懷也。（《世說新語・德行篇》注　案：高似孫《（嘉定）剡錄》卷三引文曰：「王羲之，字逸少，司徒導從子也。家世貧約，恬暢樂道，未嘗以風塵經懷。」謂出自《王導別傳》。檢其文，「家世貧約」以下三句，除末尾無「也」字，餘皆與《世說新語》注引文同。《剡錄》因王羲之而提及王導，并因此涉及王氏一門家風，非謂「王羲之，字逸少，司徒導從子也」亦出自於《王導別傳》也。）

《王丞相德音記》

　　《王丞相德音記》，不題撰人，《隋書・經籍志》、兩《唐志》均不見著錄，佚文見於《世說新語》注引一條。王丞相即為王導。

　　丞相素為諸父所重，王君夫問王敦：「聞君從弟佳人，又解音律，欲一作妓，可與共來。」遂往。吹笛人有小忘，君夫聞，使黃門階下打殺之，顏色不變。丞相還，曰：「恐此君處世，當有如此事。」（《世說新語・儉嗇篇》注）

《王廙別傳》

　　《王廙別傳》，不題撰人，《隋書・經籍志》、兩《唐志》均不見著錄，《太平御覽經史圖書綱目》列之，則是書北宋之時或尚見存，後散佚，佚文見於《世說新語》注、《藝文類聚》、《北堂書鈔》、《太平御覽》等。王廙，字世將，琅邪臨沂（今山東臨沂）人，王導從弟，其事跡主要見於《晉書》卷七十六。

廙字世將。祖覽、父正。廙高朗豪率。王導、庾亮遊於石頭，〔一〕會廙至，〔二〕爾日迅風飛驟，〔三〕廙倚船樓長嘯，〔四〕神氣甚逸。〔五〕導謂亮曰：「世將爲復識事。」亮曰：「正足舒其逸耳。」性倨傲，不合己者面拒之，故爲物所疾。加平南將軍，薨。（《世說新語·仇隙篇》注　又見於《藝文類聚》卷十九《北堂書鈔》卷一百三十八《太平御覽》卷三百九十二）

〔校記〕

〔一〕此句，《北堂書鈔》上有「廙常且發尋陽，暮至都」二句，《藝文類聚》《北堂書鈔》《太平御覽》「庾亮」上有「與」字。

〔二〕此句，《北堂書鈔》作「遇廙至」，《藝文類聚》《太平御覽》作「會遇廙至」。

〔三〕爾日，《太平御覽》作「是日」，《北堂書鈔》無此二字；飛驟，《北堂書鈔》作「揚帆」，《藝文類聚》、《太平御覽》作「飛帆」。

〔四〕此句，《北堂書鈔》作「王廙倚舫長嘯」，《藝文類聚》《太平御覽》作「廙倚樓而長嘯」。

〔五〕《北堂書鈔》《藝文類聚》《太平御覽》引文皆止於此。

《庾裒別傳》

《庾裒別傳》，不題撰人，《隋書·經籍志》、兩《唐志》均不見著錄，佚文見於《初學記》。庾裒，字叔裒，東晉官吏，明穆皇后伯父，其事跡主要見於《晉書》卷八十八《庾裒傳》。

次兄有疾，癘氣方殷。裒納漿粥，扶侍不舍晝夜，友愛之至，本之天性。（《初學記》卷十七）

《建武故事》

《建武故事》不題撰人，此條當爲《晉建武故事》，《隋書·經籍志》錄爲一卷。《新唐書·藝文志》又錄有《建武故事》三卷，姚振宗以爲此當《漢建武故事》。

　　咸和六年〔一〕平西〔二〕將軍庾亮送橘，十二實共同一柢〔三〕，以爲瑞異〔四〕，百官畢賀〔五〕。（《太平御覽》卷九百六十六　又見於《白氏六帖事類集》卷三十《藝文類聚》卷八十六）

　　〔校記〕

　　〔一〕《白氏六帖事類集》、《藝文類聚》皆無「咸和六年」四字。

　　〔二〕平西，《白氏六帖事類集》作「西平」，當爲誤倒。

　　〔三〕柢，《白氏六帖事類集》作「核」，《藝文類聚》作「蔕」，「蔕」與「蒂」同，「柢」爲「根」義，則《藝文類聚》於義爲長。

　　〔四〕本句，《白氏六帖事類集》作「爲瑞異也」，《藝文類聚》作「爲瑞異」。

　　〔五〕《白氏六帖事類集》無此句，《藝文類聚》作「群臣畢賀」。

　　咸和六年，計貢合集於樂堂，有野麕走至堂前，左右逐之，於池中而獲之焉〔一〕。（《藝文類聚》卷九十五　又見於《太平御覽》卷九百七）

　　〔校記〕

　　〔一〕《太平御覽》無「焉」字。

　　咸和七年，左右啓以米飴熊。上曰：「此無益而費於穀，且是惡獸，所不宜畜。」使遣打殺，以肉賜左右直人。（《藝文類聚》卷九十五　又見於《太平御覽》卷九百八）

　　王敦死，秘不發喪。賊於〔一〕水南北渡，攻官〔二〕疊柵，皆重鎧浴鐵，都督應詹等出精銳距之。（《太平御覽》卷三百五十六　又見於《初學記》卷二十二）

　　〔校記〕

　　〔一〕《初學記》無「於」字。

　　〔二〕官，《初學記》作「宮」。

　　微邁上有父風。（《世說新語‧賞譽篇》注　案：「微」當作「徽」，余嘉錫《世說新語箋疏‧言語篇》有辨析，當據改。）

《王司徒傳》

　　《王司徒傳》，不題撰人，《隋書‧經籍志》、兩《唐志》均不見著錄。佚文見於《世說新語》注，王珣（350-401），字元琳，琅玡臨沂（今屬山東）人，東晉官吏，卒追贈司徒。事跡見於《晉書》卷六十五《王珣傳》。

王珣字元琳，丞相導之孫，領軍洽之子也。少以清秀稱。大司馬桓溫辟爲主簿，從討袁眞，封交趾望海縣東亭侯，累遷尚書左僕射、領選、進尚書令。（《世說新語·言語篇》注）

《王澄別傳》

《王澄別傳》，不題撰人，卷數不詳，《隋書·經籍志》、兩《唐志》不見著錄，佚文存於《世說新語》注。王澄，字平子，王衍之弟，西晉至東晉初人，《晉書》卷四十三《王衍傳》附列《王澄傳》。

澄風韻邁達，志氣不群。從兄戎、兄夷甫，名冠當年。四海人士，一爲澄所題目，則二兄不復措意，云「已經平子」，其見重如此。是以名聞益盛，天下知與不知，莫不傾注。澄後事跡不逮，朝野失望。及舊遊識見者，猶曰：「當今名士也。」（《世說新語·賞譽篇》注）

《王舒傳》

《王舒傳》，不題撰人，佚文較早見於《世說新語》注。王舒，東晉時人。

舒字處明，琅邪人。祖覽，知名。父會，御史。舒器業簡素，有文武榦。中宗用爲北中郎將、荊州刺史、尚書僕射。出爲會稽太守。以父名會，累表自陳。討蘇峻有功，封彭澤侯，贈車騎大將軍。（《世說新語·識鑒篇》注）

《王邃別傳》

《王邃別傳》，不題撰人，卷數不詳，《隋書·經籍志》、兩《唐志》不見著錄，佚文存於《世說新語》注。王邃，字處重，王舒之弟。

邃字處重，琅邪人，舒弟也。意局剛清，以政事稱。累遷中領軍、尚書左僕射。（《世說新語·賞譽篇》注）

《王中郎傳》

《王中郎傳》，不題撰人，《隋書·經籍志》、兩《唐志》均不見著錄，佚文見於《世說新語》注一條。王中郎，即王坦之，字文度，太原晉陽（今山西太原）人，東晉名臣，尚書令王述之子，其事跡見於《晉書》卷七十五。

坦之字文度，太原晉陽人。祖東海太守承，清淡平遠。父述，貞貴簡正。坦之器度淳深，孝友天至，譽輯朝野，標的當時。累遷侍中、中書令，領北中郎將，徐、兗二州刺史。（《世說新語·言語篇》注）

《趙吳郡行狀》

《趙吳郡行狀》，不題撰人，《隋書·經籍志》、兩《唐志》均不見著錄。內容較早見於《世說新語》注徵引。

穆字季子，汲郡人。貞淑平粹，才識清通。歷尚書郎、太傅參軍。後太傅越與穆及王承、阮瞻、鄧攸書曰：「禮：八歲出就外傅，十年曰幼，學，明可以漸先王之教也。然學之所受者淺，體之所安者深。是以閑習禮度，不如式瞻軌儀。諷味遺言，不如親承辭旨。小兒毗既無令淑之資，未聞道德之風，欲屈諸君，時以閑豫，周旋燕誨也。」穆歷晉明帝師、冠軍將軍、吳郡太守。封南鄉侯。（《世說新語·賞譽篇》注）

《趙穆別傳》

《趙穆別傳》，不題撰人，《隋書‧經籍志》、兩《唐志》均不見著錄，佚文見於《北堂書鈔》《初學記》。趙穆，史書無傳，《世說新語》注引《趙吳郡行狀》曰：「穆字季子，汲郡人。貞淑平粹，才識清通。歷尚書郎、太傅參軍。後太傅越與穆及王承、阮瞻、鄧攸書曰……穆歷晉明帝師、冠軍將軍、吳郡太守，封南鄉侯。」籍貫、時代與別傳相合，當即為此人。

汲郡趙君平，年三十七，四薦之宰府不就。元康二年，太守羊伊以為四科之貢，宜盡國美，遂扶昇激喻，以光榮舉，君才門寒素奏充，詔書宜進品三。（《北堂書鈔》卷三十三）

汲郡修武趙君，年三十七，四薦宰相不就，元康三年，太守羊伊以為四科之貢，宜盡國美；遂扶與激喻，以光歲貢。（《初學記》卷二十）

《杜蘭香傳》　　晉曹毗撰

《杜蘭香傳》，曹毗撰，或作《神女杜蘭香傳》《杜蘭香別傳》，《隋書‧經籍志》、兩《唐志》均不見著錄，佚文見於《北堂書鈔》、《藝文類聚》、《太平御覽》。今人李劍國先生《〈神女傳〉、〈杜蘭香傳〉、〈曹著傳〉考論》（《明清小說研究》1998 年第 4 期）論述頗詳審，並認為《稽神異苑》引《征途記》乃是出於《杜蘭香傳》，今從其說。李先生將《杜蘭香傳》連綴成篇，然有不通之處，今作輯校，不再連綴。曹毗，字輔佐，譙國人，東晉前期著名文士，少好文籍，善屬詞賦，歷任佐著作郎、句章令，徵拜太學博士，有《蘭香歌》十篇，又著《揚都賦》等。

神女姓杜，字蘭香。自云家昔在青草湖，風溺，大小盡沒。香時年三歲，西王母接而養之於崑崙之山，於今千歲矣。（《太平御覽》卷三百九十六。原云出《神女杜蘭香傳》。）

　　杜蘭香，自稱南陽人，以建興四年春，數詣張傳，傳年十七，望見其車
在門外，婢通言，阿母所生，遣授配君，君可不敬從。傳先改名碩，碩呼女
前，視可十八九，說事邈然久遠，有婦子二人，大者萱支，小者松支，鈿車
青牛，上飲食皆備。作詩曰：「阿母處靈岳，時遊雲霄際。眾女侍羽儀，不出
墉宮外。飄輪送我來，豈復恥塵穢。從我與福俱，嫌我與禍會。」至其年八
月旦來，復作詩曰：「逍遙雲霧間，呼嗟發九嶷。流汝不稽路，弱水何不之。」
出署豫子三枚，大如雞子，云：「食此，令君不畏風波，辟寒溫。」碩食二，
欲留一，不肯，令碩盡食，言：「本為君作妻，情無曠遠，以年命未合，其小
乖，太歲東方卯，當還求君。」（《藝文類聚》卷七十九）

　　香降張碩，賷〔一〕瓦榼酒。七子樏，樏多菜而無他味，亦有世間常菜〔二〕，
輒有三種色，或丹或紫，一物與海蛤相象〔三〕，并有非時菜。碩云：「食之亦
不甘，然一食七八日不飢。」（《藝文類聚》卷八十二　又見於《太平御覽》卷九百
七十六《編珠》卷四）

　　〔校記〕
　　〔一〕賷，《編珠》作「齎」，二字相同。
　　〔二〕菜，《太平御覽》作「果」。
　　〔三〕象，《太平御覽》作「類」。

　　蘭香降張碩家，輒賷瓦榼，酒氣芳馨。（《北堂書鈔》卷一百四十八　案：《太
平御覽》卷七百六十一作「蘭香降張實，輒賷元榼」，「張實」，誤。）

　　蘭香隆〔一〕張碩，賷方九子樏、七子樏。（《太平御覽》卷七百五十九）

　　〔校記〕
　　〔一〕隆，當為「降」，形近而訛。

　　蘭香降南郡張碩，與碩織成袴形。（《太平御覽》卷八百一十六）

　　晉太康中，蘭香降張碩，為詩贈碩云：「縱轡代摩奴，須臾就尹喜。」摩
奴是香御車奴，曾忤其旨，是以自御。碩說如此。（《太平御覽》卷五百）

　　神女姓杜，名蘭香，降張碩，常食粟飯，並有非時果。碩食之，亦不甘，
然一食可七八日不飢。（《太平御覽》卷九百六十四　又見於《齊民要術》卷十）

　　蘭香降張碩，與三署預實，曰：「食此可以辟霧露。」碩食二，懷一，欲
以歸。香曰：「可自食，不得持去。」（《太平御覽》卷九百八十九）

　　神女蘭香，降張碩。碩問壽如何，香曰：「消磨自可愈疾，淫祀無益！」
香以藥消磨。（《太平御覽》卷九百八十四）

香戒張碩曰：「不宜露頭食也。」（《北堂書鈔》卷一百四十三　案：《太平御覽》卷八百四十九引作「蘭香戒張碩，不露頭食」。）

杜蘭香降張碩，碩妻無子，取妾。妻妬無已，碩謂香：「如此云何？」香曰：「此易治耳。」言卒而碩妻患創委頓。碩曰：「妻將死如何？」香曰：「此創所以治妬，創已亦當瘥。」數日之間，創損而妻無妬心，遂生數男。（《太平廣記》卷二七二）

香降張碩，碩既成婚，香便去，絕不來。年餘，碩船〔一〕行，忽見香乘車於山際，碩不勝驚喜，遙往造香，見香悲喜，香亦有悦色。言語頃時，碩欲登其車，其婢舉手扞〔二〕之，嶷然山立。碩復欲車前上車，奴攘臂排之，於是〔三〕遂退。（《藝文類聚》卷七十一　又見於《太平御覽》卷七百六十九）

〔校記〕

〔一〕船，《太平御覽》作「舡」，二字相同。

〔二〕扞，《太平御覽》作「排」。

〔三〕《太平御覽》「於是」前有「碩」字。

張碩與杜蘭香相別後，于巴縣見一青衣，云：「蘭香在白帝君所，若聞白帝野寺鐘聲隨風而來，則蘭香亦隨風而至。」際夜，果聞鐘聲，蘭香亦至焉。（《稽神異苑》引《征途記》）

《賀循別傳》

《賀循別傳》，不題撰人，卷數不詳，《隋書·經籍志》、兩《唐志》不見著錄，佚文存於《世說新語》注。賀循，字彥先，東晉初人，其事跡主要見於《晉書》卷六十八《賀循傳》。

循字彥先，會稽山陰人。本姓慶，高祖純，避漢帝諱，改爲賀氏。父邵，吳中書令，以忠正見害。循少嬰家禍，流放荒裔，吳平乃還。秉節高舉，元帝爲安東，王循爲吳國內史。（《世說新語·規箴篇》注）

《桓彝別傳》

　　《桓彝別傳》，不題撰人，卷數不詳，《隋書·經籍志》、兩《唐志》不見著錄，《太平御覽經史圖書綱目》列之。桓彝，字茂倫，東晉初人，其事跡主要見於《晉書》卷七十四《桓彝傳》。

　　彝字茂倫，譙國龍亢人，漢五更桓榮十世孫也。父潁，有高名。彝少孤，識鑒明朗，避亂渡江，累遷散騎常侍。（《世說新語·德行篇》注）

　　彝字茂倫。〔一〕明帝世，彝與當時英彥名德庾亮、溫嶠、羊曼等共集清谿池〔二〕上，郭璞預〔三〕焉，乃援筆屬詩以白四賢並自序。（《太平御覽》卷六十七　又見於《景定建康志》卷十八）

　〔校記〕
　〔一〕彝字茂倫，《景定建康志》無。
　〔二〕清谿池，《景定建康志》作「青溪」且下有「之」字。「谿」爲「溪」之異體字。
　〔三〕預，《景定建康志》作「與」。

《羊曼別傳》

　　《羊曼別傳》，不題撰人，卷數不詳，《隋書·經籍志》、兩《唐志》不見著錄，佚文存於《世說新語》注。羊曼，字祖延，東晉人，其事跡主要見於《晉書》卷四十九《羊曼傳》。

　　曼字延祖，泰山南城人。父暨，陽平太守。曼頹縱宏任，飲酒誕節，與陳留阮放等號「兗州八達」。累遷丹陽尹，爲蘇峻所害。（《世說新語·雅量篇》注）

《郗鑒別傳》

　　《郗鑒別傳》，不題撰人，卷數不詳，《隋書·經籍志》、兩《唐志》不見著錄，佚文見於《世說新語》注。郗鑒，字道徽，東晉初人，其事跡主要見於《晉書》卷六十七《郗鑒傳》。

鑒字道徽，高平金鄉人。漢御史大夫郗慮後也。少有體正，躭思經籍，以儒雅著名。永嘉末，天下大亂，饑饉相望，冠帶以下，皆割己之資供鑒。元皇徵爲領軍，遷司空、太尉。（《世說新語·德行篇》注）

《郗愔別傳》

《郗愔別傳》，不題撰人，《隋書·經籍志》、兩《唐志》均不見著錄，佚文見於《世說新語》注一條。郗愔，字方回，高平金鄉（今山東省金鄉縣）人，東晉太尉郗鑒長子，王羲之妻弟，其事跡主要見於《晉書》卷六十七。

愔字方回，高平金鄉人，太宰鑒長子也。淵靖純素，無執無競，簡私暱，罕交遊。歷會稽內史、侍中、司徒。（《世說新語·品藻篇》注）

《虞光祿傳》

《虞光祿傳》，不題撰人，《隋書·經籍志》、兩《唐志》均不見著錄。佚文見於《世說新語》注引兩條。虞騤，字思行，會稽餘姚人，東晉官吏，官至金紫光祿大夫，其事跡主要見於《晉書》卷七十六《虞譚傳》。

騤字思行，會稽餘姚人。虞翻曾孫，右光祿潭兄子也。雖機幹不及潭，而至行過之。歷吏部郎、吳興守，徵爲金紫光祿大夫，卒。（《世說新語·品藻篇》注）

騤未登臺鼎，時論稱屈。（《世說新語·品藻篇》注）

《孔愉別傳》

《孔愉別傳》，不題撰人，卷數不詳，《隋書·經籍志》、兩《唐志》不見著錄，佚文存於《世說新語》注。孔愉，字敬康，東晉初人，其事跡主要見於《晉書》卷七十八《孔愉傳》。

愉字敬康，會稽山陰人。初辟中宗參軍，討華軼有功，封餘不亭侯。愉少時嘗得一龜，放於餘不溪中，龜於路左顧者數過。及後鑄印，而龜左顧，更鑄猶如此。印師以聞，愉悟，取而佩焉。累遷尚書左僕射、贈車騎將軍。（《世說新語·方正篇》注）

永嘉大亂，愉入臨海山中，不求聞達，中宗命爲參軍。（《世說新語·棲逸篇》注）

《諸葛恢別傳》

《諸葛恢別傳》，不題撰人，卷數不詳，《隋書·經籍志》、兩《唐志》不見著錄，佚文見於《世說新語》注。諸葛恢，字道明，東晉時人，其事跡主要見於《晉書》卷七十七《諸葛恢傳》。

恢字道明，琅邪陽都人。祖誕，司空。父靚，亦知名。恢少有令問，稱爲明賢。避難江左，中宗召補主簿，累遷尚書令。（《世說新語·方正篇》注）

《顏含別傳》

《顏含別傳》，不題撰人，卷數不詳，《隋書·經籍志》、兩《唐志》不見著錄，《太平御覽經史圖書綱目》列之。顏含，字弘都，東晉時人，其事跡主要見於《晉書》卷八十八《顏含傳》。

髦字君道，〔一〕形儀嚴整，風貌端美，大司馬桓公在赭圻，君道爲侍中，奉使公服，〔二〕時桓公歎曰〔三〕：「顏侍中，〔四〕廊廟之望，〔五〕喉舌機要〔六〕。」（《北堂書鈔》卷五十八　又見於《藝文類聚》卷四十八《太平御覽》卷二百一十九、卷三百八十九《職官分紀》卷六）

〔校記〕

〔一〕髦字君道，《太平御覽》卷二百一十九、卷三百八十九上皆有「顏」字，《藝文類聚》作「顏髦」，當爲形近而訛，《職官分紀》作「含字君道」，誤，顏含乃顏髦之父，字弘都。《太平御覽》卷三百八十九「髦字君道」尚接有「含之子也。少慕家業，惇於孝行」三句。

〔二〕「大司馬桓公在赭圻」以下二句，《藝文類聚》、《太平御覽》卷二百一十九、卷三百八十九、《職官分紀》皆無。

〔三〕時桓公歎曰，《藝文類聚》、《太平御覽》卷二百一十九、《職官分紀》皆作「大司馬桓公歎曰」，《太平御覽》卷三百八十九作「桓公見而歎」。

〔四〕顏侍中，《藝文類聚》無。

〔五〕望，《太平御覽》卷三百八十九下有「也」字，且引文止此。

〔六〕要，《職官分紀》下有「也」字。

《卞壼別傳》

《卞壼別傳》，不題撰人，卷數不詳，《隋書·經籍志》、兩《唐志》不見著錄，佚文僅見於《世說新語》注。卞壼（281-328），濟陰句冤（今山東菏澤）人，東晉初名臣，其事跡主要見於《晉書》卷七十《卞壼傳》。

壼字望之，濟陰冤句人。父粹，太常卿。壼少以貴正見稱，累遷御史中丞，權門屏跡，轉領軍尚書令。蘇峻作亂，率眾距戰，父子二人俱死王難。（《世說新語·賞譽篇》注）

壼正色立朝，百寮嚴憚，貴遊子弟，莫不祗肅。（《世說新語·任誕篇》注）

《蔡充別傳》

　　《蔡充別傳》，不題撰人，卷數不詳，《隋書‧經籍志》、兩《唐志》不見著錄，佚文僅見於《世說新語》注。蔡充，東晉時人，《晉書》卷七十七《蔡謨傳》作蔡克，所記事與《蔡充別傳》大體相同。

　　充祖睦，蔡邕孫也。充少好學，有雅尚，體貌尊嚴，莫有媟慢於其前者。高平劉整有雋才，而車服奢麗，謂人曰：「紗縠，人常服耳。嘗遇蔡子尼在坐，終日不自安。」見憚如此。是時，陳留為大郡，多人士，琅邪王澄嘗經郡境，問：「此郡多士，有誰乎？」吏曰：「有江應元、蔡子尼。」時陳留多居大位者，澄問：「何以但稱此二人？」吏曰：「向謂君侯問人，不謂位也。」澄笑而止。充歷成都王東曹掾，故稱東曹。（《世說新語‧輕詆篇》注）

《鍾雅別傳》

　　《鍾雅別傳》，不題撰人，卷數不詳，《隋書‧經籍志》、兩《唐志》不見著錄，今主要存於《世說新語》注。鍾雅，字彥胄，東晉時人，其事跡主要見於《晉書》卷七十《鍾雅傳》。

　　雅字彥胄，潁川長社人，魏太傅鍾繇弟仲常曾孫也。少有才志，累遷至侍中。（《世說新語‧政事篇》注）
　　蘇峻逼主上幸石頭，雅與劉超並侍帝側匡衛，與石頭中人密期拔至尊出，事覺被害。（《世說新語‧政事篇》注）

《祖約別傳》

　　《祖約別傳》，不題撰人，卷數不詳，《隋書‧經籍志》、兩《唐志》不見著錄，佚文存於《世說新語》注。祖約，字士少，東晉時人，其事跡主要見於《晉書》卷一百《祖約傳》。

約字士少，范陽遒人。累遷平西將軍、豫州刺史，鎮壽陽。與蘇峻反，峻敗，約投石勒。約本幽州冠族，賓客填門，勒登高望見車騎，大驚。又使佔奪鄉里先人田地，地主多恨。勒惡之，遂誅約。（《世說新語·雅量篇》注）

《陶侃別傳》

《陶侃別傳》，不題撰人，《隋書·經籍志》、兩《唐志》均不見著錄，《太平御覽經史圖書綱目》列之，則是書北宋之時尚見存，後散佚，今主要見於劉孝標《世說新語》注《太平御覽》《事類賦》等。清《陳檢討四六》《奩史》又引四條，標曰《陶侃別傳》，他處未見，未知所據。陶侃（259-334），字士行，本鄱陽人，東晉時官至大將軍，追贈大司馬。吳平徙家廬江潯陽，其事跡主要見於《晉書》卷六十六《陶侃傳》。

範字道則，侃第十子也〔一〕，侃諸子中最知名。歷尚書、祕書監。（《世說新語·方正篇》注　又見於《能改齋漫錄》卷七）

〔校記〕

〔一〕《九家集注杜詩》卷二十八、《分門集注杜工部詩》卷二十五引此句作「範，侃第十子也」，《能改齋漫錄》無「也」字。

庾翼薨，表其子爰之代爲荊州。何充曰：「陶公重勳也，臨終高讓。丞相未薨，敬豫爲四品將軍，于今不改。親則道恩，優游散騎，未有超卓若此之授。」乃以徐州刺史桓溫爲安西將軍、荊州刺史。（《世說新語·識鑒篇》注）

母湛氏，賢明有法訓。侃在武昌，與佐吏從容飲燕，常有飲限。或勸猶可少進，侃悽然良久曰：「昔年少，曾有酒失，二親見約，故不敢踰限。」及侃丁母憂〔一〕，在墓下，忽有二客來弔，不哭而退，儀服〔二〕鮮異，知非常人。遣隨視之〔三〕，但見雙鶴衝天而去〔四〕。（《世說新語·賢媛篇》注　又見於《太平御覽》卷九百一十六《事類賦》卷十八）

〔校記〕

〔一〕憂，《太平御覽》《事類賦》作「艱」。

〔二〕服，《太平御覽》《事類賦》作「形」。

〔三〕《太平御覽》《事類賦》此句作「遣看之」。

〔四〕衝天而去，《太平御覽》作「飛而衝天」。

郴〔一〕寶代居江夏。(《元和姓纂》卷五　又見於《名賢氏族言行類稿》卷三十三)

〔校記〕

〔一〕郴，《名賢氏族言行類稿》作「柳」，誤，疑形近而訛。

有江夏郴寶。(《重修廣韻》卷二　又見於《姓解》卷一《通志》卷二十六《姓氏急就篇》卷下)

外國獻甝虦，公舉之曰：「我還國，當與牙共眠。」牙名悷之，字處靜，是公庶孫，小而被知。以爲後嗣。(《太平御覽》卷七百八)

昔有人納魚，細得一梭將歸，掛壁上。須臾聞雷聲，乃變爲一龍。(《遊仙窟》卷五注)

有江夏〔一〕布興。(《重修廣韻》卷四　又見於《姓解》卷三《姓氏急就篇》卷上《名賢氏族言行類稿》卷四十三《通志》卷二十九)

〔校記〕

〔一〕《名賢氏族言行類稿》《通志》「江夏」下皆有「人」字。

附：

侃爲江夏太守，加督護諸軍。後以荊州刺史移鎮沔口，卒于武昌樊口，士民立廟府城北。(《陳檢討四六》卷十序)

陶侃母湛氏頭髮委地，值范逵投宿，家貧無措，湛氏乃截下髮爲二髻，賣以設食。(《盦史》卷七十一))

陶侃母湛氏嘗取臥薦自剉，爲范逵飼馬。(《盦史》卷七十七)

陶侃作魚吏，遺母蚶鮓。母以封鮓，付使反書，責曰：「汝爲吏以官物見餉，乃增我憂也。」(《盦史》卷八十一)

《陶侃傳》

《陶侃傳》，不題撰人，《隋書‧經籍志》、兩《唐志》均不見著錄，久已散佚，佚文見於《藝文類聚》《太平御覽》。

侃丁母艱，在墓下，忽有二客來弔，不哭而退，儀服鮮潔〔一〕，知非常人，隨〔二〕而看之，但見雙鵠飛而沖天〔三〕。（《藝文類聚》卷九十　又見於《太平御覽》卷五百六十一）

〔校記〕

〔一〕鮮潔，《太平御覽》作「鱗異」。

〔二〕《太平御覽》「隨」前有「遣」字。

〔三〕此句，《太平御覽》作「但見雙鶴孤而沖天也」。

《陶侃故事》

《陶侃故事》，不題撰人，《隋書·經籍志》、兩《唐志》均不見著錄，原久已散佚，今所存皆記獻成帝之物，殘缺不成文矣，佚文見於《北堂書鈔》《藝文類聚》《太平御覽》。

蘇峻平後，侃上成帝鰱十斛。（《北堂書鈔》卷一百四十六　案：《白氏六帖事類集》卷五亦引此條，脫「平後侃」三字，「斛」作「鮓」。）

侃上雜物疏，有上成帝螺杯一枚〔一〕。（《太平御覽》卷七百五十九　又見於《藝文類聚》卷七十三。）

〔校記〕

〔一〕有上，《藝文類聚》作「侃上」，且引文僅此一句。

侃上成帝水精盌一枚。（《太平御覽》卷七百六十）

侃上成帝漆複簏五十枚。（《太平御覽》卷七百六十）

《嵇中散傳》　晉孫綽撰

孫綽（314-371），字興公，太原中都（今山西平遙）人，東晉著名文學家。著作有《論語集解》十卷、《至人高士傳贊》二卷、《列仙傳贊》三卷、《孫子》十二卷，集二十五卷，均散佚。明人張溥輯有《孫廷尉集》，清人嚴可均《全晉文》輯有四十四篇文及《孫子》殘文，近人逯欽立《先

秦漢魏晉南北朝詩》存詩九首并殘句。《嵇中散傳》，不見於史志目錄，佚文見於《文選》李善注。

嵇康作《養生論》，入洛，京師謂之神人，向子期難之，不得屈。（《文選》左太沖《詠史詩》李善注）

《山濤別傳》　　晉袁宏撰

袁宏（328-376？），字彥伯，小字虎，陳郡陽夏（今河南太康）人，東晉史學家，《隋書·經籍志》錄其集三十卷，佚，今存《後漢紀》三十卷，嚴可均輯其文十八篇，逯欽立輯其詩五首并殘句。《山濤別傳》，《隋書·經籍志》、兩《唐志》不見著錄，《太平御覽經史圖書綱目》則列之。山濤，曹魏至西晉初人，其事跡主要見於《晉書》卷四十三《山濤傳》。

陳留阮籍、譙國嵇康，並高才遠識，少有悟其契者。濤初不識，一與相遇，便爲神交。（《初學記》卷十八　又見於《太平御覽》卷四百九）

《阮孚別傳》

《阮孚別傳》，不題撰人，卷數不詳，《隋書·經籍志》、兩《唐志》不見著錄，佚文存於《世說新語》注。阮孚，字遙集，東晉時人，其事跡主要見於《晉書》卷四十九《阮籍傳》附列《阮孚傳》。

孚風韻疏誕，少有門風。（《世說新語·雅量篇》注）

咸與姑書曰：「胡婢遂生胡兒。」姑答書曰：「《魯靈光殿賦》曰：『胡人遙集於上楹』，可字曰遙集也。」故孚字遙集。（《世說新語·任誕篇》注）

《孫略別傳》

《孫略別傳》，不題撰人，卷數不詳，《隋書・經籍志》、兩《唐志》不見著錄。孫略，其人不詳，或爲孫晷。《晉書》卷八十八《孫晷傳》載：「親故有窮老者數人，恆往來告索，人多厭慢之，而晷見之，欣敬逾甚，寒則與同衾，食則與同器，或解衣推被以恤之。」其事與《北堂書鈔》《太平御覽》所引之《孫略別傳》大體相同。

親戚〔一〕有窮老者，過多，〔二〕或〔三〕推被以恤之，奇寒〔四〕不解衣而寢。（《北堂書鈔》卷一百三十四　又見於《太平御覽》卷七百七）

〔校記〕
〔一〕親戚，《太平御覽》作「親親」。
〔二〕過多，《太平御覽》無。
〔三〕或，《太平御覽》上有「略」字。
〔四〕奇寒，《太平御覽》作「竟寒」。

《許邁別傳》

《許邁別傳》，不題撰人，卷數不詳，《隋書・經籍志》、兩《唐志》不見著錄，《太平御覽經史圖書綱目》列之。許邁的別傳，今所見者爲兩種──《許邁別傳》與《許邁列傳》，列傳或是別傳傳抄訛誤，疑不能定，今別條出之。除此，《晉書・王羲之傳》載「羲之自爲之傳，述靈異之跡甚多，不可詳記」，則王羲之曾撰許邁傳記。《雲笈七籤》卷一百六錄有《許邁眞人傳》，胡適在《陶弘景的〈眞誥〉考》一文中認爲即爲王羲之所撰。然考《許邁眞人傳》中還記載有許謐七十二歲之後事和許翽事，或有王羲之所撰舊文，然已非王羲之原文，明矣。《新唐書・藝文志》記載有王羲之《許先生傳》一卷，則右軍所撰，唐時尚存。唐修《晉書・許邁傳》，或參考右軍文，亦未可知矣。許邁，字叔玄，一名映，東晉時道士，從鮑靚學道，清虛懷遠，改名遠遊，其事跡見於《晉書》卷八十《許邁傳》。

邁好養生，遣妻〔一〕歸家，東遊〔二〕，采〔三〕藥於桐廬山，欲斷穀，以
山近人，不得專一，移入臨安，自以無復反〔四〕，乃改名遠遊，書與婦別。（《藝
文類聚》卷二十九　又見於《太平御覽》卷四百八十九）

〔校記〕
〔一〕妻，《太平御覽》作「妾」。
〔二〕遊，《太平御覽》作「遊」。
〔三〕采，《太平御覽》作「採」。
〔四〕反，《太平御覽》下有「期」字。

邁有道術，燒香皆五色煙出，後莫知所在。（《藝文類聚》卷八十）

邁少名映〔一〕，高平闔慶等皆就映受學〔二〕，映曰：「闔君可服氣以斷穀，
彭君宜餌藥以益氣。」〔三〕慶等將去，映爲燒香，有五色煙出，〔四〕映亦自
去，莫知所在。（《太平御覽》卷八百七十一　又略見於《法苑珠林》卷四十九）

〔校記〕
〔一〕映，《法苑珠林》作「暎」。
〔二〕映受學，《法苑珠林》作「就受業」。
〔三〕「映曰」以下二句，《法苑珠林》無。
〔四〕「慶等將去」以下二句，《法苑珠林》作「初慶等方去，暎燒香，皆五色煙出」，且引
　　　文止此。

邁小名映。有鼠齧映衣，乃作符召鼠，莫不畢至於中庭。映曰：「齧衣者
留，不齧衣者去。」群鼠並去，惟一鼠獨住，伏於中庭而不敢動。（《太平御覽》
卷九百一十一）

延陵〔一〕之茅山，是洞庭西門，潛通五嶽。（《太平御覽》卷四十一　又見
於周應合《（景定）建康志》卷十七《山川志序》張鉉《（至大）金陵新志》卷五　李
壁《王荆公詩注》卷三十八律詩）

〔校記〕
〔一〕延陵，《王荆公詩注》作「金陵」。

《許邁列傳》

《許邁列傳》，見《許邁別傳》條。

邁少名映，有道術，〔一〕高平闞慶就映受業。〔二〕慶方去，映爲燒香，五色〔三〕煙出，映亦去〔四〕，莫知所在。（《初學記》卷二十五　又見於《錦繡萬花谷》續集卷八）

〔校記〕

〔一〕「邁少名映」二句，《錦繡萬花谷》續集作「許邁名映」。

〔二〕高平闞慶就映受業，《錦繡萬花谷》續集作「從高平闞慶傳業」。

〔三〕五色，《錦繡萬花谷》續集上有「皆」字。

〔四〕去，《錦繡萬花谷》續集上有「自」字。

《王胡之別傳》

《王胡之別傳》，皆不題撰人，卷數不詳，《隋書・經籍志》、兩《唐志》不見著錄。王胡之，字脩齡，東晉人，王廙之子，其事跡主要見於《晉書》卷七十六《王胡之傳》。

胡之字脩齡，琅邪臨沂人，王廙之子也。歷吳興太守，徵侍中、丹陽尹、秘書監，並不就。拜使持節，都督司州諸軍事、西中郎將、司州刺史。（《世說新語・言語篇》注）

胡之常遺世務，以高尚爲情，與謝安相善也。（《世說新語・賞譽篇》注）

胡之治身清約，以風操自居。（《世說新語・賞譽篇》注）

胡之少有風尚，才器率舉，有秀悟之稱。（《世說新語・賞譽篇》注）

胡之好談諧，善屬文辭，爲當世所重。（《世說新語・品藻篇》注）

《顧和別傳》

《顧和別傳》，不題撰人，卷數不詳，《隋書・經籍志》、兩《唐志》不見著錄。顧和，字君孝，東晉時人，其事跡主要見於《晉書》卷八十三《顧和傳》。

和字君孝，吳郡人。祖容，吳荊州刺史。父相，晉臨海太守。和總角知名，族人顧榮雅相器愛，曰「此吾家之騏驥也，必振衰族。」累遷尙書令。(《世說新語·言語篇》注)

顧球時爲楊州別駕，顧榮謂球曰：「卿速步〔一〕，公孝如是超卿矣。〔二〕」(《太平御覽》卷二百六十三　又見於《錦繡萬花谷》後集第十二卷《翰苑新書集》前集第五十四卷)

〔校記〕

〔一〕速步，《翰苑新書集》作「步速」，前者義長。

〔二〕「公孝」當爲「君孝」，《太平御覽》於本條下有雙行小字注曰「和字公孝」，誤。此句《錦繡萬花谷》《翰苑新書集》作「君孝超卿矣」。《翰苑新書集》後又有「顧和字君孝」五字，對照《太平御覽》，五字疑爲注文誤入正文。

和字君孝，總角時，顧榮曰：「此吾家驥，興衰宗必此子也。」顧珠亦有令問，榮謂珠曰：「卿速步，君孝超卿矣。」(《太平御覽》卷四百四十四)

《庾翼別傳》

《庾翼別傳》，不題撰人，卷數不詳，《隋書·經籍志》、兩《唐志》不見著錄，佚文見於《世說新語》注。庾翼，字稚恭，東晉人，其事跡主要見於《晉書》卷七十三《庾翼傳》。

翼字稚恭，潁川鄢陵人也。少有大度、時論以經略許之。兄太尉亮薨，朝議推才，乃以翼都督七州。進征南將軍、荊州刺史。(《世說新語·言語篇》注)

翼爲荊州，雅有正志。每以門地威重，兄弟寵授，不陳力竭誠，何以報國。雖蜀阻險塞，胡負凶力，然皆無道酷虐，易可乘滅。當此時，不能掃除二寇以復王業，非丈夫也。於是徵役三州，悉其帑實，成眾五萬，兼率荒附，治戎大舉，直指魏、趙，軍次襄陽，耀威漢北也。(《世說新語·豪爽篇》注)

《陸玩別傳》

《陸玩別傳》，不題撰人，卷數不詳，《隋書‧經籍志》、兩《唐志》不見著錄，佚文僅存於《世說新語》注。陸玩，字士瑤，，東晉時人，其事跡主要見於《晉書》卷七十七《陸曄傳》附列《陸玩傳》。

玩字士瑤，吳郡吳人。祖瑁，父英，仕郡有譽。玩器量淹雅，累遷侍中、尚書左僕射、尚書令，贈太尉。（《世說新語‧政事篇》注）

是時王導、郗鑒、庾亮相繼薨殂，朝野憂懼，以玩德望，乃拜司空。玩辭讓不獲，乃歎息謂朋友曰：「以我為三公，是天下無人矣。」時人以為知言。（《世說新語‧規箴篇》注）

《殷羨言行》

《殷羨言行》，不題撰人，《隋書‧經籍志》、兩《唐志》均不見著錄，佚文見於《世說新語》注兩條。殷羨，字洪喬，陳郡長平人，東晉官吏，殷浩之父，其事跡見於《晉書》卷七十七《殷浩傳》。

時有人稱庾太尉理者，羨曰：「此公好舉宗本槌人。」（《世說新語‧品藻篇》注）

王公薨後，庾冰代相，網密刑峻。羨時行，遇收捕者於途，慨然歎曰：「丙吉問牛喘，似不爾！」嘗從容謂冰曰：「卿輩自是網目不失，皆是小道小善耳。至如王公，故能行無理事。」謝安石每歎詠此唱。庾赤玉曾問羨：「王公治何似？詎是所長？」羨曰：「其餘令績，不復稱論，然三捉三治，三休三敗。」（《世說新語‧政事篇》注）

《殷浩別傳》

　　《殷浩別傳》，不題撰人，卷數不詳，《隋書‧經籍志》、兩《唐志》不見著錄，今存文最早見於《世說新語》注。殷浩，字淵源，東晉時人，事跡主要見於《晉書》卷七十七《殷浩傳》。

　　浩字淵源，陳郡長平人。祖識，濮陽相。父羨，光祿勳。浩少有重名，仕至揚州刺史、中軍將軍。（《世說新語‧政事篇》注）

　　會稽王少著名譽，友學之舉，必極有德，以浩爲友。（《太平御覽》卷二百四十八）

《庾亮別傳》

　　《庾亮別傳》，不題撰人，《隋書‧經籍志》、兩《唐志》均不見著錄，佚文見於《北堂書鈔》。庾亮，字元規。潁川鄢陵（今河南鄢陵北）人。東晉時期外戚，曾任黃門侍郎、散騎常侍、中書監、豫州刺史等職，主要事跡見於《晉書》卷七十三。

　　王胡之爲丞相府起記室，亮答胡之書曰：「祭來也。」（《北堂書鈔》卷六十九）

　　亮領著作侍講東宮。（《北堂書鈔》卷五十七）

《庾氏傳》

　　《庾氏傳》，不題撰人，《隋書‧經籍志》、兩《唐志》均不見著錄。佚文見於《世說新語》注。

　　翼娶高平劉綏女，字靜女。（《世說新語‧雅量篇》注）

《陳逵別傳》

《陳逵別傳》，不題撰人，《隋書·經籍志》、兩《唐志》均不見著錄，佚文見於《世說新語》注一條。陳逵，史書無傳。

逵字林道，潁川許昌人。祖淮，太尉。父畛，光祿大夫。逵少有幹，以清敏立名。襲封廣陵公、黃門郎、西中郎將，領梁、淮南二郡太守。（《世說新語·品藻篇》注）

《王述別傳》

《王述別傳》，不題撰人，卷數不詳，《隋書·經籍志》、兩《唐志》不見著錄，佚文存於《世說新語》注。王述，字懷祖，東晉時人，王坦之之父，其事跡主要見於《晉書》卷七十五《王湛傳》附列《王述傳》。

述字懷祖，太原晉陽人。祖湛，父承，並有高名。述蚤孤，事親孝謹，簞瓢陋巷，宴安永日。由是為有識所知，襲爵藍田侯。（《世說新語·文學篇》注）

述常以為人之處世，當先量己而後動，義無虛讓，是以應辭便當固執。其貞正不踰皆此類。（《世說新語·方正篇》注）

述少真獨退靜，人未嘗知，故有晚令之言。（《世說新語·簡傲篇》注）

《郭翻別傳》

《郭翻別傳》，不題撰人，《隋書·經籍志》、兩《唐志》均不見著錄，《太平御覽經史圖書綱目》列之，則是書北宋之時尚見存，後散佚，佚文見於《藝文類聚》《太平御覽》。郭翻，字長翔，東晉時武昌人，其事跡主要見於《晉書》卷九十四《郭翻傳》。

翻還鄉，安西庾翼造之，以其舟小狹，引就大舡。翻曰：「使君不以民鄙賤而辱臨之，此固野人之舟。」翼俯入其小舟，終日而後去。（《北堂書鈔》卷一百三十七）

翻經水〔一〕，墜刀於水，路人有爲取者，翻因與之，路人不取，至於三四，路人固辭，翻曰：爾向不取，我豈能得乎，路人曰：吾若取此物，爲天地鬼神所責矣，翻〔二〕知其終不受，乃沉刀于向所失處，路人悵然，乃復沒爲取之，翻於是不逆其意，十倍刀價與之。（《藝文類聚》卷二十一　又見於《太平御覽》卷四百二十四）

〔校記〕

〔一〕水，《太平御覽》作「河」。

〔二〕《太平御覽》無「翻」字。

翻字道翔，武昌人，遺令儉葬，唯以兩卷《老子》示存道德。（《太平御覽》卷五百五十五）

《曹著傳》

《曹著傳》，不題撰人，史志目錄皆無著錄，當是東晉中期之作，《曹著傳》久佚，李劍國先生根據史料，鉤沉推斷《水經注》和祖臺之《志怪》中所引曹著事，出自於《曹著傳》，其說嚴密，頗具說服力（可參閱《〈神女傳〉、〈杜蘭香傳〉、〈曹著傳〉考論》，《明清小說研究》1998 年第 4 期）。現存《曹著傳》主要講述盧山神與吳猛事、曹著拜會盧山神並因恐懼拒絕配婚等事。

盧山神自云姓徐，受封盧山。後吳猛經過，山神迎猛，猛語曰：「君王此山近六百年，符命已盡，不宜久居，非據。」猛又贈詩云：「仰矚列仙館，俯察王神宅。曠載暢幽懷，傾蓋付三益。」（《水經注》卷三十九）

建康小史曹著，〔一〕爲盧山府君所迎，〔二〕見門有一大甕，〔三〕可受數百斛〔四〕，但見〔五〕風雲出其中。（《太平御覽》卷七百五十八　又見於《白氏六帖事類集》卷四）

〔校記〕

〔一〕此句，《白氏六帖事類集》作「曹著爲建康小吏」，《御覽》「建康小史」，當爲傳抄訛誤。

〔二〕此句，《白氏六帖事類集》作「忽有廬山府君所迎」，文句頗爲不通，當以《御覽》爲上。

〔三〕此句，《白氏六帖事類集》作「見府門前有大甕」。

〔四〕數百斛，《白氏六帖事類集》作「五百石」。

〔五〕但見，《白氏六帖事類集》作「使」。

建康小吏曹著見廬山夫人，夫人爲設酒餚，〔一〕，金鳥啄罍，其中鏤刻奇飾異形，非人所名。〔二〕下七子合盤〔三〕，盤中亦無俗中餚。（《太平御覽》卷八百四十九　又見於《北堂書鈔》卷一百四十二）

〔校記〕

〔一〕夫人，《北堂書鈔》無，「設酒餚」，《北堂書鈔》作「設酒饌」。

〔二〕「金鳥啄罍」一下三句，《北堂書鈔》皆無。

〔三〕合盤，《北堂書鈔》作「盒盤」。

〔四〕此句《北堂書鈔》作「盤內無俗間常肴粖」。

建康小吏曹著見廬山夫人，夫人命女婉出與著相見。婉見著欣悅，命婢瓊林令取琴出，婉撫琴歌曰：「登廬山兮鬱嵯峨，晞陽風兮拂紫霞。招若人兮濯靈波，欣良運兮暢雲柯。彈鳴琴兮樂莫過，雲龍會兮樂太和。」歌畢，婉便還去。（《太平御覽》卷五百七十三）

建康小吏曹著爲廬山使君所迎，配以女婉〔一〕，著形意不安，屢求請退〔二〕，婉潸然垂涕〔三〕，賦詩敍別〔四〕，并贈織成褌衫。〔五〕（《北堂書鈔》卷七十七　又見於《北堂書鈔》卷一百二十九《初學記》卷二十六《太平御覽》卷六百九十三）

〔校記〕

〔一〕女婉，初學記作「女婉」，誤。

〔二〕請退，《太平御覽》作「諫退」，當爲形近訛誤。

〔三〕垂涕，《初學記》《太平御覽》皆作「流涕」。

〔四〕敍別，《北堂書鈔》卷一百二十九、《初學記》《太平御覽》皆作「序別」。

〔五〕并，《太平御覽》作「拜」，形近而訛；成，《太平御覽》無；褌衫，《北堂書鈔》卷一百二十九作「單衫」，《初學記》《太平御覽》下皆有「也」字。

《徐邈別傳》

　　《徐邈別傳》，不題撰人，卷數不詳，《隋書·經籍志》、兩《唐志》不見著錄，佚文存於《太平御覽》。徐邈，字仙民，東晉儒士，其事跡主要見於《晉書》卷九十一《徐邈傳》。

　　邈字仙民，舉世諮承，傳爲定範。舊疑歲神在卯，此宅之左，即彼宅之右地，何得俱忌。邈以爲太歲之屬，自是遊神；譬如日出之時，向東皆逆，非爲定體。（《太平御覽》卷一百八十）

　　君諱邈，字仙民，東莞人。歧嶷，朗慧，聰悟，七歲涉學，詩賦成章。（《太平御覽》卷三百八十五）

《羅府君別傳》

　　羅含的別傳，現存有三種，《羅府君別傳》、《羅含別傳》、《羅含傳》，皆不題撰人，卷數不詳，《隋書·經籍志》、兩《唐志》亦皆不見著錄，《太平御覽經史圖書綱目》則列有《羅含別傳》。羅含，字君章，東晉時人，其事跡主要見於《晉書》卷九十二《羅含傳》。

　　含字君章，桂陽棗陽人。蓋楚熊姓之後，啓土羅國，遂氏族焉。後寓湘境，故爲桂陽人。含，臨海太守彥曾孫，滎陽太守綏少子也。桓宣武辟爲別駕，以官廨誼擾，於城西池小洲上立茅茨，伐木爲牀，織葦爲席，布衣蔬食，晏若有餘。桓公嘗謂眾坐曰：「此自江左之清秀，豈惟荊楚而已！」累遷散騎常侍、廷尉、長沙相，致仕中散大夫，門施行馬。含自在官舍，有一白雀棲集堂宇，及致仕還家，階庭忽蘭菊挺生。豈非至行之徵邪？（《世說新語·方正篇》注）

《羅含別傳》

　　《羅含別傳》，見《羅府君別傳》條。

刺史庾亮初命含爲部從事，桓溫臨州，轉參軍。(《世説新語・規箴篇》注)

桓宣武以含爲別駕，以官廨寺諠擾，非靜默所處，乃於城西池小洲上，立茅茨之屋，竹果蔭宇，牀木之床，織葦爲席，布衣蔬食，晏若有餘。(《藝文類聚》卷六十一)

含致仕還家，庭中忽自生蘭，此德行幽感之應。(《藝文類聚》卷六十四 又見於《太平御覽》卷九百八十三)

含字君章，刺史庾廙以親賢之，重作鎮方岳，搜揚楚楚，匪蘭弗刈，仍辟含荊州部從事。(《太平御覽》卷二百六十五 案：此條亦見於《職官分紀》卷四十，徵引内容與此條差異頗大，且此條「以親賢之，重作鎮方岳」，引文有誤，疑當爲「以親賢爲重，作鎮方岳」，而「搜揚楚楚」，亦不通，當爲「搜揚翹楚」。故《御覽》此條所引，未若《職官分紀》條理通常，故不再出校，別條出之。)

庾刺史以親賢爲重，作鎮方岳，搜揚翹楚，匪蘭弗刈，辟爲荊州從事。(《職官分紀》卷四十)

羅含，字君章。少嘗晝臥，夢一鳥文色異常，徑飛入口。(《太平御覽》卷三百九十三)

銓藻羣才。(《翰苑新書》前集卷十五)

《羅含傳》

《羅含傳》，見《羅府君別傳》條。

含少時晝臥，忽夢一鳥，文色異常，飛來入口，含因驚起，心胸間如吞物，意甚怪之，叔母謂曰：「鳥有文章，汝後必有文章，此吉祥也。」含於是才藻日新。(《藝文類聚》卷九十)

含在家〔一〕，時有百雀集堂宇，此德行幽感所致。(《藝文類聚》卷九十二 又見於《太平御覽》卷九百二十二)

〔校記〕

〔一〕家，《太平御覽》卷九百二十二下有「中」字。

含字君章，太守謝仁祖一見，稱爲湘中之琳琅，自江下從事轉主簿。（《白氏六帖事類集》卷二十一）

吞飛鳥卵。（《太平御覽》卷九百二十八）

《孫放別傳》

《孫放別傳》，不題撰人，卷數不詳，《隋書·經籍志》、兩《唐志》不見著錄，《太平御覽經史圖書綱目》列之。孫放，字齊莊，東晉時人，孫盛次子，其事跡主要見於《晉書》卷八十二《孫盛傳》附列《孫放傳》。

放字齊莊，監君次子也。年八歲，太尉庾公召見之。放清秀，欲觀試，乃授紙筆令書，放便自疏名字。公題後問之曰：「爲欲慕莊周邪？」放書答曰：「意欲慕之。」公曰：「何故不慕仲尼而慕莊周？」放曰：「仲尼生而知之，非希企所及；至於莊周，是其次者，故慕耳。」公謂賓客曰：「王輔嗣應答，恐不能勝之。」卒長沙王相。（《世說新語·言語篇》注）

放兄弟並秀異，與庾翼子園客同爲學生。園客少有佳稱，因談笑嘲放曰：「諸孫於今爲盛。」盛，監君諱也。放即答曰：「未若諸庾之翼翼。」放應機制勝，時人仰焉。司馬景王、陳、鍾諸賢相酬，無以踰也。（《世說新語·排調篇》注）

庾公建學校，君〔一〕年最幼，入爲學生，班在諸生后〔二〕。公問：「君何獨居后？」答曰：「不見舩柁乎〔三〕？在后，所以正舡也〔四〕。」（《北堂書鈔》卷一百三十八　又見於《太平御覽》卷七百七十一）

〔校記〕

〔一〕君，《太平御覽》上有「孫」字。

〔二〕后，《太平御覽》作「之後」，后與後間或互用，此處義項以「後」字爲佳，下同。

〔三〕乎，《太平御覽》作「耶」。

〔四〕也，《太平御覽》無。

君性好音，能操琴及琵琶以自散。（《太平御覽》卷五百八十三）

《劉惔別傳》

劉惔，字眞長，東晉時人，其事跡主要見於《晉書》卷七十五《劉惔傳》。劉惔之別傳現存《劉惔別傳》《劉尹別傳》兩種，皆不題撰人，卷數不詳，《隋書·經籍志》、兩《唐志》不見著錄，佚文見於《世說新語》注，疑爲同傳異名。

惔有儁才，其談詠虛勝，理會所歸，王濛略同，而敘致過之，其詞當也。（《世說新語·品藻篇》注　原云出《劉惔別傳》。）

惔字眞長，沛國蕭人也。漢氏之後。眞長有雅裁，雖蓽門陋巷，晏如也。歷司徒左長史、侍中、丹陽尹。爲政務鎭靜信誠，風塵不能移也。（《世說新語·德行篇》注　原云出《劉尹別傳》。）

惔既令望，姻婭帝室，故屢居達官。然性不偶俗，心淡榮利。雖身登顯列，而每挹降，閑靜自守而已。（《世說新語·賞譽篇》注　原云出《劉尹別傳》。）

《范宣別傳》

《范宣別傳》，不題撰人，卷數不詳，《隋書·經籍志》、兩《唐志》不見著錄。范宣，字宣子，東晉時人，其事跡主要見於《晉書》卷九十一《范宣傳》。

宣字子宣，陳留人，漢萊蕪長范丹後也。年十歲，能誦詩書。兒童時，手傷改容，家人以其年幼，皆異之。徵太學博士、散騎常侍，一無所就。年五十四卒。（《世說新語·德行篇》注　案：《晉書》本傳載「范宣字宣子」。）

《江惇傳》

《江惇傳》，不題撰人，卷數不詳，《隋書·經籍志》、兩《唐志》不見著錄，佚文存於《世說新語》注。江惇，字思俊，東晉時人，江統之子，其事跡主要見於《晉書》卷五十六《江統傳》附列《江惇傳》。

山遐爲東陽，風政嚴苛，多任刑殺，郡內苦之。惇隱東陽，以仁恕懷物，遐感其德，爲微損威猛。（《世說新語·政事篇》注）

《王劭別傳》

《王劭別傳》，不題撰人，卷數不詳，《隋書·經籍志》、兩《唐志》不見著錄，佚文存於《世說新語》注。王劭，字敬倫，王導第五子，東晉時人，其事跡主要見於《晉書》卷六十五《王導傳》附列《王劭傳》。

劭字敬倫，丞相導第五子。清貴簡素，研味玄賾。大司馬桓溫稱爲「鳳雛」。累遷尚書僕射、吳國內史。（《世說新語·雅量篇》注）

《王薈別傳》

《王薈別傳》，不題撰人，卷數不詳，《隋書·經籍志》、兩《唐志》不見著錄，佚文存於《世說新語》注。王薈，字敬倫，王導之子，東晉時人，其事跡主要見於《晉書》卷六十五《王導傳》附列《王薈傳》。

薈字敬文，丞相最小子。有清譽，夷泰無競，仕至鎮軍將軍。（《世說新語·雅量篇》注）

薈爲吳郡內史，其年大飢，薈出私財，爲百姓饘粥，全活甚眾〔一〕。（《北堂書鈔》卷一百四十四　又見於《太平御覽》卷八百五十九）

〔校記〕
〔一〕全活甚眾，《太平御覽》無。

《王彬別傳》

《王彬別傳》，不題撰人，卷數不詳，《隋書·經籍志》、兩《唐志》不見著錄，佚文存於《世說新語》注。王彬，字世儒，王廙之弟，東晉時人，其事跡主要見於《晉書》卷七十六《王廙傳》附列《王彬傳》。

彬字世儒，琅邪人。祖覽，父正，並有名德。彬爽氣出儕類，有雅正之韻。與元帝姨兄弟，佐佑皇業，累遷侍中。從兄敦下石頭，害周伯仁，彬與顗素善，往哭其尸，甚慟。既而見敦，敦怪其有慘容而問之。答曰：「向哭周伯仁，情不能已。」敦曰：「伯仁自致刑戮，汝復何為者哉？」彬曰：「伯仁清譽之士，有何罪？」因數敦曰：「抗旌犯上，殺戮忠良！」音辭忼慨，與淚俱下。敦怒甚。丞相在坐，代為之解，命彬曰：「拜謝。」彬曰：「有足疾。比來見天子尚不能拜，何跪之有？」敦曰：「腳疾何如頸疾？」以親故不害之。累遷江州刺史、左僕射。贈衛將軍。（《世說新語·識鑒篇》注）

《王彪之別傳》

《王彪之別傳》，皆不題撰人，卷數不詳，《隋書·經籍志》、兩《唐志》不見著錄。王彪之，字舒武，王彬之子，其事跡主要見於《晉書》卷七十六《王胡之傳》。

彪之從伯導謂彪之曰：「選曹舉汝為尚書郎，幸可作諸王佐邪？」（《世說新語·方正篇》注）

《王恭別傳》

《王恭別傳》，不題撰人，卷數不詳，《隋書‧經籍志》、兩《唐志》不見著錄。王恭，字孝伯，王濛之孫，王蘊之子，東晉時人，其事跡主要見於《晉書》卷八十四《王恭傳》。

　　恭清廉貴峻，志存格正。起家著作郎，歷丹陽尹、中書令。出爲五州都督、前將軍，青、兖二州刺史。（《世說新語‧德行篇》注）

　　王悅見恭六尺簟，謂有餘求之，恭即送之。後悅見恭更無簟，恭曰：「生平固無長物。」（《陳檢討四六》卷二）

《王雅別傳》

《王雅別傳》，不題撰人，卷數不詳，《隋書‧經籍志》、兩《唐志》不見著錄，佚文存於《世說新語》注。王雅，字茂達，東晉時人，其事跡主要見於《晉書》卷八十三《王雅傳》。

　　雅字茂建，東海沂人，少知名。（《世說新語‧讒險篇》注）

《郗曇別傳》

《郗曇別傳》，不題撰人，卷數不詳，《隋書‧經籍志》、兩《唐志》不見著錄，佚文存於《世說新語》注。郗曇，字重熙，郗鑒之子，東晉時人，其事跡主要見於《晉書》卷六十七《郗鑒傳》附列《郗曇傳》。

　　曇字重熙，鑒少子。性韻方質，和正沈簡。累遷丹陽尹、北中郎將、徐、兖二州刺史。（《世說新語‧賢媛篇》注）

《范汪別傳》

《范汪別傳》，不題撰人，卷數不詳，《隋書·經籍志》、兩《唐志》不見著錄，佚文存於《世說新語》注。范汪，字玄平，東晉時人，經學大師范寧之父，其事跡主要見於《晉書》卷七十五《范汪傳》。

汪字玄平，潁陽人。左將軍略之孫。少有不常之志，通敏多識，博涉經籍，致譽於時。歷吏部尚書、徐兗二州刺史。（《世說新語·排調篇》注）

《司馬晞傳》

《司馬晞傳》，不題撰人，卷數不詳，《隋書·經籍志》、兩《唐志》不見著錄，佚文存於《世說新語》注。司馬晞，字道叔，晉元帝第四子，其事跡主要見於《晉書》卷六十四《司馬晞傳》。

晞字道升，元帝第四子。初封武陵王，拜太宰。少不好學，尚武凶恣。時太宗輔政，晞以宗長不得執權，常懷憤慨，欲因桓溫入朝殺之。太宗即位，新蔡王晃首辭，引與晞及子綜謀逆。有司奏晞等斬刑，詔原之，徙新安。晞未敗四五年中，喜爲挽歌，自搖大鈴，使左右習和之。又燕會，使人作新安人歌舞離別之辭，其聲甚悲，後果徙新安。（《世說新語·黜免篇》注　案：《晉書》謂司馬晞字道叔。）

《桓溫別傳》

《桓溫別傳》，不題撰人，卷數不詳，《隋書·經籍志》、兩《唐志》不見著錄，佚文見於《世說新語》注。桓溫，字元子，東晉權臣，其父爲桓彝，其事跡略見於《晉書》卷九十八《桓溫傳》。

溫字元子，譙國龍亢人，漢五更桓榮後也。父彝，有識鑒。溫少有豪邁風氣，爲溫嶠所知，累遷琅邪內史，進征西大將軍，鎮西夏。時逆胡未誅，餘燼假息，溫親勒郡卒，建旗致討，清蕩伊、洛，展敬園陵。薨，諡宣武侯。（《世說新語卷・言語篇》注）

溫以永和元年自徐州遷荆州刺史，在州寬和，百姓安之。（《世說新語・政事篇》注）

興寧九年，以溫克復舊京，肅靜華夏，進都督中外諸軍事、侍中、大司馬，加黃鉞，使入參朝政。（《世說新語・品藻篇》注）

溫以太和四年上疏自征鮮卑。（《世說新語・文學篇》注）

溫有豪邁風氣也。（《世說新語・方正篇》注）

初，朝廷以蜀處險遠，而溫眾寡少，縣軍深入，甚以憂懼。而溫直指成都，李勢面縛。（《世說新語・識鑒篇》注）

《桓沖別傳》

《桓沖別傳》，不題撰人，卷數不詳，《隋書・經籍志》、兩《唐志》不見著錄，佚文存於《世說新語》注。桓沖，字幼子，桓彝之子，桓溫之弟，其事跡主要見於《晉書》卷七十四《桓彝傳》附列《桓沖傳》。

沖字玄叔，溫弟也。累遷車騎將軍、都督七州諸軍事。（《世說新語・夙惠篇》注　案：《晉書》本傳謂桓沖字幼子。）

《桓豁別傳》

《桓豁別傳》，不題撰人，卷數不詳，《隋書・經籍志》、兩《唐志》不見著錄，佚文存於《世說新語》注。桓豁，字朗子，桓彝之子，其事跡主要見於《晉書》卷七十四《桓彝傳》附列《桓沖傳》。

豁字朗子，溫之弟。累遷荆州刺史，贈司空。（《世說新語・豪爽篇》注）

《郗超別傳》

　　《郗超別傳》，不題撰人，卷數不詳，《隋書・經籍志》、兩《唐志》不見著錄，佚文見於《世說新語》注。郗超，字景興，東晉時人，郗鑒之子，其事跡主要見於《晉書》卷六十七《郗鑒傳》附列《郗超傳》。

　　超精於理義，沙門支道林以爲一時之俊。（《世說新語・言語篇》注）

《王蘊別傳》

　　《王蘊別傳》，不題撰人，卷數不詳，《隋書・經籍志》、兩《唐志》不見著錄，《太平御覽經史圖書綱目》列之。王蘊，字叔仁，東晉時人，王濛之子，孝武定皇后之父，其事跡主要見於《晉書》卷九十三《王蘊傳》。

　　蘊字叔仁，爲吏部郎，〔一〕欲使時無屈滯，〔二〕曾下鼓急出，日昃〔三〕乃至家，去臺數里，高褰車帷，先後與語，不得進也，一官缺者〔四〕，求者十輩，蘊連狀呈宰錄曰：某人有地，某人有才，不得者甘心無怨。（《藝文類聚》卷四十八　又見於《太平御覽》卷二百一十六《北堂書鈔》卷六十）

　　〔校記〕
　　〔一〕爲，《北堂書鈔》上有「蘊」字，且引文始於此。
　　〔二〕欲使時無屈滯，《北堂書鈔》下有「草萊自書」四字。
　　〔三〕昃，《北堂書鈔》《太平御覽》皆作「昃」；《北堂書鈔》引文止於此句。
　　〔四〕者，《太平御覽》無。

《王珉別傳》

　　《王珉別傳》，不題撰人，卷數不詳，《隋書・經籍志》、兩《唐志》不見著錄，《太平御覽經史圖書綱目》列之。王珉，字季琰，小字僧彌，東晉時人，其事跡主要見於《晉書》卷六十五《王導傳》附列《王珉傳》。

珉字季琰，琅邪人，丞相導孫，中領軍洽少子。有才藝，善行書，名出兄珣右，累遷侍中、中書令。贈太常。（《世説新語·政事篇》注）

珉字季琰，詔曰：新除侍中〔一〕王珉，才學廣贍，理識清通，〔二〕宜處機近〔三〕，以參時務，其以珉爲〔四〕長兼中書令。（《藝文類聚》卷四十八　又見於《初學記》卷十一《太平御覽》卷二百二十《職官分紀》卷七）

〔校記〕

〔一〕新除侍中，《初學記》無。

〔二〕理識清通，《初學記》作「義理精通」。

〔三〕機近，《初學記》作「樞近」。

〔四〕爲，《初學記》無，誤。

《桓石秀別傳》

《桓石秀別傳》，不題撰人，《隋書·經籍志》、兩《唐志》均不見著錄，《太平御覽經史圖書綱目》列之，則是書北宋之時尚見存，後散佚，佚文見於《太平御覽》。桓石秀，東晉官吏，譙國龍亢（今安徽省懷遠縣西）人，事跡主要見於《晉書》卷七十四《桓石秀傳》。

石秀爲竟陵太守，遷江州刺史，非其志也。治稱不煩，在州郡弋釣山澤，縱心遊覽而已。善馳射，望之若畫。（《太平御覽》卷二百五十五）

《謝安別傳》

《謝安別傳》，不題撰人，卷數不詳，《隋書·經籍志》、兩《唐志》不見著錄，《太平御覽經史圖書綱目》列之，佚文存於《太平御覽》。謝安，字安石，東晉中期政治家、名士，其事跡主要見於《晉書》卷七十九《謝安傳》。

王珣以疾辭職，歲餘卒，桓玄與會稽王導子書曰：「珣神情朗悟，經史明徹，風流之美，公私所寄，忽尔喪失，歎悼之深，豈但風流相悼而已。」（《太平御覽》卷三百八十）

《謝車騎傳》

《謝車騎傳》，不題撰人，卷數不詳，《隋書·經籍志》、兩《唐志》不見著錄，佚文見於《世說新語》注所引一條，記淝水之戰擊退苻堅事。謝車騎，即謝玄，字幼度，東晉中期政治家，謝玄之侄，其事跡主要見於《晉書》卷七十九《謝玄傳》。

氐賊苻堅，傾國大出，眾號百萬。朝廷遣諸軍距之，凡八萬。堅進屯壽陽，玄爲前鋒都督，與從弟琰等選精銳決戰。射傷堅，俘獲數萬計，得僞輦及雲母車，寶器山積，錦罽萬端，牛、馬、驢、騾、駝十萬頭匹。（《世說新語·雅量篇》注）

《謝玄別傳》

《謝玄別傳》，不題撰人，卷數不詳，《隋書·經籍志》、兩《唐志》不見著錄，佚文存於《世說新語》注。謝玄，字幼度，東晉時人，謝奕之子，謝安之侄，其事跡主要見於《晉書》卷七十九《謝安傳》附列《謝玄傳》。

玄能清言，善名理。（《世說新語·文學篇》注）

《孟嘉傳》

　　《孟嘉傳》、《孟嘉別傳》爲現存的孟嘉兩種別傳，皆不題撰人，卷數不詳，《隋書・經籍志》、兩《唐志》不見著錄，《太平御覽經史圖書綱目》列有《孟嘉別傳》。孟嘉，字萬年，東晉時人，其事跡主要見於《晉書》卷九十九《孟嘉傳》。

　　嘉爲桓溫參軍，既和而正，溫甚〔一〕重之。〔二〕九月九日，〔三〕溫遊龍山〔四〕，參僚〔五〕畢集，時佐史並著戎服，〔六〕有風至，吹嘉帽墮落，〔七〕溫謂左右及賓客勿言，以觀其舉止。〔八〕（《藝文類聚》卷四　又見於《白氏六帖事類集》卷一《分門集注杜工部詩》卷十二《記纂淵海》卷一百一十、卷一百七十四）

〔校記〕

〔一〕甚，《分門集注杜工部詩》無。

〔二〕「既和而正，溫甚重之」二句，《白氏六帖事類集》無，

〔三〕九月九日，《記纂淵海》卷一百一十無，《記纂淵海》卷一百七十四引文始此。

〔四〕溫，《記纂淵海》上皆有「亘」，當爲「桓」，因避諱而改。遊，《記纂淵海》卷一百七十四作「燕」。

〔五〕參僚，《白氏六帖事類集》作「參寮」，寮與僚同，作官員義項時多寫作「僚」；《分門集注杜工部詩》作「叅僚」，叅爲參之異體字；《記纂淵海》卷一百一十作「僚佐」，《記纂淵海》卷一百七十四作「僚屬」。

〔六〕時佐史並著戎服，《白氏六帖事類集》《記纂淵海》皆無。

〔七〕「有風至，吹嘉帽墮落」二句，《白氏六帖事類集》作「風吹嘉帽落」，《分門集注杜工部詩》作「有風吹嘉帽落墮」，《記纂淵海》卷一百一十作「有風吹孟嘉帽墮」，《記纂淵海》卷一百七十四作「有風至吹孟嘉帽墜落」。

〔八〕以，《分門集注杜工部詩》上有「且」字。「溫謂左右及賓客勿言」二句，《白氏六帖事類集》無，而接以「如廁不覺，溫令孫盛嘲之，嘉亦荅之」，《記纂淵海》亦無，卷一百一十接以「嘉不之竟」，卷一百七十四接以「嘉不之覺」，竟爲覺之異體字。

　　桓溫問嘉云：「聽妓絲不如竹，竹不如肉，何謂也？」答曰：「漸近自然。」一坐咨嗟。（《箋注簡齋詩集》卷二）

　　酒有何好而卿嗜之？（《山谷外集詩註》卷八）

《孟嘉別傳》

《孟嘉別傳》，見《孟嘉傳》條。

嘉字萬年，江夏鄳人。曾祖父宗，吳司空。祖父揖，晉廬陵太守。宗葬武昌陽新縣，子孫家焉。嘉少以清操知名。太尉庾亮，領江州，辟嘉部廬陵從事。下都還，亮引問風俗得失。對曰：「待還，當問從事吏。」亮舉麈尾掩口而笑，語弟翼曰：「孟嘉故是盛德人。」轉勸學從事。太傅褚裒有器識，亮正旦大會，裒問亮：「聞江州有孟嘉，何在？」亮曰：「在坐，卿但自覓。」裒歷觀久之，指嘉曰：「將無是乎？」亮欣然而笑，喜裒得嘉，奇嘉爲裒所得，乃益器之。後爲征西桓溫參軍，九月九日，溫遊龍山，參寮畢集，時佐史並著戎服，風吹嘉帽墮落，溫戒左右勿言，以觀其舉止。嘉初不覺，良久如廁，命取還之。令孫盛作文嘲之，成，箸嘉坐。嘉還即答，四坐嗟歎。嘉喜酣暢，愈多不亂。溫問：「酒有何好，而卿嗜之？」嘉曰：「明公未得酒中趣爾。」又問：「聽伎，絲不如竹，竹不如肉，何也？」答曰：「漸近自然。」轉從事中郎，遷長史。年五十三而卒。（《世說新語·識鑒篇》注）

嘉爲桓溫叅軍，既知其政，溫甚重之。〔一〕九月九日，溫遊龍山，叅僚畢集〔二〕，風吹嘉帽落不覺，〔三〕如廁。孫盛時在坐，溫授紙筆命嘲之，著嘉坐處，嘉歸見之，笑而請紙即答，了不容思。〔四〕（《初學記》卷四　又見於《太平御覽》卷六百八十七《北堂書鈔》卷一百五十五）

〔校記〕

〔一〕「既知其政」二句，《北堂書鈔》《太平御覽》皆無。

〔二〕叅僚，《北堂書鈔》《太平御覽》皆作「參僚」，叅爲參之異體字，《北堂書鈔》引文止此；畢，《太平御覽》作「悉」。

〔三〕風吹嘉帽落不覺，《太平御覽》作「有風吹嘉帽墮，初不覺」，且上有「時佐吏並戎服」一句。

〔四〕「如廁」以下六句，《太平御覽》頗與之不同，爲「良久如廁，溫命還之，授孫盛紙筆，嘲之，置嘉坐處，嘉還見之，請筆即答，四坐嗟歎」。

庾亮領江州〔一〕，嘉爲從事。〔二〕褚裒爲豫章，出朝。〔三〕亮正旦大會，〔四〕時彥悉集，嘉坐次第甚遠。〔五〕裒問亮曰〔六〕：「聞有孟嘉，其人何在？」

〔七〕亮曰：「在坐，卿但自覓。〔八〕」褒觀眾人，〔九〕指嘉謂亮曰〔一〇〕：「將無是乎？〔一一〕」亮欣然笑。〔一二〕嘉爲褒所得，乃益重嘉焉。（《太平御覽》卷三百九十三　又見於《北堂書鈔》卷七十三《太平御覽》卷二百六十五、卷四百四十四）

〔校記〕

〔一〕《北堂書鈔》、《太平御覽》卷二百六十五、卷四百四十四皆無。

〔二〕嘉爲從事，《北堂書鈔》作「庾亮拔嘉爲勸學從事」，且下有「高選儒官，嘉值尙德之舉」兩句，引文至此；《太平御覽》卷四百四十四亦作「庾亮拔嘉爲勸學從事」，且下有「亮盛脩學敎，高選儒官」兩句；《太平御覽》卷二百六十五作「庾亮辟嘉爲勸學從事」。

〔三〕褚褒爲豫章，《御覽》卷四百四十四下有「太守」二字，《御覽》卷二百六十五無此二句。

〔四〕亮正旦大會，《御覽》卷二百六十五無「亮」字，《御覽》卷四百四十四下有「州府人士」四字。

〔五〕「時彥悉集」二句，《御覽》卷二百六十五無，《御覽》卷四百四十四作「率嘉集坐，第甚遠」。

〔六〕褒問亮曰，《御覽》卷二百六十五作「褚褒問亮」，《御覽》卷四百四十四無「褒」字。

〔七〕「聞有孟嘉」二句，《御覽》卷二百六十五作「嘉何在」，《御覽》卷四百四十四作「江州有孟嘉，其人何在？」

〔八〕「在坐」二句，《御覽》卷二百六十五作「但自覓之」。

〔九〕褒觀眾人，《御覽》卷二百六十五作「褒歷觀之」，《御覽》卷四百四十四作「褒歷觀之久」。

〔一〇〕「指嘉」句，《御覽》卷二百六十五作「指嘉曰」。

〔一一〕將無是乎，《御覽》卷四百四十四上有「此君小異」四字，且引文止此。

〔一二〕笑，《太平御覽》卷二百六十五無，引文至此。

桓溫問嘉曰：「聽伎不如絲竹，竹不如肉，何謂也？」答〔一〕曰：「漸近自然。」一坐咨嗟。（《太平御覽》卷五百七十　又見於《記纂淵海》卷一百九十五《事類賦》卷十一）

〔校記〕

〔一〕荅，《事類賦》作「答」，荅爲答之異體字，《記纂淵海》無。

《桓玄別傳》

《桓玄別傳》，不題撰人，卷數不詳，《隋書·經籍志》、兩《唐志》不見著錄，今主要見於《世說新語》注。桓玄，字敬道，東晉時人，桓溫之子，其事跡主要見於《晉書》卷九十九《桓玄傳》。

玄字敬道，譙國龍亢人，大司馬溫少子也。幼童中，溫甚愛之。臨終命以爲嗣。年七歲，襲封南郡公，拜太子洗馬、義興太守。不得志，少時去職，歸其國。與荊州刺史殷仲堪素舊，情好甚隆。（《世說新語·德行篇》注）

玄克荊州，殺殷道護及仲堪參軍羅企生、鮑季禮，皆仲堪所親仗也。（《世說新語·德行篇》注）

玄既克殷仲堪，後楊佺期，遣使諷朝廷，朝廷以玄都督八州，領江州、荊州二刺史。（《世說新語·文學篇》注）

玄初拜太子洗馬，時朝廷以溫有不臣之迹，故抑玄爲素官。（《世說新語·任誕篇》注）

桓玄車載飯，以餉楊佺期。（《北堂書鈔》卷一百四十四）

《孝文王傳》

《孝文王傳》不題撰人，《隋書·經籍志》、兩《唐志》均不見著錄，佚文見於《世說新語》注。

王諱道子，簡文皇帝第五子也。封會稽王，領司徒、揚州刺史，進太傅。爲桓玄所害，贈丞相。（《世說新語·言語篇》注）

《父顧悅之傳》　　晉顧愷之撰

《顧愷之爲父傳》，不題撰人，《隋書·經籍志》、兩《唐志》不見著錄，

佚文見於《世說新語》注。顧愷之，字長康，東晉時人，其事跡主要見於《晉書》卷九十二《顧愷之傳》。

君以直道陵遲於世。入見王，王髮無二毛，而君已斑白，問君年，乃曰：「卿何偏蚤白？」君曰：「松柏之姿，經霜猶茂；臣蒲柳之質，望秋先零。受命之異也。」王稱善久之。（《世說新語‧言語篇》注）

《徐江州本事》

《徐江州本事》，不題撰人，《隋書‧經籍志》、兩《唐志》均不見著錄，佚文見於《世說新語》注一條。徐寧字安期，東晉時東海郯（今山東郯城）人，官至尚書吏部郎，進號左將軍，遷江州刺史，未拜而卒。主要事跡見於《晉書》卷七十四《桓彝傳》，《本事》所載內容與《晉書》相同。

徐寧字安期，東海郯人。通朗有德素，少知名。初爲輿縣令。譙國桓彝有人倫鑒識，嘗去職無事，至廣陵尋親舊。遇風，停浦中累日，在船憂邑，上岸消遙，見一空宇，有似廨署，彝訪之。云：「輿縣廨也，令姓徐名寧。」彝既獨行，思逢悟賞，聊造之。寧清惠博涉，相遇怡然。遂停宿，因留數夕，與寧結交而別。至都，謂庾亮曰：「吾爲卿得一佳吏部郎。」亮問所在，彝即叙之。累遷吏部郎、左將軍、江州刺史。（《世說新語‧賞譽篇》注）

《孔瓊別傳》

《孔瓊別傳》，不題撰人，《隋書‧經籍志》、兩《唐志》均不見著錄，佚文見於《辯正論》注一條。孔瓊，字彥寶，晉宋之際人。

吏部尚書孔瓊，字彥寶，素不信佛，因與范泰四月八日至瓦官寺，共放生懺悔。死後數旬，託夢與兄子云：「吾本不信佛，因與范泰放生，乘一善力，今得脫苦罪，福報應決定不差，汝當勵心爲福，助吾興善，可以脫苦也。」（釋法琳《辯正論》卷七）

《公孫夫人序贊》　　晉鈕滔母瓊撰

《公孫夫人序贊》，鈕滔母瓊撰。鈕滔母瓊，史書無傳。

夫人姓公孫氏，會稽剡人也。夫人資三靈之淳懿，誕華宗之澄粹，奇朗照於韶齓，四教成於弱筓，慈恩溫恭，行有秋霜之潔，祇心制節，性同青春之和。敦悅憲章，動遵禮規，居室則道齊師氏，有行則德配女儀。禮服有盈，籩豆無闕。猗歟夫人，天姿特挺。行高冰潔，操與霜整。性揚蘭芳，德振玉穎。猗彼瓊林，奇翰有集。展彼碩媛，含德來緝。動與禮遊，靜以義立。（《藝文類聚》卷十八）

《李劭別傳》

《李劭別傳》，不題撰人，《隋書·經籍志》、兩《唐志》均不見著錄，佚文見於《初學記》。李劭，史書無傳。

公居貧而不好修產業，有稻田三十畝，茅宅一區。（《初學記》卷十八）

《桓任別傳》

《桓任別傳》，不題撰人，《隋書·經籍志》、兩《唐志》均不見著錄，《太平御覽經史圖書綱目》列之，則是書北宋之時尚見存，後散佚，佚文見於《太平御覽》、《北堂書鈔》。桓任，史書無傳。

　　任子亡，愍念之，爲作象著屛風置座邊。（《太平御覽》卷七百一）

　　任後母酷惡，常憎任，任臥爲作二幅箕踵之被。（《北堂書鈔》卷一百三十四）

《晉故征西大將軍長史孟府君傳》 晉陶淵明撰

　　《晉故征西大將軍長史孟府君傳》，陶淵明撰，見於《陶淵明集》。征西大將軍者，桓溫是也。孟府君，即孟嘉，字萬年，東晉時人，今存有孟嘉別傳——《孟嘉傳》《孟嘉別傳》兩種，孟嘉乃陶淵明外祖父，《孟府君傳》部分內容與《孟嘉別傳》相同。

　　君諱嘉，字萬年，江夏鄂人〔一〕也。曾祖父宗，以孝行稱，仕吳司馬，祖父揖，元康中爲廬陵太守，宗葬武昌新陽縣〔二〕，子孫家焉，遂爲縣人也。君少失父，奉母二弟居，娶大司馬長沙桓公陶侃第十女，閨門孝友，人無能間，鄉閭稱之（一作鄉里偉之）。沖默有遠量，弱冠，儔類咸敬之。同郡郭遜，以清操知名，時在君右，常歎君溫雅平曠，自以爲不及。遜從弟立，亦有才志，與君同時齊譽，每推服焉。由是名冠州里，聲流京邑。太尉潁川庾亮，以帝舅民望，受分陝之重，鎮武昌，並領江州，辟君部廬陵從事。下郡還，亮引見，問風俗得失，對曰：「嘉不知，還傳當問從吏。」亮以（一作舉）塵尾掩口而笑。諸從事既去，喚弟翼語之曰：「孟嘉故是盛德人也。」君既辭出外，自除吏便步歸家。母在堂，兄弟共相歡樂，怡怡如也。旬有餘日，更版爲勸學從事。時亮崇修學校，高選儒官，以君望實，故應尙德之舉。太傅河南褚裒，簡穆有器識，時爲豫章太守，出朝宗亮，正旦大會州府人士，率多時彥，君在坐次（一作第）甚遠。裒問亮：「江州有孟嘉者，其人何在？」亮云：「在坐，卿但自覓。」裒歷觀，遂指君謂亮曰：「將無是耶？」亮欣然而笑，喜裒之得君，奇君爲裒之所得，乃益器焉。舉秀才，又爲安西將軍庾翼府功曹，再爲江州別駕馬巴丘令，征西大將軍譙國桓溫參軍。君色（一作既）和而正，溫甚重之。九月九日，溫游龍山，參佐畢集，四弟二甥咸在坐。時佐吏並著戎服，有風吹君帽墮落，溫目左

右及賓客勿言，以觀其舉止。君初不自覺，良久如廁，溫命取以還之。廷尉太原孫盛爲諮議參軍，時在坐，溫命（一作授）紙筆令嘲之。文成示溫，溫以著坐處，君歸，見嘲，笑而請筆作答，了不容思，文辭超卓，四坐歎之。奉使京師，除尙書刪定郎，不拜。孝宗穆皇帝聞其名，賜見東堂，君辭以脚疾，不任拜起，詔使人扶入。君嘗爲刺史謝永別駕，永，會稽人，喪亡，君求赴義，路由永興，高陽許詢，有雋才，辭榮不仕，每縱心獨往，客居縣界，嘗乘船近行，適逢君過，歎曰：「都邑美士，吾盡識之，獨不識此人，唯聞中州有孟嘉，將非是乎，然亦何由來此？」使問君之從者，君謂其使曰：「本心相過，今先赴義，尋還就君。」及歸，遂止信宿，雅相知得，有若舊交。還至，轉從事中郎，俄遷長史，在朝聸（一作隨）然，仗正順而已。門無雜賓，嘗會神情獨得，便（一作而）超然命駕，逕之龍山，顧景酣宴，造夕乃歸，溫從容謂君曰：「人不可無勢，我乃能駕御卿。」以疾終於家，年五十一，始自總髮，至於知命，行不苟合，言無誇矜，未嘗有喜慍之容。好酣飲，逾多不亂，至于任懷得意，融然遠（一作永）寄，傍若無人。溫嘗問君：「酒有何好，而卿嗜之。」君笑而答曰：「明公但不得酒中趣爾。」又問：「聽妓，絲不如竹，竹不如肉。」答曰：「漸近自然。」中散大夫桂陽羅含賦之曰：「孟生善酣，不愆其意。」光祿大夫南陽劉耽，昔與君同在溫府。淵明從父太常夔嘗問耽：「君若在，當已作公否？」答云：「此本是三司人。」爲時所重如此。淵明先親，君之第四女也。凱風寒泉之思，實鍾厥心。謹案採（一作採拾）行事，撰爲此傳，懼或乖謬，有虧大雅君子之德，所以戰戰兢兢，若履深薄（一作薄冰）雲爾。

贊曰：孔子稱「進德修業，以及時也」。君清踪衡門，則令聞孔昭；振纓公朝，則德音允集。道悠運促，不終遠業，惜哉！仁者必壽，豈斯言之謬乎。

（《陶淵明集》十卷本）

〔校記〕

〔一〕鄂人，《晉書·孟嘉傳》作「酆」，《世說新語》注引《孟嘉別傳》亦作「江夏酆人」。

〔二〕新陽縣，《世說新語》注引《孟嘉別傳》作「陽新縣」。

《王融別傳》

　　《王融別傳》不題撰人，《隋書·經籍志》、兩《唐志》均不見著錄，佚文見於《太平廣記》，非記王融事，眞僞無從查考。王融，字元長，琅玡臨沂（今山東省臨沂市）人，事跡主要見於《南齊書》卷四十七《王融傳》。

　　惠死後十年，有人於武當山下見之。（《太平廣記》卷一百一）

《袁友人傳》　　梁江淹撰

　　《袁友人傳》，《隋書·經籍志》、兩《唐志》不見著錄。江淹（444-505），字文通，濟陽考城（今河南蘭考東）人，南朝宋齊時著名文學家。凡所著述百餘篇，自撰爲前後集，與《齊史》十志，並行於世。《隋書·經籍志》著錄有集九卷。淹今存詩八十餘首，賦近三十篇，《恨賦》《別賦》廣爲傳頌。明胡之驥《江文通集匯注》最爲習見。

　　友人袁炳，字叔明，陳郡陽夏人。其人天下之士，幼有異才，學無不覽，文章俶儻清澹出一時〔一〕。任心觀書，不爲章句之學。其篤行則信義惠和，意馨如也。常念蔭松柏，詠詩書，志氣跌宕，不與俗人交。俛眉暫仕，歷國常侍員外郎、府功曹、臨湘令。粟之入者，悉散以贍親。其爲節也如此，數百年來有此人焉。至乃好妙賞文，獨絕於世也。又撰《晉史》，奇功未遂，不幸卒官，春秋二十有八。與余有青雲之交，非直銜杯酒而已。嗟乎！斯才也，斯命也，天之報施善人，何如哉！何如哉！（《本集》）

〔校記〕
〔一〕「澹」，梁本、叢刊本作「贍」。

《宋建平王太妃周氏行狀》　梁江淹撰

《宋建平王太妃周氏行狀》，江淹撰。太妃周氏，宋建平王景素母，即《宋書・建平王景素傳》所言之獻太妃是也。

　　竊聞侯服之譽，非黃冠能〔一〕敷，王食之問〔二〕，寧皂衣所述？諒畏褒〔三〕虛美於君后，被〔四〕空名於鼎貴。然有〔五〕漢臣誄行，晉史書德者，亦云實而已焉。伏見國太妃，稟靈惟岳，集慶自遠，世擅淮汝，族冠疇代，故以戴曜聲書，式炳縢牒矣，〔六〕太妃誕離明〔七〕之正和，涵雲露之中氣，凝采齠歲〔八〕，賁章笄年，若乃彤管女圖之學，纂組綺縞之工，升降處謙之儀，柔靜居〔九〕順之節，莫不中道若性，不嚴而成。故譽滿闈閫〔一〇〕，聲聞軒殿。〔一一〕以元嘉某年，歸於故司徒宣簡王，既而第高恒倫，秩踰外品，青軒華轂，用光國輝。素壁丹墀，實隆家貴，且惟姻娣，靡不式瞻。而居尊以簡，訓卑以弘，躬謹蘭閨，身撝椒第。若衛娥之炯行，樊嬴之英操，方之蔑如也。

　　大明二年，宣簡王薨，太妃藉悲用禮，撫孤用慈，柔懿之德愈彰，肅敬之問日被。雖文伯之母言不踰閫，莒相之主行存乎勤，無以過也。大明某年，拜建平王太妃。是時，今王春秋方富，德業未隆。藉茲金響，終能玉播。故綺襦出宰，弱冠升朝者，亦太妃劬勞之訓也。

　　謂天蓋高，降年不永。以太豫元年二月三日，薨于荊州之內寢。凡厥遠邇，以哀以歎。今祖行有期，泉穸無遠。素旐望路，綵旌思歸。所以垂宣徽容，仿佛金石者，謹詳牒行狀，具以申言。（《本集》　又見於《藝文類聚》卷十五）

〔校記〕
〔一〕能，《藝文類聚》，作「所」。
〔二〕問，《藝文類聚》作「門」。
〔三〕褒，《藝文類聚》作「裒」，「褒」與「裒」同。
〔四〕被，《藝文類聚》作「披」，兩字通。
〔五〕有，《藝文類聚》上有「昔」字。
〔六〕「伏見國太妃」以下七句，《藝文類聚》無。
〔七〕離明，《藝文類聚》作「巽離」。
〔八〕齠歲，《藝文類聚》作「髫歲」。
〔九〕居，《藝文類聚》作「嘉」。
〔一〇〕闈閫，《藝文類聚》作「帷闈」。
〔一一〕聞，《藝文類聚》作「播」，且引文止於此。

《太常敬子任府君傳》　　梁王僧孺撰

《太常敬子任府君傳》，王僧孺撰，《隋書·經籍志》、兩《唐志》均不見著錄，佚文見於《藝文類聚》。王僧孺，南朝梁文學家。東海郯人（今山東郯城）人，學識淵博，文才出眾，梁時官至御史中丞。主要事跡見於《梁書》卷三十三《王僧孺傳》。

　　恥一物之不知，惜寸陰之徒靡，下帷閉戶，投斧想梁，雖玄晏書淫，文勝經溢，康成之忽忘所往，公叔之顛墜硎岸，無以異也。若夫天才卓爾，動稱絕妙，辭賦極其清深，筆記尤盡典實，若問金石，似注河海，少孺速而未工，長卿工而未速，孟堅辭不逮理，平子意不及文，孔璋傷於健，仲宣病於弱，其有集論借書，窮文質之敏，駐馬停信，極亹亹之功，莫尚於斯焉。君職等曹張，聲高左陸，時乃高闢雪宮，廣開雲殿，秋牕春戶，冬燠夏清，九醞斯浮，百羞並薦，雲銷月朗，聿茲遊客，朋來旅見，辭人才子，辯圃學林，莫不含毫咀思，爭高競敏。乃整袂端襟，翰飛紙落，豪人貴仕，先達後進，莫不心服貌慚，神氣將盡。顧余不敏，廁夫君子之末，可稱冥契，是為神交，二三君子，唯以從遊日暮，亭號昭仁，庶子雲咫尺，康成斯在，借此嘉言，將無絕乎千載。（《藝文類聚》四十九）

《齊司空曲江公行狀》　　梁任昉撰

《齊司空曲江公行狀》，任昉撰。任昉（460-508），字彥昇，樂安博昌（今屬山東）人，齊梁時著名文學家，其事跡見《梁書》卷十四《任昉傳》。曲江公即蕭遙欣，《南齊書·遙欣列傳附始安貞王道生》後：「遙欣字重暉……建武元年，進號西中郎將，封聞喜縣公。遷使持節、都督荊雍益甯梁南北秦七州軍事、右將軍、荊州刺史。改封曲江公……永元元年卒，年三十一，贈侍中司空，諡康公，葬用王禮。

公稟靈景宿，擅氣中和，一匱初登，東嶽之功可監，埏埴在器，瑚璉之姿先表，豈惟荊南有聖童之目，襄城著孔甫之稱而已哉。故以羽儀宗家，冠蓋後進，路叔之一日千里，北海之稱美共治，方斯蔑如也。志學之年，偏治經記，登隆千載，網羅百氏，藻斯贍逸，蔚爲詞宗，延賈誼而升堂，攜相如而入室，加以翰牘精辯，發言有章，持論從容，辭無矜尙，自河洛丘墟，歷載二百，俾我逢掖，遂淪左衽，晉宋所以遺恨，祖宗是用顧懷。公自荷方任，志在剋復，將欲使功遂之日，身退有所，爰乃卜宇金陵，縈帶林壑，用辭聊城之賞，以爲疏韓之館，人謝運往，遂輟遠圖。(《藝文類聚》四十七)

《齊竟陵文宣王行狀》 　梁任昉撰

《齊竟陵文宣王行狀》，任昉撰。竟陵文宣王，即蕭子良。蕭子良（460-494），字雲英，南齊武帝次子，封竟陵王，南齊著名文士。

祖太祖高皇帝　　父世祖武皇帝

南徐州南蘭陵郡縣都鄉中都里蕭公年三十五行狀。

公道亞生知，照鄰幾庶。孝始人倫，忠爲令德，公實體之，非毀譽所至。天才博贍，學綜該明。至若《曲臺》之《禮》，《九師》之《易》。樂分龍趙，《詩》析齊韓。陳農所未究，河間所未輯。有一於此，罔不兼綜者與！昔沛獻訪對於雲臺，東平齊聲於楊史，淮南取貴於食時，陳思見稱於七步，方斯蔑如也。

初，沈攸之跋扈上流，稱亂陝服。宋鎮西晉熙王、南中郎邵陵王，並鎮盆口。世祖毗贊兩藩，而任揔西伐。公時從在軍，鎮西府版寧朔將軍軍主，南中郎版補行參軍署法曹。于時景燭雲火，風馳羽檄；謀出股肱，任切書記。遷左軍邵陵王主簿記室參軍。既允焚林之求，實兼儀形之寄。刀筆不足宣功，風體所以弘益。除邵陵王友，又爲安南邵陵王長史。東夏形勝，關河重複，選眾而舉，敦悅斯在。除使持節、都督會稽東陽臨海永嘉新安五郡諸軍事、輔國將軍、會稽太守。

太祖受命，廣樹藩屏。公以高昭武穆，惟戚惟賢，封聞喜縣開國公，食邑千戶。又奏課連最，進號冠軍將軍。越人之巫，覩正風而化俗；篁竹之酋，感義讓而失險。邪叟忘其西昊，龍丘狹其東皋。會武穆皇后崩，公星言奔波，泣血千里，水漿不入於口者，至自禹穴。逮衣裳外除，心哀內疚，禮屈於厭降，事迫於權奪，而茹戚肌膚，沈痛瘡距。故知鍾鼓非樂云之本，縗纜非隆殺之要。改授征虜將軍、丹陽尹。良家入徙，戚里內屬。政非一軌，俗備五方。公內樹寬明，外施簡惠，神皋載穆，轂下以清。

武皇帝嗣位，進封竟陵郡王，食邑加千戶。復授使持節、都督南徐兗二州諸軍事、鎮北將軍、南徐州刺史。遷使持節侍中、都督南兗徐北兗青冀五州諸軍事、征北將軍、南兗州刺史。兗徐接壤，素漸河潤，未及下車，仁聲先洽。玉關靖柝，北門寢扃。朝旨以董司嶽牧，敷興邦教，方任雖重，比此為輕。徵護軍將軍、兼司徒，侍中如故。又授車騎將軍、兼司徒，侍中如故。即授司徒，侍中又如故。上穆三能，下敷五典。闢玄闈以闡化，寢鳴鍾以體國。翼亮孝治，緝熙中教。奪金恥訟，蹊田自嘿。不雕其朴，用晦其明。聲化之有倫，繫公是賴。庠序肇興，儀形國胄；師氏之選，允師人範。以本官領國子祭酒，固辭不拜。八座初啓，以公補尚書令。式是敷奏，百揆時序。夫國家之道，互為公私；君親之義，遞為隱犯。公二極一致，愛敬同歸，亮誠盡規，謀猷弘遠矣。又授使持節、都督楊州諸軍事、楊州刺史，本官悉如故。舊惟淮海，今則神牧，編戶殷阜，萌俗繁滋，不言之化，若門到戶說矣。頃之，解尚書令，改授中書監，餘悉如故。獻納樞機，絲綸允緝。武皇晏駕，寄深負圖。公仰惟國典，俛遵遺託，俯擗天倫，踴絕于地。居處之節，復如居武穆之憂。

聖主嗣興，地居且奭。有詔策授太傅，領司徒，餘悉如故。坐而論道，動以觀德；地尊禮絕，親賢莫貳。又詔加公入朝不趨，讚拜不名，劍履上殿。蕭傅之賢，曹馬之親，兼之者公也。復以申威重道，增崇德統，進督南徐州諸軍事，餘悉如故。並奏疏累上，身歿讓存。天不憖遺，梁岳頹峻，某年某月日薨，春秋三十有五。詔給溫明秘器，斂以袞章，備九命之禮，遣大鴻臚監護喪事，朝夕奠祭，太官供給，禮也。故以慟極津門，感充長樂，豈徒舂人不相，傾壚罷肆而已哉！乃下詔曰：「褒崇庸德，前王之令典，追遠尊戚，沿情之所隆。故使持節都督楊州諸軍事、中書監、太傅、領司徒、楊州刺史、竟陵王、新除進督南徐州，體睿履正，神監淵邈。道冠民宗，具瞻惟允。肇

自弱齡，孝友光備。爰及贊契，協升景業。燮和台曜，五教克宣。敷奏朝端，百揆惟穆。寄重先顧，任均負圖。諒以齊徽《二南》，同規往哲。方憑保祐，永翼雍熙。天不憖遺，奄見薨落。哀慕抽割，震動於厥心。今先遠戒期，龜謀襲吉。茂崇嘉制，式弘風猷。可追崇假黃鉞、侍中、都督中外諸軍事、太宰、領大將軍、楊州牧，綠綟麗綬，具九錫服命之禮。使持節、中書監、王如故。給九旒鑾輅，黃屋左纛導，輼輬車，前後部羽葆鼓吹，挽歌二部，虎賁班劍百人，葬禮一依晉安平獻王孚故事。」

公道識虛遠，表裏融通，淵然萬頃，直上千仞。僕妾不睹其喜慍，近侍莫見其傾弛。他人之善，若己有之。民之不臧，公實貽恥。誘接恂恂，降以顏色，方於事上，好下規己，而廉於殖財，施人不倦。帝子儲季，令行禁止，國網天憲，寔諸掌握。未嘗鞫人於輕刑，錮人於重議。人有不及，內恕諸己。非意相干，每爲理屈。任天下之重，體生民之俊。華袞與縕緒同歸，山藻與蓬茨俱逸。良田廣宅，符仲長之言；邙山洛水，協應叟之志。丘園東國，錙銖軒冕。乃依林構宇，傍岩拓架。清湲與壺人爭旦，緹幕與素瀨交輝。置之虛室，人野何辨。高人何點，躡屬於鍾阿；徵士劉虯，獻書於衛岳。贈以古人之服，弘以度外之禮，屈以好事之風，申其趨王之意。乃知大春屈己於五王，君大降節於憲后，致之有由也。其卉木之奇，泉石之美，公所製《山居四時序》，言之已詳。

文皇帝養德東朝，同符作者。爰造九言，實該百行。導衿褵於未萌，申炯戒於茲日。非直旦暮千載，故乃萬世一時也。命公注解，衛將軍王儉綴而序之。山宇初構，超然獨往，顧而言曰：死者可歸，誰與入室？尚想前良，俾若神對。乃命畫工，圖之軒牖。既而緬屬賢英，傍思才淑，匹婦之操，亦有取焉。有客遊梁朝者，從容而進曰：未見好德，愚竊惑焉。即命刊削，投杖不暇。公以爲出言自口，驥騄不追；聽受一謬，差以千里。所造箴銘，積成卷軸，門階戶席，寓物垂訓。先是震于外寢，匠者以爲不祥，將加治葺。公曰：此天譴也，無所改修，以記吾過，且令戒懼不怠。從諫如順流，虛己若不足。至於言窮藥石，若味滋旨；信必由中，貌無外悅。貴而好禮，怡寄《典墳》。雖牽以物役，孜孜無怠。乃撰《四部要略》《淨住子》，並勒成一家，懸諸日月。弘洙泗之風，闡迦維之化。大漸彌留，話言盈耳，黜殯之請，至誠懇惻。豈古人所謂立言於世，沒而不朽者歟！易名之典，請遵前烈。謹狀。

（《文選》卷六十　又見於《藝文類聚》卷四十五　案：《藝文類聚》乃節引《文選》。）

《齊臨川王行狀》　梁沈約撰

《齊臨川王行狀》，沈約撰。沈約，（441-513），字休文，吳興武康（今屬浙江德清）人，歷任宋、齊、梁三朝，爲齊梁之際文壇領袖，著名文學家、史學家。齊臨川王，即蕭映，《南齊書》卷三十五載：「臨川獻王映字宣光，太祖第三子也。宋元徽四年，解褐著作佐郎，遷撫軍行參軍，南陽王文學。……太祖踐阼。以映爲使持節、都督荊湘雍益梁甯南北秦八州諸軍事、平西將軍、荆州刺史。封臨川王，食邑例二千戶。……七年，薨。映善騎射，解聲律，工左右書左右射，應接賓客，風韻韶美，朝野莫不惋惜焉。時年三十二。」此文作於永明七年（489年）。

公遵玄源於陵壑，稟黃中之正氣，其性逸，其神凝。端華表於弱齒，弘貴著乎將立。雲虛景曖，岳秀川淳，蘭桂不踰其質，圭璋未究其美。幼而悅學，業茂從師。洽貫書場，該緯文圃。清暉祕譽，燭野光朝。（《藝文類聚》卷四十五）

《齊司空柳世隆行狀》　梁沈約撰

《齊司空柳世隆行狀》，沈約撰。《南齊書》卷二十四載：「柳世隆字彥緒，河東解人也。祖憑，馮翊太守。父叔宗，早卒。……（永明）九年，卒，時年五十。」柳世隆歷任南豫州刺史，南兗州刺史、侍中、尚書右僕射、尚書左僕射，湘州刺史、尚書令，進爵貞陽縣公。

公稟靈華岳，幼挺珪璋，清襟素履，發乎齠齔。及長，風質洞遠，儀止祥華，動容合矩，吐言被律。時沈攸之狼據陝西，氣陵物上。而太祖登庸作宰，天歷在躬。攸之播封豕之情，總令荊之力，兕甲十萬，鐵馬千群，水陸長鶩，志窺皇邑。公抗威川涘，勇略紛紜，顯晦有方，出沒無緒。攸之乃反斾亘圍，親受矢石，增櫓乘埤，嚴衝駕雉，雲軿俯闞，地穴斜通，半藏晚餐，負戶晨汲。公乃綏眾以武，應敵以奇，靈鋒電曜，威策雲舉。事切三版之危，氣損九天之就。殘寇外老，逆黨內離。焚舟委甲，掬指宵

遜。公風標秀徹，器範弘潤，茂乎辭彩，雅善鼓琴。擒純蔡之高芬，纂鍾稽之妙曲。雖嬰拂世務，而素業無改。臨姑蘇而想八桂，登衡山而望九嶷。七紆邦組，三臨蕩甸，五職瑞扇，一司百揆。固可以齊衡八凱，方駕五臣。（《藝文類聚》卷四十七）

《司空安城康王行狀》　　梁裴子野撰

《司空安城康王行狀》，裴子野撰。裴子野（469-530），字幾原，河東聞喜（今屬山西）人，齊梁著名的文學家、史學家，爲裴松之曾孫。安城康王，即蕭秀（475-518），字彥達，太祖第七子。爲人清心寡欲，惟嗜典籍，精意求學，搜集經記，曾使劉孝標等編撰《類苑》。年四十卒，諡康。

公降七緯之禎靈，五行之正性，珪璋博達，清明在躬，學無常師，希風乎孔甫，幾神殆庶，諒亞迹乎顏生，悅禮敦詩，方昔人而有裕，既明且哲，體大雅而弗渝。若乃慈明外朗，淑德內潤，夏侯玉樹之談，衛玠璧人之目，又授使持節郢州刺史，公四居方岳，政刑克舉，仁恕以懷君子，刑憲以肅小人，莅煩以簡，居離則易，需如時雨，芬若蘭蓀，所去見思，所居稱治。遘疾薨竟陵之石梵，時年四十四。皇上震天倫之悼，庶僚懷人百之感，詔贈司空常侍，王如故，禮也。自巴濮以東，鄖鄧以北，方舟連騎，赴者如雲。昔王薨及葬，仁禽有踐境之識，羊祜云亡，市人有罷歸之慟。若公恩結三楚，亦異世一時之。（疑當作亦異世之一時）公幼無擇言，長無擇行，立功以庇物，執德以居宗，重以道性虛閑，居處沖約，終日清靜，如布素焉。（《藝文類聚》卷四十五）

《周使持節大將軍廣化郡開國公丘乃敦崇傳》　　北周庾信撰

《周使持節大將軍廣化郡開國公丘乃敦崇傳》，庾信撰，諸史志目錄未著錄，《文苑英華》引錄，所述主要爲北周廣化公丘崇之事跡。

　　崇，恒州代郡鼓城縣廣義鄉孝讓里人也。昔壽丘建國，賜姓者十二人；平陽舉賢，登朝者十六族。況復大電繞樞，流星入昴，派分源別，幹其嗣興者乎。魏道武皇帝以命世雄圖，飲馬河洛，兄弟十人，分爲十姓，辨風吹律，丘氏即其一焉。

　　五代祖邈，驃騎大將軍、開府儀同三司、營丘郡開國公。於時天道西北，既稟謀謨；馬首東南，實資匡贊。因以封名，仍爲賜氏。與夫南公伯，即有連類，宗則樂正，非無準則。

　　曾祖雙軌，使持節、驃騎大將軍、司徒、青兗二州刺史、范陽文昭公。洛食之始，上馬治國；登庸之初，升槐論道。生則絕席武官，死則配祠清室。夫人太原王氏，三世爲將，四代爲公，社稷大宗，鐘鼎貴族，伉儷是歸，秦晉匹也。祖提，使持節、衛將軍、駙馬、都督河交二州刺史、靈壽縣開國公。公子公孫，聲名籍甚；增輝增耀，弱冠升朝。夫人清廉郡長公主，孝文帝之和疆女也。王姬有行，車服不繫，故得衛青上將，張耳賢夫。父願，使持節、大都督、徐州諸軍事、徐州刺史、平陽縣開國公，食邑四千戶。少年習象，多見兵書，澆沙聚石之營，卻日橫雲之陣。彎弧則戟破小支，抽劍則泉飛枯井。夫人宇文氏，周文皇帝之第三妹也。母儀令範，女師賢哲，德高隆慮，義重河陽。魏受其終，周新其命，式墓封墳，追旌盛德，乃贈使持節、大將軍、廣化郡開國公，食邑一千戶。夫人贈安德郡長公主。遊魂冤結，非無廣漢之城；久客思歸，唯有東平之樹。

　　自永安以來，魏室大壞，海水群飛，天星亂動。禮樂征伐，不出於人主；舉賢誅暴，議在於強臣。高丞相驅率風雲，奄荒齊晉；我舅氏文皇帝駕馭龍虎，據有周秦。南北渝盟，東西敵怨，既而各受圖書，並當珪璧。百姓則父南子北，兄東弟西，事主則憂親，求生則慮禍。大周親戚，遍鐘塗炭，輸之城旦，下之織室。關河嚴隔，三十餘年。

　　天厭喪亂，人思反德。彼之風塵，既靜函谷；此之冠蓋，屢涉漳濱。中山冤枉之餘，代郡凋殘之澤，並遇革音，咸蒙禮送。崇、賓兄弟二人，相看氣息，親愛凋零，方寸久亂，恒山殺翮，豈望同飛。而安國徒中，鬱爲卿相；班超絕域，遂得生還。天和四年，至於新邑。

　　朝廷以舅甥之國，外內之親，乃授賓使持節、驃騎大將軍、開府儀同三司、大都督、安樂縣安國公，食邑一千戶。賓得免虎口，仍上龍門，聲價已高，風飆即遠。方欲討論國恥，伸雪家冤，橫尸原野，是所甘心，時不我與，

先從朝露。春秋若干。衛國興文子之慟，長安有詔葬之悲。乃贈本官，加少傅，蒲虞勳三州諸軍事，蒲州刺史，以天和六年某月日葬於長安之洪瀆原。妻青州石氏，長城郡君。胤子孤甇，生妻嫠室，即能有節，還成守義。崇蒙授使持節、大都督、驃騎大將軍、開府儀同三司、廣化縣開國公，食邑一千戶。昆季二人，同年上將，彤廷交映，棨戟相臨。昔二馮同德，繼踵當官；兩杜齊名，夾河爲郡。比斯榮寵，彼將慚色，俄然賓疾，奄捐館舍。崇兄弟勝衣，備罹禍酷，同氣長養，得及全人，今者來歸，更連凶閔，每一悲慟，行路傷心。撫養愛子，情深馬援之慈；恭事寡嫂，義甚顏含之孝。

天和六年，授大將軍，餘如故。龍庭賞出塞之功，玉門勞旋師之寵。異代同和，見之今日。建德二年，授使持節、都督宜州諸軍事、宜州刺史，忽忽橫閣，但有誦書；曖曖重帷，惟聞善政。清不置水，明非舉燭。乃是入境移風，非直停車待雨。有敕大將軍、宜州刺史、廣化郡公崇：「自夏季無雨，以迄於今。雖靡神不禱，仍未降感。知彼州內，獨蒙滂澤。諒由大將軍精誠所至，憂念郡人，豐稔可希，良以爲慰。」又敕廣化公崇：「知此存心政術，治勤黎人，受委稱職，嘉尚無已。古人有言：『非行之難。』念加勉勖，以致盡善。指令宣納，抑操賜齊。」陳物如別，宜諭朕懷，昔陽平太守，別降紅粟之恩，荊州刺史，偏蒙袞衣之賜。治績尤異，此之謂乎。

崇清淨爲政，廉明爲法。人不忍背，吏不忍欺。性不飲酒，無所嗜欲，深沉牆仞，喜慍不形。文必正詞，弦惟雅曲。仁義禮節，是所用心；緹袠緗素，愛玩無已。當今四郊多壘，尚有公卿之辱；鼓鼙不息，猶勞將帥之謀。語其仇恥，唯願橫行死地；思其報國，不吝身膏原野。但令天假之年，時綏之福。忠貞之事，公其取焉。略書梗概，陳之直史。(《文苑英華》九百九十二)